大風呂敷

後藤新平の生涯 上

杉森久英
SUGIMORI HISAHIDE

毎日新聞出版

大風呂敷（下）　目次

大風呂敷（上）

謀反人の子

後藤十右衛門の息子新平の腕白は、水沢の町で誰知らぬ者もなかった。

父親の十右衛門は小柄で、女のようにおとなしい、無口な男であったが、息子は背が高くて、西洋人のように色が白く、利かぬ気が眉のあたりにあふれている美少年であった。

新平は母親似だといわれた。母親の利恵は同藩の御医者坂野長安の娘で、実家は後藤家よりも家格が高く、豊かでもあったから、のびのびと育って、気の強いところがあった。

新平のいたずらの激しさは、父母の頭痛の種であった。

近所にみごとな柿のなる家があった。その実が赤くなるころ、一晩のうちになくなってしまった。それは新平のしわざであった。

後藤の家では、勤めのかたわら寺子屋を開いていたが、新平は教わりに来る子供たちを全部自分の手下にしてしまうと、大勢ひきつれて、ほかの町へ喧嘩を売りにいった。

新平の物おぼえのいいことも、人を驚かせた。父親の十右衛門が弟子たちに教えている間、まだ幼い新平は、庭先の梅の木に登って遊んでいたが、父の講義を一度で聞き覚えて、自分より大きな弟子が忘れているところを、大声で暗誦してみせた。

十右衛門は新平を手もとに置いてはよくないと考えて、親戚の漢学者、武下節山のところへ、本読みにかよわせた。しかし、いたずら盛りで、遊びたくてしようのない新平が、ちゃんと通うかどうか、知れたものではない。十右衛門は新平に、酒屋の通帳のような帳面を持たせて、武下へいった証拠に、いちいち判をもらわせた。新平は帳面を腰にぶら下げて、武下の講義を聞いた。十右衛門は、シンは強かったが、見たところパッとしない、おとなしいだけの人物で、武士としてはあまり出世しなかった。

十右衛門は新平を書家にしようと思った。学問技能の世界でなら、人は身分制度のワクの外で、存分に腕を揮うこともできるし、天下に名をなすこともできる。彼は自分の不遇だった一生の補償を、新平によって得ようと思った。

しかし、新平はなかなか、書道の稽古ばかりして、おとなしくしている子供ではない。腰に帳面をぶら下げながら、いたずら三昧、喧嘩三昧の毎日を送った。しまいには師匠もたまりかねて

「あんな者は、机文庫を背負わせて、追い返せ」

といったが、親戚一同で詫びを入れて、やっと許してもらった。

新平が藩公に召されて、奥小姓を仰せ付けられたのは、慶応三年二月で、教え年十一歳のときであった。

お小姓というものは、誰でもなれるものでなく、名誉な地位である。しかし新平は相変らず腕白といたずらがやまず、殿様のお目玉をいただいてばかりいたので、十右衛門は心痛して、いっそお役御免を願い出ようかと、何度か思った。

しかし、翌年、明治と改元になり、お役御免を願い出るまでもなく、お城はつぶれてしまった。

十右衛門夫妻は、息子新平の荒々しい気性と非凡な才能を、たのもしく思ったけれど、国事を論ずるような人物には、決してなってほしくないと思った。というのは、彼等の身近な親戚に、

国事を論じたために悲惨な最期をとげた人物がいたからである。

その人の名を、高野長英といった。

高野長英は後藤家の本家の三男で、新平にとっては大伯父に当った。彼は江戸に出て蘭学を修め、のち長崎でシーボルトの学舎に学んだ。

天保九年、イギリス船来航の風説が聞えたとき、幕府はこれを打ち払うことに決定したが、海外の事情にくわしい長英は、その不可を論じて、幕府に捕えられ、伝馬町の牢屋に入れられた。六年の後、牢屋が火事で全焼したとき、囚人は三日以内に帰るという条件で、一旦解放されたが、長英はそのまま姿をくらました。

彼は変装して、夜半ひそかに水沢に帰ると、新平の母利恵の実家坂野家に現われた。坂野家では彼を天井裏に隠したが、やがて秘密がもれそうになったので、彼はどこへともなく旅立った。以後七年にわたって、彼は日本各地の同情者や同志の間を転々したが、嘉永三年、江戸青山百人町に潜伏しているところを幕吏に襲われ、捕えられる前に自刃して果てた。

後藤新平が生まれたのは、高野長英が死んでから七年後であった。

新平がやっと物心ついたころのある日、近所の子供たちと表で遊んでいて、何かのことで喧嘩になったとき、相手は

「やい、謀反人の子……大きな顔をするな」といった。

新平は、何のことかわからないながら、ひどく辱しめられたような気がして、家へ馳せ帰ると、母の利恵にその理由を問うた。利恵は顔色を変えて

「まあ、そんな事を……」

といったが、しばらくして
「伯父様は立派な方です。お国のために信ずるところを述べて、罪に問われましたが、決して謀反人なんかではありません。ただ、伯父様の考え方が、世間より先に進みすぎていたので、理解してもらえなかったのです」

しかし、高野長英という存在が、後藤一家に暗い影を投げたことは事実であった。一族の中から天下の大罪人を出したということは、いつまでも彼等の記憶になまなましく残り、人々の前では真直ぐに顔をあげていられないような引け目を感じさせた。

ときどき後藤の家の台所へおずおずと現われると、世間をはばかるような低い声で、何か悲しげに話してゆく老女があった。乞食のようにみすぼらしいこの女は、息子の死のあとまで生き残った長英の実母みやであった。彼女が帰ったあとで、利恵が
「気の毒な……みやさんは、明日のお米を買う金がないといって……」

「やれやれ、政事向きのことに口を出すと、親があいうことになる。新平、お前はまちがっても国事を論ずるような者になるな。書家になれ」

十右衛門は嘆息して言った。

夫妻が息子新平の将来を案じて、高野長英のようにならなければいいがと願ったのは、彼の性質の覇気に富み、激動を好むところが長英に似ていたばかりでなく、その外貌まで似ていたからである。

高野長英は生まれつき骨組がガッシリして背が高く、顔は面長で角張り、唇も厚い方であった。彼の特徴は、皮膚の色がぬけるように白いことで、いつも人にむかって

「吾が輩は白色人種に違いない」
といっていた。もちろん洋学を学んだ彼は、白色人種に似ていることを得意としていたのである。

彼はまた性質に傲慢なところがあって、酒を飲むと雄弁になり、よく人を罵った。彼は自分の考えが世間より進んでいるという信念を固く抱いて譲らなかったので、往々にして人の怒りを買うことがあった。

後藤新平は、母親似だといわれたが、いろんな点で、この大伯父にもよく似ていた。色白の美男子であることも、みずから信ずることの厚いところも、二人はよく似ていた。同じ血統の中の同じ遺伝因子が、母親の血によって更に濃くされて、新平の中に現われたものと見えた。

それだけに、十右衛門は心配であった。

時は幕末で、天下動乱の時である。国事に奔走して、獄に投ぜられたり、首を斬られたりする者の絶える時がない。水沢藩はわずか一万六千石の小藩で、それも伊達藩の支藩だから、何も仙台表から命令された通りに動いていればいいところで、事天下国家のことに口を出す必要もなく、口を出しても相手にされもしない。

だから、君子危うきに近よらずのたとえの通り、なるべくトバッチリのかからぬように、遠くの方へのいていれば、何事もなく無事安穏の人生が送れるというものであろう。まちがっても、高野長英の二の舞をさせてはならない。この子は幸い字がうまいから、天下一流の書家にでもして、平和で豊かな人生を送らせてやりたい……これが十右衛門の考えであった。

しかし、維新の動乱は、思いのほか早く片づいた。揺ぎかけてはいたものの、まだまだ大丈夫と思っていた幕府が、アッというまにガラガラと崩れ落ちると、いつのまにか天下は明治新政の御代となっていた。

　太政官というものができて、次から次へといろんなお布令が発せられる。版籍が奉還されて、日本人はみな天皇の御親政を仰ぐ民となった。

　これまでの殿様の伊達将監様が少参事と名前が変ったけれど、これまで通りお城にお住まいになっていらっしゃる。お城といっても、天守があるわけでもなく、城壁でかこまれたわけでもなく、わずかに濠をめぐらしただけの平城であるが。

　しかし、扶持をはなれた八百余人の武士たちが、これから先、どうして暮らしてゆくか？

　東京から新政府の役人が来て、北海道の開拓地へ移住を希望する者は、士族の身分を称えることを許す、引き続き祖先の地に住むことを欲する者は、平民となって帰農するとも苦しくないと告げた。

　大部分の武士は帰農した。後藤十右衛門も百姓になった。

　しかし、いよいよ百姓に身を落してみると、かねて覚悟はしていたものの、いろいろと口惜しいことばかりだった。

　その第一は、刀がさせなくなったことである。武士の魂と教えられて、永年さしてきた刀を取り上げられると、腰のあたりが何となく物さびしく、下腹に力が入らなくて、歩くにも調子がとれないのはまだいいとして、我慢がならないのは、これまで彼等にペコペコしていた百姓や町人が、急にいばりだしたことである。

　これまでは、たとえ子供でも、刀をさして田舎道を歩けば、百姓たちは馬を下り、冠り物を取って、うやうやしく道ばたへよけた。ところが武士と百姓の区別がなくなると、これまでの百姓はお辞儀をしなくなったばかりか、四民平等と称して、ことさらに無礼な仕打ちに出ることもある。

彼等は今さらのように、没落のみじめさを思い知った。子供ながら人一倍負け嫌いな新平も、くやしい思いをすることが多かった。

世の中の変動は続いた。

王政復古になり、これまでの藩主は知事と名前が変ったけれど、これまで通りお城に住んで政務をお取りになるものと思っていたのに、また新しいお布令が出て、水沢藩は胆沢県と変り、新しく権知事、大参事、少参事の役人が中央から任命された。

胆沢県庁はこれまでの水沢城に置かれることになった。

新しい支配者がやって来ると、古い支配者は場所をあけねばならない。城主伊達将監の一族は、先祖代々の城をあけ渡して、仙台へ引っ越すことになった。

新任の胆沢県権知事武田亀三郎一行が水沢へ乗り込んだのは、明治二年の夏のことであった。

彼等は旧藩主の代りに来たものだから、すべて大名の格式である。

道中の宿場では、本陣の主人が若い者を従えて、途中まで出迎え、金棒を鳴らして先払いをした。

宿へ着くと、上段の間に案内された。

水沢城では、これまで領主の居館だった建物に武田権知事が住み、ほかの役人たちも、そのまわりに官舎を建て、一大家族のように密集して暮らした。東北の諸藩では、維新の戦争で流された血がまだ乾ききっていないで、西国の勤王諸藩出身者に憎悪を抱いていたから、市中に分散して住むことは危険だったのである。

県庁の役人はすべて、西国者ばかりだったが、地元民の東北弁が理解できないため、日常の事務に不便を感ずることが多いので、新しく地元の少年を四五名、給仕として採用することになった。名前は給仕だが、土地の事情にうとい役人たちのために通訳や助手の役を果したり、簡単な事務を代行したりさせるため、利口でハキハキした少年が選ばれた。

その一人が後藤新平であった。

ほかに斎藤富五郎という給仕がいた。彼はのちに総理大臣、海軍大将、子爵となった斎藤実のことで、後藤より一つ下の数え年十二歳であった。年長で、腕力も気力もすぐれている新平少年は、のちの海軍大将をいじめてばかりいた。

彼等はそれぞれ知事以下の高官の家庭に一人ずつ配属されて、取り次ぎをしたり、家庭の雑用を果したりしながら、余暇には勉学にいそしんだ。

給仕とはいっても、県庁の役人の端くれである。彼等は外出のとき刀を差すことを許された。この刀は権力の象徴であると同時に、彼等が大勢の子弟の中から選ばれた秀才であることをも物語っている。彼等は一度失った威厳を取り戻した喜びにわくわくしながら、誇らしげに刀をさして歩き廻った。

後藤新平が配属されたのは、大参事安場一平の家であった。

安場一平という名前に、オヤと聞き耳を立てる人があるかも知れない。赤穂義士の物語を読んだことのある人は、その最期のくだりで安場一平にお目にかかっているはずである。

義士たちは本懐を果してのち、自首して出て、諸家へお預けになったが、そのうち大石内蔵助以下十七名は、肥後の細川藩へ預けられた。やがて彼等は切腹を仰せつけられたが、その場面は福本日南の「元禄快挙録」によると、次の通りである。

「御小姓の先導、介錯人の後従にて大石は静々として設けの席に就けば、小脇差を載せた三方は、其の前へ据ゑられた。後には藩中の物頭に其の人ありと知られた勇士、安場一平、介錯の太刀を執つて廻り立つ。内蔵助は端然として、検使の方へ一礼して、徐ろに雙の肩衣を刎ね、肌押脱いで三方引寄せ、やをら小刀を腹へ擬した其の刹那、『鋭』と一声、頭上に響けば、曠世の烈士、大石内蔵助良雄が英魂は髣髴として碧落した。」

明治の安場一平は、元禄の安場一平の子孫であった。もっとも、一平は通称で、実名は保和といった。

後藤新平が給仕として仕えることになった大参事安場保和は、快活で、物にこだわらぬ、あけっぴろげの性質の男であった。

彼はよく酒を飲み、酔うと、あたりに響く声で高笑いをした。

彼は県庁で執務するときも、公用で外出するときも、洋服を着用した。まだ洋服をだんぶくろと呼んで珍しがったころで、秋田の佐竹侯がはじめて洋服を着たら

　秋田の殿さん靴はいておっ返って
　だんぶくろに糞つけた

という歌が、東北一円にはやったくらいだったから、安場大参事の洋服姿は水沢の町の人の注目を集めた。

安場保和は酒宴が好きで、よく部下をつれて町の料理屋へ飲みにいった。そういうとき、新平は夜ふけまで玄関の片隅に待たされた。

ある夜、酔った保和が、あとからついてくる新平にむかって
「その方は高野長英先生の血筋をひいておるそうだな」

「はい。長英は大伯父になりまする」

新平は、長英に先生という敬称をつけて呼ぶとは、珍しい人だと思った。高野長英は、この町では不吉な人物ということになっている。

保和は続けて
「その方は立派な方を祖先に持って、しあわせな子だ。わしの師匠の横井小楠先生も、かねがね高野長英先生のことを、口をきわめてほめておられた。あれほど時勢を先の先まで見通した人はいなかったといってな……」

「アノ……お殿様は横井小楠先生のお弟子でいらっしゃいまするか？」

「ウム、これでも横井門下の四天王の一人といわれたものだ。熊本へ帰れば、すこしは威張ったものよ。ハッハッハ……」

横井小楠は新政と共に朝廷に召され、参与という職についていたが、この年の一月、刺客に殺されたばかりである。まだ十三歳の新平には、思想上の深いところは理解できないが、小楠はたしか熱心な開国論者で、攘夷派に憎まれて殺されたということだった。

――それでは、安場先生も開国論者だったのか。だからして、開国論の先覚者高野長英を尊敬するというのか……。

新平は、そばへも寄れぬほど偉い人と思っていた安場大参事に、横井小楠、高野長英を通じて、微妙なつながりがあることを発見して、うれしくなった。

「お殿様も開国論者でいらっしゃいまするか」

「開国論者にも何にも、日本はもう開国してしまったのだから、いまさら開国を説く必要はないわけだよ。これからは大いに外国の文物を取り入れて、日本を立派な国にしなければならないな。その方も、高野長英の子孫なら、ひとつ大いに勉強して、お国に役立つような人物になってほしいものだ」

「はい」

「いまや四民平等の御代で、昔のような身分制度はなくなったのだから、能力さえあれば、どんな貧しい家の子でも出世できる。その方も努力したらよかろう」

「ハイ」

新平は拳を握りしめた。

安場大参事の一家は、少年の新平には、理想の家庭にみえた。

この家庭は、主人の保和をのぞくと、女ばかりで成っていた。

保和の母堂久子は六十三歳。男まさりの、しっかりした女性で、安場保和を今日の地位まで育て上げた人である。あるとき大久保利通が訪ねて来たが、主人は留守だったので、この母堂といろいろ話し込んで帰ったのち、

「あのお方は、ただならぬ女性とお見受け申した」

と言った。

岩倉具視公も、安場家をおとずれると、まずこの人に敬意を表した。

安場保和は少年のころ、横井小楠の塾へ通った。そのころ熊本では、藩校の時修館に学ぶいわゆる「学校連」と、横井の弟子のいわゆる「実学連」との間に激しい抗争が続けられていたが、学校連は数も多く、藩の主流をなしていたので、小楠派は事ごとに迫害され、通学の途中、学校連の襲撃を受けることもあった。

安場の親戚の間では、保和の身辺の危険を心配して、小楠塾へ通うことを中止させよと勧める者もあり、父源右衛門もぐらつきかけたが、反対を押し切って小楠塾に通わせたのは、母久子であった。彼女は敵の襲撃に備えて、砂で目つぶしまで作り、息子の通学に付き添って護衛した。藩校で教える昔ながらの孔孟の道よりも、殖産興業と万国通商によって富国強兵をはかるべしと説く実学のほうが、新時代にふさわしい学問だと信じたのは、彼女の見識であった。

母堂は酒が好きだったので、保和は外で飲んで帰ると、どんな夜ふけでも、彼女の部屋を訪れて、改めて一本飲みながら、その日あったことを報告しなければ寝なかった。

彼女が安場家へとつぐ前に、縁談が二つあった。一つは近在の大金持ちの庄屋の家からで、一つは貧乏な安場源右衛門からであった。彼女は、貧乏でも侍の方がいいといって、乗り込んで来たが、婚礼の晩から
「私はお酒は飲みますばい」

とことわって、大ぴらに飲んだ。

久子母堂と正反対なのは、二十六歳の露子夫人である。九つになる友子、四つになる和子と、二児の母とも思えぬほど若々しく、花のように美しい彼女は、ひたすらしとやかに、つつましく

家を守って、外へ出ることを好まず、人とつきあうことを欲しなかった。

露子も、夫が世に出るまでは、人なみに貧乏の経験をなめて来たはずなのに、ふしぎと、その容貌や態度に貧乏の汚染や垢をとどめず、生まれながらにして貴婦人であったかのように、玲瓏とした顔をしていた。

新平はこの人に、姉に対するような、ほのぼのとなつかしい感情をおぼえた。

彼はこの夫人に呼ばれて、何か用を言いつけられると、それがどんなに些細な事柄であっても、全力を傾けて仕遂げねばならぬような使命感と、生き甲斐のようなものを感ずるのである。彼はこの世に生まれ出るずっと前から、この夫人のために奉仕することを、誰かにむかって約束したことがあるような気がしてならなかった。

新平はなんとなく、いまに大きくなったら、この人のような人をめとって家庭を持つことを空想することがあった。

新平は今をときめく安場大参事の家の、花やかな、満ち足りた生活を見るにつけて、自分もいまに出世して、立派な男にならねばならぬと思った。

安場家の禄高は熊本藩では代々百五十石だったといわれている。

講談では、大石内蔵助の介錯を命ぜられた何代か前の安場一平が、切腹の前日、挨拶に出たところ、大石は彼にむかって、

「つかぬことをお尋ねいたすが、貴殿の禄高はいかほどでござるか」

と聞いた。一平はこの時十石二人扶持の小身であったが、ありのままを答えると、大石がそのような微賤の者の手にかかる自分を情けなく思うだろうと考えて、咄嗟に

「二百石でござります」

と答えた。ところが、当日の一平の振舞は、いちいち作法にかなって見事であったので、破格の恩賞として、彼の言葉通り二百石に加増されることになったというのである。

しかし、以上は話をおもしろくするための作り事であって、安場一平が当時すでに百五十石の物頭だったことは、文献にも見えているし、その子孫も代々百五十石に変りはなかった。

百五十石といえば、それほどの下級武士ともいえないが、幕末のころの一平――保和は、横井小楠の高弟として、諸方の志士と往来し、家のことはまったく省みなかったから、生計は決して豊かではなかった。

それが、維新とともに一躍して、重要な地位についたのである。知事が旧制の藩主に当るとすれば、大参事は筆頭家老に相当しよう。大藩ならば数万石、中以下の藩でも数千石を下らぬ身分だから、まさに出世したといわねばなるまい。

安場保和が維新の動乱でどういう働きをしたか、くわしい事は新平も知らない。彼は横井小楠が江戸で刺客に襲われたときも、階段の蔭にかくれて助かったというから、常に師の側近にいて、手足のように働いたものであろう。

明治元年の錦旗東征では、一平は東海道鎮撫総督府参謀を仰せつけられて、先鋒を承った。江戸城明け渡しのときは、彼も受取り側の随員の一人として、乗り込んでいる。彼が大勢にまじって、引き付け刀で通ったら、出迎え側の中に、藩主の細川侯の顔も見えたので、大いに恐縮したと、何かの折に語ったことがある。

新平は子供心にも、安場保和の今日の地位は、第一に時勢を見抜く力があったことと、第二に横井小楠という大物に可愛がられたことによって得られたものであろうと思った。

時勢を見抜く力は、あるいは母堂久子刀自に帰せらるべきものであるかもしれない。いずれにしろ、保守派の迫害に敢然と抗して、彼を小楠塾へ通わせた母堂もえらいといわねばならないし、それに励まされて、志を曲げなかった保和もえらかったといわねばならない。

寄らば大樹の蔭というけれど、横井小楠という一世の傑物についたことも、彼の幸運であったろう。

――ああ、わしもなんとかして偉い者になりたい！

新平は喘ぐように願った。

胆沢県大参事安場保和は、後藤新平を手もとに置いて使っているうちに、今の環境は、彼の成長にとって、あまり有益とはいえないかも知れぬと気がついた。

安場家は公用私用の来客が多いところへ、主人の保和自身が無類の酒好きの客好きであったから、いつも家の中の空気がざわざわしていた。

こういう中で、一人静かに勉学に打ち込むことはむずかしい。安場保和は、新平がしょっちゅう来客の応接や、家事の雑用に追われて、机にむかう時間がほとんどないらしいのを見て、これはいかんと思った。彼は新平を呼ぶと
「この家にいては、その方の為にならん。岡田の家へ移ったらよかろう」

と申し渡した。岡田史生（史生は今日の書記に当る）は名を光裕といって、二十五歳の青年であったが、もと伊勢菰野藩士で、謹厳な学者肌の男であった。彼はまだ独身で、飯たきの爺やと二人で暮らしていたところへ、新平が加わったのであるが、安場家とちがって、この家の生活は

簡素をきわめていたから、家事一切は爺やにやらせて、新平はただ勉学に専念していればよかった。

新平が岡田家へ移されたと聞いて、心配したのは父の十右衛門であった。大参事は高官であり、史生は下僚である。もしかしたら、安場家で何かあやまちでも犯したか、主人に気に入られぬことでもあって、追いやられたのではあるまいか……どこへ行っても持て余され、厄介者といわれた息子であるだけに彼の心配は大きかった。

十右衛門が心痛していると聞いて、ある日岡田史生が訪ねて来た。

「御子息については、御心配はいりません。安場閣下は、御子息の将来のためには、自分の家にいるより、お前の家にいた方がよかろうと仰せられて、わざわざ私に託されたのです」

「それはほんとうでしょうか？　ふつつかなせがれのために、閣下がそれほどまでに御配慮下さるとは、信じられませんが……」

「閣下は御子息に、大した打ち込み方です。ぞっこん惚れ込んでおられると申したらいいかも知れません。私にむかって、こう申されました……この少年は非凡の面魂をしている。ゆくゆくは大臣参議ともなるべき大器かも知れぬ……」

「そんな……飛んでもない……」

「いえ、閣下はそう信じておられます。そして、仰せられるには、今が一番大事な時だ。何もかも忘れて、勉学に専念できるような条件を作ってやらねばならぬ。それには、自分の宅のように、人の出入りの激しいところでは駄目だ。岡田、ひとつ、お前のところに預かって、心ゆくまで鍛え上げてくれんか……こうでございます」

「なんとも身に余る次第で……」

「閣下はこうも仰せられました……この子は並はずれて荒々しい気質の持ち主で、手に負えない乱暴者だが、これは一面から見れば、何物にも換え難い美質だから、あまりやかましく言って、本然の性をそこなうことがないように……」

「ありがたいことです」

十右衛門の声は感激に震えた。

岡田光裕は、しごく誠実な人物であったから、安場大参事から新平の教育を託された責任を重く感じて、熱心に彼の面倒を見た。

岡田はふだん朝寝坊の男であったが、寒い冬の朝でも、六時になると必ず起きだして、新平の蒲団をひっぺがしておいてから、自分はまた寝た。

岡田ははじめ安井息軒の門に学んだが、詩文を好まず、もっぱら実用経済の学をおさめて、孫子呉子の兵学書を愛読していた。新平にも講義してくれたが、少年の新平はまだその面白さを解することができず、重苦しい義務と思うばかりだった。

ある日新平が外から帰ると、将棋盤が見当らない。飯たきの爺やに聞いても、にやにや笑っているばかりである。こやつが隠したのであろうと思って、殴ろうとすると、岡田がそばから
「これ、何をするか」

といった。

「将棋盤を隠しましたから、殴ってやるのです」

「ばか者！　爺やが隠したと、どうしてわかるか。将棋盤は、わしがたたき割って、火にくべて

しまったのだ。孫子もろくろく読めないで、将棋をさそうなど、生意気千万！　そういう心掛けでは、もう面倒を見るわけにゆかぬから、家へ帰れ」

と叱られた。

新平の荒々しい気質はなかなか改まらず、よく人と争った。水沢には旧藩時代から立生館という藩校があり、維新の後には郷学校と改められたが、新平は岡田史生の家からここに通っていた。ある日彼は教官の伊藤玄泰と意見の衝突を来したが、固く自説を主張して屈しなかった。玄泰は激怒して新平の頭を打った。新平は歯ぎしりしてくやしがったが、師にむかって手出しをすることは許されない。彼は涙を呑んで、いまに見返してやろうと心に誓い、その日から猛勉強をはじめた。

正義と信ずることに夢中になり、感動しやすく興奮しやすいのは、新平の生まれつきであった。そういう新平の性質を、史生岡田光裕は多大の不安をもって見守っていた。

胆沢県庁で土地の秀才少年を給仕に採用したのは、単に彼等を雑用に使って、人手不足の補いにしようという目的だけではなかった。優秀な人材を発掘して、育成し、将来国家の役に立つべき者にしようという意図も充分にあったのである。

したがって、公務のかたわら勉学させられたのは、後藤新平ひとりでなく、他の少年たちも同様であった。山崎周作、斎藤実、後藤新平――この三人を、水沢の人たちは三秀才と呼んだ。山崎周作は新平と同年だったが、三人の中でもっとも学才がすぐれていたので、人を人とも思わぬ新平も、さすがに一目置かざるをえなかった。

斎藤実は年少でもあり、生まれつき人に譲る性質もあって、甘んじて新平の下風に立っていた。

一時県庁の玄関先と便所の掃除を二人共同で命ぜられたことがあるが、機敏な新平は、毎朝いち早く玄関の方へ取りかかるので、斎藤実はまごまごしているうちに、便所掃除の方へ廻されてしまうのであった。彼もたまには新平をだしぬいて、玄関先の掃除をやってみようかと思うこともあったが、相手の機嫌を損じて、不和になってはならないと、自分をおさえて、最後まで便所掃除を引き受けた。彼はそういう性質の故に、多くの人に愛された。

明治三年十月、新平たちにとって恩人に当る大参事安場保和は熊本県大参事試補を命ぜられて、水沢を去ることになった。熊本は安場の郷里であるから、彼としては錦をかざることになるが、少年たちは親を奪われたように悲しんだ。安場は彼等を慰めて

「せっかく馴染んだその方どもと別れるのは、つらいことだが、これもお上の御命令だから、やむを得ない。わが輩の後任の嘉悦氏房君は、横井小楠先生の塾で兄弟同様にしていた男だ。その方どものことは、よく話しておくから、わが輩がいなくなっても、わが輩同様に思って、よく言いつけを守り、学問に精を出して、立派な人間になるように。わが輩は、その方どもの成長を楽しみにしている」

と訓戒した。

嘉悦氏房もまた安場におとらず酒好きの、闊達な男で、彼の家をおとずれる者は、ほんの通りすがりの者でも、まず玄関先で、どんぶりになみなみと注いだ酒を飲みほさねば、帰ることを許さなかった。

彼は毎月、寛永通宝のギッシリつまった月給袋を受け取ると、またたくうちに部下に散じてしまった。

小楠門下で実学を修めた彼は、胆沢県では特に農事改良に力を尽した。

育英もまた彼の関心事であった。彼は公務のかたわら、毎朝有志の子弟を集めて、経書を講ずることをたのしみとしていたが、また前任者安場保和の意志をついで、引き続き山崎、後藤、斎藤三秀才の面倒を見ることを怠らなかった。教育熱心は彼の血筋であったらしく、明治の女子教育の先覚者嘉悦孝子はその娘に当る。

水沢の三秀才の一人といわれ、安場大参事によって、大臣参議の器と折紙をつけられたことは、後藤新平の功名心を掻き立てた。

彼は何とかして東京へ出たいと望んだ。

東京には、すぐれた学者と、立派な学校があり、天下の英才が集まって、勉学にいそしんでいる。自分もその中に交り、頭角をあらわして、出世の機会をつかみたいというのが、彼の願いであった。

安場大参事が熊本へ転出したのちは、彼の願いはいよいよ切実なものとなった。

後任の嘉悦大参事も、安場大参事におとらず立派な人で、よく面倒を見てくれる。しかし、やはり最初に目をかけてくれた安場がなつかしいし、彼のいない水沢は、それほど魅力のあるところではない。

なんとかして、東京へ出たい！

東京には、何でもある……地位も、名誉も、権勢も……

野望は火と燃えて、胸をこがした。

しかし、彼の家はあまりにも貧しい。父十右衛門が寺子屋をやって得る収入に、彼が給仕として受け取る給与を加えて、やっと細々と暮しが立つ程度である。とても東京までの旅費の出どころもなければ、学費の出道もない。

悶々のうちに明治三年は暮れて、明くれば四年、新平は十五歳になった。いにしえの聖人も志を立てたという年である。

思いがけぬ事が起った。二月、嘉悦大参事が官命で上京することになったのである。この時とばかり、新平は随行を願い出た。

嘉悦は彼の熱心にほだされて、随行を許したばかりでなく、友人の太政官少史、荘村省三の家に玄関番として住み込むよう、斡旋してくれた。

荘村省三は嘉悦と同郷の肥後藩士で、やはり維新のとき西郷や大隈の下で働いた功で、いまの地位についていた。ともかく念願の東京へ出て、こういう人物の玄関番になることができたのであるから、新平は希望の第一段階に達することができたように見えた。

しかし、彼はまもなく失望せねばならなかった。

荘村省三は頭の回転が早く、弁も立ち、文才もあるやり手で、人と話しながらさっさと手紙を書くという風の男であったが、それだけに人使いも荒かった。彼はみずから物事をテキパキと処理する能力にめぐまれているだけに、他人に対してもそれを望んだ。

彼が後藤新平を玄関番にやとったのは、この少年を将来有為の人物と見込んで、余暇には勉強させてやろうなどという考えからでは毛頭なくて、ただ、彼の目まぐるしく回転する頭脳に浮かんだ雑多な用事を、立て続けに言いつけて、敏速に処理させるだけの目的からであった。

従って、新平は拭き掃除から水汲み、炊事、来客の取り次ぎ、使い走り等、あらゆる仕事に追い回されて、ヘトヘトになるばかりであった。読書の暇など、思いもよらなかった。

しかし、そのために荘村を、冷酷な主人と呼ぶわけにゆかなかったであろう。人をやとって、飯を食わせる以上、雑用を言いつけるのが当然で、勉強の余暇を与えるのは恩恵にすぎない。

もし後藤新平が荘村に不平をいだいたとすれば、それは彼が安場保和にかわいがられすぎて、世間はどこへいってもこんなものと思いこんでいたからであろう。

安場は彼を、将来大臣参議たるべき大器と見て、わざわざ岡田史生の家へ預けるほどの打ち込み方であった。しかし荘村は、べつに新平をそれほどの大人物と思ってやとい入れたわけではない。たのまれたから、厄介者をしょいこむつもりで、引き受けたにすぎないのである。新平を見る目が、そこいらの田舎少年を見る目と同じだったとしても、すこしも不思議はない。

結局新平は、せっかくの青雲の志を無残に打ち挫かれ、不平満々の毎日をすごさねばならなかった。

したがって新平は、荘村家で過した一年余の期間については、ほとんど何ひとつ、楽しい記憶を持っていないのである。

荘村省三は太政官に出仕するくらいだから、才幹のある人物にちがいなかったが、才幹のある人物の通有性で、自己中心のところがあり、弱者や年少者に対するいたわりの気持ちがすくなかったことは事実である。

彼は後藤新平の顔を毎日見ながら、この田舎出の無骨な少年が、将来どのような大人物となるべき素質をいだいているかを知らず、彼の胸にどのようなせつない願いが秘められているかを察しようとしなかった。

荘村の家で使っていた女中が、あるとき暇を取った。すると、それまで女中の分担だった飯たきの仕事が、新平の方へ廻って来た。そのうち代りの女中をいれてくれるだろうと待っていても、荘村は全くその気がないらしい。過重な労働に堪えられなくなった新平は、わざと半煮えの飯や、こげ過ぎの飯をたいた。荘村が小言をいうと

「飯をたくには、かまどの前につきっきりになっていなければなりません。取り次ぎや、拭き掃除や、水汲みに追われていると、こんな飯になるのです」

荘村はやっと女中を補充した。

しかし、そのくらいの事では、新平の憂鬱は消えない。問題は、この家にいても、先の見込みがあるかどうかである。新平はいくら考えてみても、見込みはないとしか思えなかった。主人にとって、彼はただ働きさえすればいい動物であった。才能を育てることなど、思いもよらなかった。

ある日、来客があった。新平が茶を持って出ると、主人は客にむかって

「この書生は、奥州の山奥から出て来た者ですが、東京は人殺しの多いところだといって、驚いているのです」

「ハハア……東京はそんなに人殺しが多いですかな」

客がふしぎそうな顔をすると、主人はしたり顔で

「なあに、豆腐屋が朝晩、ヤッコを沢山切るじゃないですか」

「なあるほど……」

くだらないシャレだけれど、客がおもしろそうに笑うと、主人は得意になって

「なにしろ、こいつは奥州の朝敵の子ですから、生まれてはじめてヤッコを切るところを見たというわけです」

辛辣な嘲笑である。

たしかに彼は、田舎生まれの悲しさで豆腐は知っていても、それをヤッコに切るという言い方を知らなかった。

しかし、それを笑い物にするとは何事か！

それに朝敵の子とは何事か！　たしかに仙台藩は戊辰の役で官軍に反抗した。しかし、それは何年も前のことだ。東北人はいつまでその負い目を背負って歩まねばならぬのか……

生まれつきの負けじ魂が首をもたげた。彼は血相を変えて膝を進めると

「先生に申し上げます」

「なんだ……」

新平は主人の顔をひたと見すえながら

「先生はただ今、朝敵という言葉をお使いになりましたが、それはチト不謹慎ではございませぬか」

荘村も怒りの色を浮べて

「不謹慎とは何だ。新平……その方こそ、主人にむかって、その言い草は何ごとだ。第一、客人の前で、無礼ではないか」

「お客様の前で、みだりに人を朝敵呼ばわりされることこそ、無礼だろうと思います」

「何を、生意気な……朝敵を朝敵というのが、何で無礼だ」

「これはお言葉とも思えません……」

新平は次第に激してくる自分を押えかねた。

「今や天下は御新政のもとに統一され、万民あまねく皇恩に浴している時に当り、なおも古い怨みにこだわって、人を朝敵の何のと呼ぶことは、時勢に逆行するものです。そのようなことでは、人民の間に起る不平を押えることはできますまい」

たかが十六やそこいらの小僧と思うけれど、言うことの筋は通っている。荘村は頭のいい男であるだけに、理屈に対しては弱い。グウの音も出なくなったが、それだけに、権威を傷つけられたいまいましさは募るばかりである。

「ええい、言わせておけば、増長して、勝手放題のことを申す。それ程この荘村の言うことに不服ならば、暇をつかわすから、とっとと出て参れ!」

「まあまあ、荘村君……」

客が仲裁に入って
「許してやって下さい。相手はまだ子供です。……新平とやら、その方も、仮にも主人にむかって、チトロが過ぎるぞ。早くあやまりなさい」

「いえ、あやまりません」

こういう時、自分を屈することのできないのが、新平の持ち前である。

「今日という今日は、私も愛想が尽きました。もはや御主人とも思いません。今日かぎり、お暇をいただきます」

一礼すると、新平は自分の部屋に帰って、手早く荷物をまとめだした。

新平の胸に、多少の後悔が残らないでもない。この家を出れば、どこを向いても寄る辺もなく、頼りにできる人もいない東京である。行き倒れになるのがいやだったら、家へ帰るよりない。

家へは、本当をいえば帰りたくない。学もし成らずんば、死すとも帰らずと、堅く心に誓って出たのは、去年の春まだ浅い二月のことであった。いまさらオメオメと、どの面さげ帰ることができよう。東京を去るということは、出世の道をはずれることである。ここはひとつ、荘村に詫びを言って、置いてもらおうか？

――いやいや！

新平は激しくかぶりを振った。

荘村家にいくらいても、これまでのように酷使されるかぎり、先の見込みのないことは、同じことである。運がなかったものと思って、あきらめよう。

新平は重い心をいだいて、郷里へ帰った。

（なお北海道帯広在住の某氏からの来翰によれば、荘村省三は熱心なキリスト信者で、聖公会の日本で最初の受洗者であったから、新平に対してそれほど苛酷であったかどうか疑わしいということである。たしかにそういう疑問の余地は存するが、詳しいことは後考に待つとして、差し当りここでは、十六歳の後藤新平の立場で書かれた文献に拠った。作者）

こころの錦

わずか一年前に、意気揚々と出で立った故郷の町へ、新平はしょんぼりと帰って来た。

出立のときには、山崎周作、斎藤実の二少年が、うらやましそうに見送ってくれたものであった。水沢の三秀才と呼ばれて、肩を並べた三人のうち、新平がいち早く上京の機会をとらえたのである。

「君たちも、早く東京へ出て来たまえ。及ばずながら、僕も力になってあげよう」

大きな口をきいて、得意の肩をそびやかしながら出たのだったが、いま、木から落ちた猿といったかっこうで、しょんぼりと帰ってみると、山崎、斎藤の二友は、新平といれ違いに、郷里を出たあとであった。

山崎周作は嘉悦大参事に愛されて、嘉悦が熊本へ転任になると、いっしょに連れて行かれた。いま嘉悦のもとで勉学中だが、将来の大成が期待されているという。

斎藤実も嘉悦の世話で上京し、軍人を志して猛勉強をしているという。

新平も、はじめは嘉悦大参事の紹介で、荘村の書生になったのだが、その好意を無にして、飛び出してしまった。もとはといえば、荘村が悪かったのだと、新平は信じているけれど、人は新平が恩人にそむいたのだと思うだろう。

人がどう思ってもかまわないが、現実の問題として、東京に踏み留まることができず、勉学の機会を失ったことは痛手である。一年前に山崎、斎藤をうらやましがらせた彼は、今では二人をうらやむ立場に逆転した。

しばらく東京の空気を吸ってみると、今さらのように、水沢は田舎だという感を新たにする。また、東京の人たちの富裕で華美な生活を見た目には、自分の家ならびに、周囲の旧士族たちの生活の貧しさが、身にしみて思われる。

後藤家の家格は水沢の家中でも、それほど下層というほどでもなかった。まず中以上といってよかったであろう。しかし、ふだんの主食は、米だけということはめったになかった。かならず粟、その他の雑穀をまぜた。

海に遠い水沢では、生魚はめったに見られず、塩ザケ、塩マスが最高の珍味であった。正月に買った一匹の塩ザケの残りを、いつまでもとっておいて、少しずつ大事にたべた。

ふだんの服装はみな手織りの木綿で、夏、富裕な人だけ麻を着た。新平の父十右衛門が結婚したとき、蚊帳がなかったので、富裕な妻の実家坂野家から貸してもらったという話である。

後藤家は旧藩主の居館に隣接した吉小路という通りにあったが、板じきの玄関のほかに畳じきの部屋が四つ、板の間の部屋が大小三つあった。畳のあるのはまだいいほうで、ない家も珍しくなかった。

家には雨戸がなく、壁に上塗りというものをしなかった。冬、雪が吹きこむときは、簀をさげた。

これが新平を取り巻くきびしい現実である。自分は一生、この草深い田舎に埋もれねばならぬのかと思うと、彼は夜眠られなかった。

明治六年になった。

後藤新平、十七歳である。

彼はもともと早熟のたちであったが、この一年ばかりのうちに、声も態度も大人びて、たくましい青年になった。

新平の性質も変った。子供のときの手に負えない腕白は影をひそめて、無口な、おとなしい、むしろ沈鬱な青年になった。

それが何に原因しているか、父の十右衛門はよく知っている。新平はもう一度東京へ出て、勉強がしたいのである。

しかし、後藤家の経済状態は、とてもそれを許しそうもない。

新平には、一人の姉と一人の弟がある。

姉は初勢といい、彼より十歳年上で、同藩の椎名辨七郎のところへ嫁した。椎名家も学問の家柄で、先代は藩校立生館の教授を勤めていた。

初勢の夫もゆくゆくはその後を継ぐつもりでいたが、維新の改革で、帰農か北海道移住かのいずれかを選ばねばならなくなったとき、夫婦は新天地の開拓をめざして、後者をえらんだ。

しかし、極寒の地での馴れない作業は、彼等にとって重い負担となった。

初勢は生まれつき明敏な頭脳と、しっかりした気象と、人に愛される誠実善良な性質の持ち主であったが、夫は彼女にふさわしい人でなかった。夫婦間の不和は、生活の不如意、困難に正比例して増大するものである。彼女は心身共に傷つき疲れ、流産までして実家へ帰った。

帰るとき、初勢は離婚の決心であったが、婚家先の姑が彼女を愛して手離そうとせず、たとえ息子を勘当しても、嫁に死水を取ってもらうと言い張って、籍を抜かなかった。初勢は椎名家に在籍のまま、身体だけ後藤家へ帰った。彼女は母を助けて、かいがいしく家事をとった。

新平の弟は彦七といって、九つになる。まだ海のものとも山のものともわからないが、兄ほど手に負えない腕白者でもなさそうである。

新平の祖父は先年なくなったが、祖母が七十五で、まだ存命である。

後藤家はこうして、十右衛門夫婦をいれて六人の口を養わねばならない。十右衛門は新制度のもとで小学校助教を仰せつけられた。その俸給と、従来からの寺子屋の謝礼が、後藤家のきまった収入だが、その日その日を過ごすのがやっとで、とても新平を東京へ遊学させる余裕のあろうはずがない。

十右衛門はときどき大参事安場保和のことを思い浮かべた。恩寵に狎れるわけではないが、安場大参事がいてくれれば、息子の勉学の願いのかなえられる道を、何とか考えてもらえるかも知れないものを……

しかし、安場保和は目下洋行中で、帰国は何年先になるかわからないといううわさであった。郷里熊本へ転任を命ぜられ、新平たちに別れを告げて水沢を去った安場保和は、一年もたたぬうちに、大蔵大丞を仰せつけられて、東京へ出た。明治四年七月のことである。

同じころ、同じ東京では、後藤新平が太政官少史荘村省三のもとで、酷使にあえいでいた。

いつの日に再会できようかと思っていた恩人を、思いがけず早く東京に迎えることのできた新平は、胸をときめかせながら、神田錦町の新邸へ駈けつけて、栄転の祝いを述べたが、ただちに自分の苦境を訴えて、救いを乞う気にはならなかった。転任のどさくさで、何かと多忙な人を、つまらないことで煩わしたくなかったし、いよいよとなれば、機会はいつでもあると思ったからである。

しばらくぶりで見る露子夫人は、ますます気品ある美しさを加え、二人の令嬢はかわゆく成長していた。新平は、この家に満ちあふれるしあわせが、さらにさらに豊かになるようにと、心に祈りながら、帰路についた。

大蔵大丞という地位は、官吏として最高のものではなかったが、旧熊本藩士の中では第一等であった。熊本人の中で、中央政府の要職についたのは、安場保和がはじめてで、いわば彼は出世頭であったが、これは大蔵卿大久保利通の推薦によるものであった。

しかし、彼は省内の同僚と意見が合わず、三ヵ月後の十月、租税権ノ頭に任ぜられた。

十一月、右大臣岩倉具視が特命全権大使として欧米各国へ派遣されるに当って、安場保和は随行を命ぜられたが、これは大久保利通のすすめによるものであった。彼は租税権ノ頭になっても、なお鬱々としてたのしまず、しきりに官界を退きたがったが、ある日大久保がわざわざ彼の自宅まで訪ねて、こんど欧米へ行くから、貴公も同行するようにと説いたのであった。

今を時めく大久保利通にそれほどまでに懇望されては、ことわるわけにゆかない。安場はしぶしぶ供をすることにした。

岩倉公の差遣は、条約改正の交渉がおもな使命であったが、そのほかに欧米先進国の文物制度の視察という目的があった。使節の一行には、正使岩倉公のほかに、副使として木戸孝允、大久保利通、伊藤博文、山口尚芳らが命ぜられ、維新政府の大官の半数が留守になるといわれたくらいであった。

安場保和は横井小楠の門に学んで、つとに万国通商を説き、熊本県参事のころは、人より先に洋服を着て町を歩き、神風連につけねらわれるくらい開けた男だったくせに、外国語が嫌いで、読むことも話すこともできなかった。

こういう男が使節団に加わっても、視察見学の役目を果すことができない。厚顔な男ならば、それでも皆のあとにくっついて行きたがるものだが、物事に執着がなくて、はじめから洋行をいやがっていた彼は、とうとう我慢ができなくなった。サンフランシスコに上陸して、次の駅へ着くころには、彼は日本へ帰りたいといいだした。

安場が日本へ帰ると言いだしたので、大久保利通は、岩倉具視の部屋へ相談にいった。

「困ったことができました。安場君が日本へ帰りたいと申しております」

「じょうだんじゃない。まだ君、旅ははじまったばかりじゃないか。一体、どうしたというのかね」

「はい。彼は英語ができないから、皆のあとにくっついて歩いてもしようがないというのですが……」

「そのために、通訳もやとってあるではないか……ともかく、本人をつれて来たまえ、私から事情を聞いてみよう」

「ひとつ、閣下からよく御訓戒ください」

安場保和が呼ばれた。岩倉が

「いま大久保君から聞いたが、どうしたというのかね。子供じゃあるまいし、来る早々から帰るなんて……第一、ここまでの旅費が無駄になる」

「無駄という段になりますと、役にも立たぬ男がこれから先、二年間もヨーロッパやアメリカをうろつき回ることのほうが、よっぽど国費の無駄使いです。私は租税権ノ頭です」

「なるほど、これはうっかりしていた。ハッハッハ……しかし、租税権ノ頭は、税を取り立てることだけ考えていればよろしい。使い道のことまで心配するには及ぼん」

「そうは参りません。自分は無用の人間だとわかったら、さっさと引っ込むのも、御奉公のうちです……それに、外国旅行はいろいろと面倒くさいので、閉口です。やれ、ホテルで飯を食うときは、行儀をよくしろの、昼間から酒を飲んで、赤い顔をして婦人の前へ出てはいかんの、道を歩くのに、なるべく隅の方へよけて通れのと……私どもはむかし、士大夫たる者は、すべからく大道の真中を闊歩せよと教わりましたが……」

「ハハア。貴公は小楠先生の門下で、外国の文物をどんどん取り入れるほうの急先鋒かと思ったら、思いがけず旧弊なところもあるようだね」

「私は日本を強大国にするために、西洋の学問や技術を摂取しなければならぬとは思いますが、酒の飲み方や飯の食い方まで、いちいち指図されるのは、閉口です」

「貴公はどうも、人一倍めんどくさがり屋のようだ。聞くところによると、租税権ノ頭の役もやめたいといっているそうだが、本当かね」

「はい。役人というものも、なってみると、案外とつまらないものです。このへんでお役を御免いただいて、浪人になりたいものです」

「それはならん！」

岩倉の語調がきびしいので、安場保和は目をみはった。

「いま日本は、やっと御新政が緒について、一人でも人材の必要な時だ。かかる重大時局に当って、個人のわがままのため御奉公を辞退するなど、もってのほかだ。貴公は日本に帰っても、官界から身を引かないと約束するなら、帰国を許してもいいが、どうかね」

「かしこまりました」

安場保和は出発から半年後に、日本へ帰った。委細は岩倉から太政大臣三条実美に報告され、安場は租税権ノ頭を免ぜられると、新たに福島県令を命ぜられた。

安場保和は役人をやめたがっていたくせに、いざ福島県令を命ぜられると、なかなか熱心に働いた。彼は水沢在勤中の短い経験から、奥羽地方のめぐまれない経済的条件に同情をよせ、これを救うには、国土を開発して産業を起す必要があると痛感していたのである。

彼は水沢の史生岡田光裕へ手紙を書き、福島へ転任して、彼を助ける意志はないかと聞いてやった。

岡田は感激して、承諾の返事を書いた。彼はそのころ阿川と改姓していた。

彼は須賀川支庁勤務を命ぜられた。

安場県令が着任早々に目をつけたのは、安積郡一帯にわたる数里の荒野であった。彼は旧米沢藩士中条政恒を起用して、開墾事業に当らせ、数百町歩の良田を得た。中条政恒の子を精一郎といい、その長女を百合子といった。のちの宮本百合子である。

中条の主導する開墾事業に賛同して、協力を惜しまなかったのは、おなじ米沢藩士で、信夫郡長をしていた立石一郎であった。立石の娘は福島県師範学校長代理をしていた久米由太郎に嫁して、正雄を生んだ。

由太郎はのちに信州上田の高等小学校長となったが、正雄が八歳のとき、学校の火事に御真影を焼失し、責任を取って自殺した。残された母子は福島の実家へ帰り、正雄は村の小学校から安積中学を経て文学者となった。

すなわち、久米正雄と宮本百合子は、同村で育った幼な友達で、二人の祖父は安場県令のもとに、安積開拓の協力を誓いあった同志であった。

安場保和はときどき、後藤新平のことをなつかしく思い起すことがあった。

——どうしているかな、あの気の強そうな少年は……。たしか荘村省三の書生になったはずだが、今ごろはせっせと勉学に励んでいるだろうか。ともかく、将来がたのしみだ。あれは大物になる奴だ。

しかし、着任早々で、多方面の事務に忙殺される安場県令は、一つのことを持続して考える余裕はなかった。彼はたまに新平のことを思い出しても、またすぐ忘れてしまった。

ある日、阿川光裕が、所管事項の打ち合わせに、本庁へ出向き、安場の部屋に入った。

用件がすんでから、安場はふと思いついて

「いつぞやその方に世話をたのんだ後藤新平は、その後、息災でおるかな」

阿川はうやうやしく一礼して

「ハイ、そのことでございますが、一度県令閣下のお耳に入れておかねばならぬと思っておりました。実は、新平はただいま荘村さんのお家におりませぬ」

「それはまた、どういうわけだ」

安場はいぶかしそうに顔をあげた。

「新平は、ただいま水沢へ帰っております。彼奴は荘村さんと、なにかの行き違いで口論に及びまして、追い出されたそうです」

「そうか……それは知らなかった。あいつも、しようのないやつだ……どこへ行っても喧嘩ばかりしおって」

「はい……ことに、人もあろうに主人の荘村さんに食ってかかるとは、言語道断のわざでございます」

「ウム……いやなに、もしかすると、荘村君の方でも、多少心使いにおいて欠ける点があったのかも知れんて。それに、新平という子は、まるで山犬のように、相手の見境なくかみつく少年だが、そのつど、彼なりにチャンと理屈は通っているのだ」

「相かわらず、閣下は後藤びいきでいらっしゃいますな」

「ウム、あれは獅子の子だ。ところで、新平はいま、何をしているかね」

「あんな我が儘者のことですから、誰も相手にしてくれるはずがございません。おおかた水沢の親もとで、毎日なすこともなく、ぶらぶらしていることでございましょう」

「それはいかん……あの年の若者は、せっかく勉強させねばならん」

安場がせきこんで言うので、阿川光裕は思うツボだと思った。彼は実は、安場が怒って、そんな我が儘なやつは、もう知らぬと言うのをおそれていたのである。それで、自分からわざと、新平に愛想をつかしたような口をきいたのだが、案のじょう、それがかえって、安場の気をひくことになったらしい。

「さっそく新平を呼んで、勉強をさせてやりたいが、阿川、またひとつ、面倒をみてくれるかね」

「よろこんで、お引き受けいたします。……しかし、閣下、彼ももう十七ですから、そろそろ将来の方針をきめさせて、それにかなうような学問をさせた方がいいと思いますが、いかがでしょうか」

「それもそうだな。いつまでも孫子と呉子ばかり読ませておくわけにもゆくまい」

「お言葉ですが、孫呉はりっぱな修身書です……」

「わかっとる、わかっとる……」

安場県令は、その愛読書にケチをつけられると、ムキになって抗弁する、阿川の日頃のくせを知っているので、あわててさえぎった。

「孫呉はりっぱな修身書だ。あれは結構な本だ。わしもよく知っとる……しかし、今どきの若い者には、もっと新しい学問もやらせねばなるまい」

「それはそうでございますな……やはり、実用の学問技芸がいいかと思います。医学なんぞ、いかがでしょう」

「それがいい。いま日本で一番必要なのは、西洋の医学をちゃんと修めた医者だ」

安場は簡単に賛成した。

火と燃える功名心に胸をこがしながら、東北の一隅で悶々の毎日を送っていた新平に、春とともに幸運を告げる手紙が飛来した。

阿川と姓が変っているが、なつかしい岡田光裕から、父十右衛門にあてたものである。

——令息をこのまま片田舎に埋もれさせるのは、誠に惜しむべきことです。安場閣下も会いたがっておられますから、福島へおよこしになりませんか。本県ではちょうど、須賀川に医学校を設立したところで、生徒を募集しています。ここに入学させて、令息を将来医者になされてはいかがでしょう。

こういう文面である。

岩倉大使に随行して、今ごろは遠く世界の果てにいると思っていた恩人安場保和が、いつのまにか帰国して、つい目の前の福島にいようとは、思いがけなかった。

それに、彼等はまだ新平を見放していないで、もう一度面倒を見てくれようという。新平は今さらのように、安場たちの厚情に胸を熱くした。

ただ、ひとつ気になることがある。彼等は新平に医学を修めさせることにきめているらしい。

——本人にことわりもせずに……

こういう不平が、すこしばかり首をもたげた。

もともと新平は医者が好きでなかった。というより、ほかにもっとなりたいものがあった。医者そのものは、それほど悪いものではない。彼の母の実家も医者で、しょっちゅう行き来しているから、その豊かな暮しぶりを見て、うらやましく思ったこともある。

しかし、新平にはもっと大志がある。

人の病を直すより、国家の病を直す人物になりたいのである。維新の元勲の功業を、まのあたりに見て成長した彼にとっては、国運を双肩ににになって、天下に号令することこそ男子の本懐であって、そのほかのことは、一生を捧げるに値しない閑事業である

しかし、阿川光裕は彼に医者になれという。本人の意志にはおかまいなしである。

飢えた人に食を与える者は、何を与えても、相手が喜んでむさぼり食うだろうと考えがちだけれど、与えられるほうでは、同じく空腹を満たすなら、これよりもあれをと願うこともある。時には、汝は何を欲するかと、一言聞いてくれる手数をはぶいて、何を与えても、ありがたく受け取るべきものという態度を示されるだけで、感謝の念がけし飛んでしまうこともある。

新平は大恩ある安場保和と阿川光裕に、いまさら反抗心の起ころうはずもなかったが、はじめから医者になれといわれたことは悲しかった。彼は阿川に手紙を書いて、同じく学資を給していただくならば、医学でなく、将来政治家ないしは官吏たるべき課程へ進ませていただきたいと懇願した。

しかし、阿川の返書は思いのほか厳しく、ただ医者になれ、それ以外のことは考えるべからず、とのみあった。

阿川が後藤新平に医者になれと命じたのは、彼の将来を心配したからであった。

阿川の見るところでは、新平の性格はあまりにも奔放で、血の気が多すぎる。

彼の少年のころ、常に近所の子供と喧嘩をして、生傷がたえず、藩校では教授に反抗し、東京の荘村省三の家でも、主人と争って飛び出した。こんな調子で政治方面へ進んだら、どのように大それたことをしでかすかわからず、国法を犯して牢獄に投ぜられるような人物にならないともかぎらない。医者にでもして、なるべく平穏無事な生活を送らせるのが、本人のためというものであろう。

こういう考え方は、新平の父十右衛門のふだんの意見と、まったく同じである。高野長英の非業の死にかんがみて、決して国事を論ずるな、書家になれというのが、小心者の十右衛門の口癖であった。阿川の言い分は、書家が医者に変っただけである。

もしかしたら、阿川の命令には、十右衛門の意志が秘められていたのかも知れない。もっと邪推をめぐらせれば、二人は新平の知らないところで、秘密の連絡をとって、医学課程を彼に押しつけるべく共謀していたのかもしれないのである。

しかし、それに気づくには、新平はまだ子供であった。彼は阿川の命令を、彼一人の気まぐれな思いつきから出たものと解し、感謝するよりむしろ、うらめしく思った。

しかし、阿川の申し出を拒否するわけにはゆかない。拒否すれば、せっかく訪れた遊学の機会を永久に失うかもしれないし、阿川と安場と二人の恩人を怒らせることにもなる。彼は人に恩を受ける者の幸福と、不幸を同時に味わいながら、ふたたび郷里を出た。明治六年五月十六日のことである。

新平はまず須賀川の支庁官舎に阿川光裕をたずねた。彼の来るのを、今か今かと待ちかまえていたとみえて、さっそく玄関へ飛び出して来た阿川は、しばらく見ない間にすっかり大人びた新平を、たのもしそうに見上げたり見おろしたりしながら、

「ウム、立派な若者になった。父御も御満足じゃろう」

と繰り返した。阿川はまったく、何の成心も他意もなく、ただ一途に新平の成長を喜んでくれるという風に見えたので、彼の心中にすこしばかりわだかまっていた恨めしさの感情は、どこかへ吹っ飛んでしまった。

座に着くやいなや、阿川に
「どうだね、医学をやる決心はついたかね」

と聞かれて、新平は
「はい、決心いたしました」
と答えたが、その声は彼自身意外に思うほど、断乎として、確信に満ちた響きを帯びていた。
阿川は安心したらしく
「よかったよかった。ともかく、堅実な道をえらぶことが第一だ」
と繰り返したが、新平は次第に気がめいってくるのを、どうすることもできなかった。
阿川は漫然と、新平を福島医学校へ入れるつもりで、須賀川へ呼んだのだが、いざとなると、一つ問題があった。それは、この学校が主として、変則教育をほどこしているということであった。
明治初年の教育には、正則と変則との別があった。
正則とは、教科書に英語の原書を使うものをいい、変則とは翻訳書を使うものをいった。正則の教育を受ける者は、相当の語学力がなければならず、修業に長い年月と多額の費用を必要とするけれど、一旦修得した技術は応用がきき、専門の深い研究に進むこともできた。
変則は速成の便があるけれど、与えられた知識の外へ出ることができず、医者ならばいわゆる風邪ひき医者がせいぜいのところである。
阿川はざっと以上の説明をしてから、新平に
「さて、お前はどちらを希望するかね」
と聞いた。新平はおそるおそる
「やはり正則の課程で、心ゆくまで研究を積みたいと思いますが……」

「それが本当だな。学問に志す以上、そこまで徹底してやるべきだ」

「ただ、わたくしは英語ができません」

「それは、これから勉強すればすむことだ。ちょうどさいわい、最近福島に洋学所が設立されたところだ――安場閣下がどうしたことか、洋行からお帰りになったのちは、英語教育に非常な熱の入れ方でな、率先して範を示すのだとおっしゃって、御自分の二人の令嬢にも、英語の修業を御命令になって、お二人御一緒に通学していらっしゃるそうだよ。お前もここで英語を学んだらよかろう」

新平の心にふと温かいものが通りすぎた。水沢の給仕時代、上の令嬢は十くらい、下は五つくらいだったが、二輪の花のつぼみのようにかわゆくて、新平新平と、なついてくださったものだ。そのつぎにお目にかかったのは、安場閣下が大蔵大丞になられて、東京へ出られた時である。しかし、間もなく閣下は洋行され、自分は荘村と衝突して郷里へ帰った。

あれから二年ばかり。さぞ大きくおなりのことであろう。自分も洋学校へ入れば、朝夕にお目にかかることができるかも知れない。

しかし、安場閣下の御令嬢が洋学所へ御通学と聞いて、自分もと願うのは、面映ゆい。新平がもじもじしていると、阿川は一人ぎめで、

「ともかく、これからは何を学ぶにも英語が大切だ。吾が輩なども、漢学は骨の髄までたたきこんであるつもりだが、如何せん、漢学では、鉄道を走らせるわけにもゆかんし、電信電話を組み立てることもできん。孫子や呉子では飯の食えぬ時勢になったわい。ハハハハハ」

自嘲的に笑って

「新平、洋学校で英語の基礎ができたら、東京へ出て、大学校へ入るのだな。そういう日が一日も早く来ることを、阿川は待っているぞ」

激励する声に、何ともいえぬさびしさがあった。

新平の入った福島洋学校は、福島小学第一校に付属してもうけられていた。

城址のお濠に面して建てられた新築の校舎は、木造だけれど、ペンキぬりの洋風建築で、いかにも文明開化の学問をするにふさわしい場所とみえた。

真新しい青ペンキが異国的な匂いを放ち、窓のガラスがまぶしく輝くのも、陰鬱な日本建築の多いこの城下町では、目新しかった。

体操の時間には、生徒たちはオルガンや太鼓のマーチに合わせて行進し、授業のはじめと終りの合図には、ラッパの音が鳴りひびいた。

この学校は、新しい学制にもとづいて、県内で最初に建てられた小学校で、小学生にも英語を教える制度になっているのが、ひとつの特色であった。

東京から視察に来た役人が、この町では十歳の少女が横文字を読み書きするといって、舌を巻いた。

それらの少女の中には、安場県令の二人の令嬢もいた。十三と八つの姉妹は、髪を稚児輪に結って、花模様の友禅の被布の袂をゆらゆらさせながら、女中に付き添われて登校した。

雨風や雪の日は、令嬢たちは人力車でかよった。

同じ校舎の中でも、本校の小学校と付属の洋学校とに分れているので、新平は二人の令嬢としょっちゅう顔を合わせるわけでもなかったが、休憩時間や、登校下校の折りに、ぱったり会うこともあった。

そんなとき新平は、彼女たちの父親に対する感謝と尊敬と、彼女たちの将来の幸福への祈念と、彼女たちの現在の恵まれた日々に対する祝福とのまざり合った、複雑な感情で、うやうやしく頭を垂れて礼をした。それはおそらく、福島の町じゅうの誰よりもうやうやしい礼であった。

姉の友子は、水沢時代の新平をおぼろげにおぼえていて、にっこり笑って礼を返したが、妹の和子は、はじめのうち、このむくつけく、おそろしげな男を何者とも知らず、おびえて、姉のうしろに隠れた。

彼女がおびえるのも、無理はなかった。新平は髪はボウボウに伸び放題、幾日も髭を剃らず、入浴せず、垢まみれの顔に、目ばかり光らせ、よれよれの着物と破れ袴をまとっているという風であったから、どう見ても浮浪人か、ならず者のたぐいとしか見えなかった。

新平は阿川光裕の友人で、やはり福島県庁勤務の木村一貫の家に厄介になり、毎月学資として、阿川から三円支給されていた。この三円で教科書を求め、学用品を買い、その他あらゆる用をたすのだから、余裕のあろうはずがなかった。

この三円の本当の出所がどこなのか、新平は知らされていなかった。彼はおそらく、安場県令ではないかと想像している。

しかし阿川も安場も、何の説明もしない。新平にわかっているのは、阿川が三円渡してくれるという事実だけである。

安場は新平に最初に目をつけて、拾い上げてくれた男であり、阿川の家に預けられたのも、安場の発意によるものであって、阿川はいわば受け身にすぎない。それならば、金銭的にも安場が責任をとるのが当然であって、薄給の阿川に毎月三円支出させて、知らぬ顔をするはずがないというのが、新平の推測の根拠である。

安場がなぜこういう回り遠い方法をとるのか、新平にはわからない。右の手の施しをするのを、左の手にも知られたくないという、キリストの教えに似た、謙遜な気持ちからか。

それとも、新平が安場に対してあまりに重苦しく義務感を抱いたり、卑屈になったりしないようにという配慮のためか。

それとも、県令という地位が非常にいそがしくて、一人一人の面倒を見きれないためか。

それとも、ほかに何か考えがあるのか……新平にはよくわからないけれど、ともかく、彼の現在が、究極には安場の好意によっていることは明らかである。彼は安場保和に万一のことがあったら、生命を投げ出すつもりでいる。

新平はときどき、安場の官舎へ御機嫌伺いに顔を出した。

いついっても、幸福のあふれているような、あかるい、はなやかな家庭である。母堂も露子夫人も、昔なじみの新平の来訪をよろこんで、あたたかく迎えてくださる。母堂はますます御壮健で、酒をよく召し上り、夫人はますますお美しい。

上の令嬢友子は、この夏、熱海へいっているうち、皆にはよく見える漁火が見えないので、近眼だとわかって、医者に眼鏡をかけることをすすめられた。しかし本人は眼鏡をかけると生意気にみえるといって、本を読むときのほかはかけたがらない。

妹の和子嬢も、だんだん新平に馴れて、あまりこわがらなくなった。ただ閉口なのは、彼女がときどき新平に英語の予習を見てほしがることである。洋学校に入ったばかりの新平より、去年からやっている彼女のほうが、はるかに英語の実力があることを、彼女は知らないらしい。

安場保和から見て、新平にただ一つ物たりない点は、彼が酒を飲まないことであった。

安場は晩酌をしながら、気に入りの若い者に相手を仰せつけて、昔ばなしをしたり、訓戒をたれたりするのが好きであったが、新平は酒を飲まないので、ただ手持ち無沙汰にかしこまっているきりなのがつまらなかった。

後藤新平は、阿川光裕の厳命で、一たんは医者になることを承諾したものの、本心をいえば、医者がいやでいやでしようがなかった。

なぜそんなにいやなのか、自分でもわからない。もしかしたら、医者はむかしからサカヤキをそらず、刀をさしていないという、単純な理由であったかもしれない。

武張ったことの尊ばれる時代に、それはたしかに女性的な職業にみえた。

もっとも、そんな単純な理由でといって、笑うわけにはゆかない。人は案外、それだけの理由で、一生の方針をきめてしまうものである。

それに、阿川は新平を医者にするつもりでいるが、それはどうやら阿川の一人ぎめで、安場県令はそれほどに思ってもいないらしい。

あるとき新平が安場の官舎へ顔を出したら、安場は例によって晩酌の盃をかたむけていたが、世間話の間に、ふと
「ときに、その方は将来、何になるつもりかな」

と聞いたので、新平はオヤと思った。

自分が医者になることは、先刻決定しているはずである。そのつもりで洋学校へ入っているのだし、学資も給せられていると思っていたのに。

「阿川先生は、医学をおさめるようにと仰せられますが……」

安場はうなずいて、

「おお、そうそう、そうであったな。思い出した……いつか阿川が、そう言うとった」

新平は拍子ぬけがした。

阿川は自分が医者にならなければ、援助を打ち切るとまできびしく言うので、当然、それは安場県令の意志でもあろうと思っていたのだが、今の安場の口ぶりからすると、そうでもないらしい。

すくなくとも安場は、新平を医者にせねばならぬと思うどころか、彼が何を志望しているかをさえ、忘れているらしい。県令という多忙な地位にいると、一人や二人の苦学生のことなど、考えていられないのであろう。

新平は、せっかく自分を引き立ててくれようとしている恩人が、自分が将来どの方面へ進もうとしているかについて、さまで気にかけていないのを、若干ものたりなく思うと同時に、自分をどうしても医者にしようと思っているわけでないと知って、気が軽くなった。

してみると、彼をどうしても医者にしなければならぬといって、ひとりでりきんでいるのは、阿川光裕である。

もちろんそれは、どこまでも本人の将来を思ってくれてのことであろうし、それが安場からの委任に忠実に答えることになると思っているのだろうが、本人がこれほどいやがっているのに、それに、かんじんの安場がそれほどに思っていないのに、是が非でも押しつけようというのは、すこし、よけいなお世話というものではあるまいか。

新平はだんだん阿川光裕がうらめしくなってきた。

福島洋学校は、安場県令の最初の意図に反して、あまりうまくいっているとはいえなかった。第一に教員の質の問題である。

明治開国とともに、何かひと仕事しようと思う者には、英語の知識は欠くことができないという時勢になって、全国に英学校が乱立した結果、いい教師はひっぱりダコになり、ＡＢＣがやっと読める程度のあやしげな男が、一人前の教師のような顔をして教室へ出るようなしまつである。

福島洋学校でも、昨日まで横浜でゴロツキをしていたか、何をしていたかわからないような、品の悪い男が教壇に立って、文法を無視したでたらめの英語を教えるので、新平は二三カ月もするうちに、ばからしくなってきた。

彼は英語教師と衝突すると、学校を休んで、勝手に数学の研究をはじめた。

そのころ福島に住んでいた市川方静は、幕府時代、天文台に勤めたこともある全国有数の数学者であった。新平はこの人の門に入って、数学と測量術の勉強をはじめた。

これまで和漢の学以外に学んだことのなかった新平は、はじめて知る新しい学問に眩惑された。

ある日、彼が市川の自宅を訪ねると、市川は不在であった。彼はかねてから、市川が大事に秘蔵して、人には絶対に見せない数学の奥義書数巻があることを知っていたので、ずかずか上りこむと、大急ぎで読み通して引き上げた。

あとから帰宅した市川は、これを知って驚いたが、

「ほかの事とちがって、学問に対する熱意のなせるわざであるから、わが輩は君をとがめようとは思わない。それに、わずかの時間にあれだけの本を読破した頭脳にも敬服する。君は数学には特別の天分があるらしいから、この方面に進んだらどうか」

とすすめた。

なお市川は、近いうちに内務省で、測量技術員の官費生を募集することになっていると教えてくれたので、新平はそれに応募する気になって、準備を進めた。

ある日須賀川から阿川光裕が、福島の本庁へ出たついでに、新平を訪ねてみると、一心に英語を勉強しているはずの彼が、いつのまにか学校をやめて、勝手に数学を勉強している。

阿川はカッとなって

「お前はまたしても、自分勝手な振舞に及ぼうとするのか……なぜ素直に医学の勉強をしようとしないのか。そういうわがまま者は、以後面倒を見るわけにゆかぬ……とっとと水沢へ帰れ」

と言い渡した。

阿川に見はなされるのは、医者になる義務から解除されるいい機会だが、そうなると、学資の面倒を見てくれる人がいない。新平は貧家に生まれた悲哀と屈辱を胸にかみしめながら、さまざまにわびたが、阿川はどうしても許そうとしない。

新平はすごすごと水沢へむかった。

新平の足どりは重かった。

学業の中途で郷里へ帰るのは、これで二度目である。

一度目は荘村省三のところからで、あの時は、いくら辛抱しても、勉学の余暇が与えられそうもないと、見きわめをつけたからであった。

こんどは、医学校へ進むため、英語の勉強をせよという阿川の命令に従わなかったからであった。

どちらの場合も、郷里へ帰る原因は自分で作ったのだが、さらにその原因にさかのぼると、学問をしたいという自分のせつなる願いが、他人の意志によって左右されることから起っている。

結局は、貧しいためである。

貧しい者は、自分の進む道を自分でえらぶことも許されないのか。

定められた道を、すこしでも逸脱しようとすると、ムチで打たれる。貧しい者は他人の意志に従順であれと、教えるかのように……

奥州街道は、北へ進むにつれて、雪が深くなった。水沢の手前三里、一ノ関との中間に当る前沢の町まで来ると、雪は腰を埋めるほどになり、とても続けて歩けそうもない。

ちょうど前沢に叔母せいの嫁した家があったので、新平は冷えた身体をあたためたくもあり、水沢の町のたよりが聞きたくもあって、立ち寄った。

叔母の話によると、新平が阿川から放逐された知らせは、本人よりも先に水沢に届いていて、父十右衛門は、息子のわがままな振舞を激怒し、彼が帰って来ても、断じて家のシキイをまたがせないと、いきまいているという。

新平は叔母の家に泊めてもらったまま、なんとか父の気持ちがやわらぐよう、叔母にとりなしを乞うたが、父は許そうとせず、

「いま一度、須賀川へいって、阿川先生に謝罪して来ねば、家へいれるわけにゆかない」

と言い張っているという。

新平は万策尽きて、須賀川へ取って返すより方法がなくなったが、ふと思い当ることがあった。十右衛門と阿川は、おそらく気脈を通じあっているのである。

阿川は新平を水沢へ放逐し、父は彼を須賀川へ追いやり、彼をしてウロウロさせ、居所に窮せしめて、結局は阿川の意志に従うより道がないことを、さとらせるつもりであろう。

さらに、新平は気がついた。

阿川があれほど新平に医学修業を強制するのは、おそらく十右衛門に頼まれたからであろう。そうでなければ、いくら恩人でも、赤の他人の阿川があれほど執拗に、自分の進路に干渉するはずがない。

阿川と父が連携しているからには、いくら抵抗しても無駄だと知った新平は、改めて父に、須賀川へ帰って阿川の意志に従うと申し入れ、許されて家に帰り、二三日とどまって、懇々と説諭を受けたのち、ふたたび須賀川へ出発した。

彼の心は重い。

彼はふたたび須賀川におもむいて阿川光裕にあやまり、その世話になることを、父十右衛門に誓って、やっと許されたのであるが、こうなると、いやでもおうでも、医学課程へ進まないわけにゆかなくなる。彼は恩愛と義理のがんじがらめになったような気がした。

どうしても医者になるのがいやならば、安場県令に訴えるという手がないでもない。県令は彼を、是が非でも医者にしようとまで思いこんでいないどころか、そもそも彼が何になろうとしているかに、さまで関心がないようである。

しかし、十右衛門と阿川が新平のためと信じて、彼を自分たちの思う方向へ進ませようと、やっきになっているとき、まだ完全に少年期をぬけ出したといい切れない新平が、その志望を訴えようとしても、県令はまじめに取り上げてくれるかどうか……

「まあまあ、年長者のいうことは聞くものだ。その方のためを思って言ってくれることだから、素直に従ったらよかろう」

くらいで、説得されてしまうであろう。

新平は心の進まぬ旅を続けているうちに、二人の青年と道連れになった。彼等はこれから東京へ出て、福沢諭吉の慶応義塾へ入るつもりだという。

新平の心はおどった。

──自分も東京へ出よう。

彼の懐中には四円の金がある。水沢を出るとき、父が小遣のたしにと、くれたものである。それまで新平が毎月阿川から支給されていた金が三円であったから、四円は大金に相違ない。ともかく、東京へ出る旅費には充分である。出たあとの生活が気になるが、

──なあに、何とかなるだろう。広い東京に、男一匹、餓え死にしないだけの働き口が見当らぬわけでもあるまい……

こう思い定めると、二人の青年に同行を約束した。

福島へ着いたとき、さすがに新平は、安場県令や阿川光裕に一言のあいさつもなく素通りしかねたが、さりとていとま乞いにゆけば、引き止められることは目に見えている。

いろいろ考えた末、これまで寄宿していた木村一貫の家に顔を出して

「どうしても向学の心を押えることができませんから、働きながら学ぶ覚悟で、東京へ参ります。安場閣下や阿川先生にお目にかかって、御挨拶申し上げられないのは残念ですが、あなたからよろしくお伝え下さい。いずれ出世のあかつきには、御高恩の万分の一におむくいするつもりです」

驚いた木村は、いそいで阿川光裕を呼んだ。

阿川は駆けつけると、木村と二人がかりで懇々と新平を説いて、上京を思い止まらせ、ほとんど強制的に須賀川医学校へ入れた。

阿川光裕は、はじめのうち、変則よりは正則の課程をおさめたらよかろうといって、新平を洋学校へ入れたのであったが、彼が勝手に英語をやめて、数学や測量の研究をはじめたので、これではとても目が離せないと考え直し、首根ッ子をおさえるようにして、須賀川の医学校へいれてしまった。

新平が洋学校の英語教師はだめだと公言している以上、もう一度洋学校へ入れるのは無意味だし、英語をやる道がない以上、変則医学をまなばせる以外にないわけである。

それに、須賀川の医学校なら、阿川の勤務地のお膝元だから、しょっちゅう監視していられるというものである。

阿川は内心、新平はしぶしぶ医学校へ入ることを承諾したものの、ああいうあばれ馬のような男のことだから、何かにつけて反抗的態度をとるだろう、そしたら大いにとっちめてやろうと、注意を怠らないでいた。

ところが新平は、思いのほか、従順なばかりでなく、せっせと学業に励んでいるらしく、学期ごとの成績もしごくよろしい。

阿川はやっと、肩の荷をおろしたような気分になった。

しかし、実は新平は、自分の人生をあきらめたのではなかった。彼はどうやら医学のおもしろさがわかりかけたのである。

考えてみれば、彼がこれまで嫌っていたのは、医学でなく、医者であった。彼の母方の祖父坂野長安の日常などに見られるような、安定した、平和な、そのかわり平凡で、波瀾のない空気に、彼は反撥したのであった。

しかし医学はちがう。

人体の構造と機能の秘密をさぐるこの近代的科学の魅力は、数ヵ月前に彼をとらえた数学や測量術と同じように、彼をとらえた。

実験と分析と観察によって、真理を探究するおもしろさを、彼ははじめて知った。

疲れることを知らぬ彼の頭脳は、海綿が水を吸うように、新しい知識をぐんぐん吸い込んだ。彼のたくましい理解力は、荒れ地をたがやす鋤のように、未知の学問の世界を切りひらいていった。

こうして新平が真理探究のよろこびを知ることができたのは、この学校の創立以来、伝統的に存している学問的空気のせいでもあった。

福島県医学校ははじめ、須賀川の福島県立病院の付属施設としてもうけられた。

福島県立病院は明治四年七月、白河町に白河県立病院としてたてられたものであったが、同年末白河県が福島県に合併されるに当って、この病院は廃院の運命にさらされた。

たまたま白河は病院に適当な地でなかったので、院長はひとまずこれを須賀川町に移し、宮原県令に新築を乞うた。

しかし県令はあざ笑って、いま全国で病院の施設を持つところといえば、東京のほか二三の大都会しかないのに、戸数わずか千戸の田舎町に、病院なぞ不必要だといって、許さなかった。病院の新築が、宮原県令の反対で不可能になったばかりでなく、廃院の危険にさえさらされたとき、その存続のために働いたのは、須賀川の町の人たちであった。

須賀川は福島の南方十四里のところにある。奥州街道の小駅である。戦国のころまでは二階堂氏がここに城をきずいていたが、伊達政宗に攻めほろぼされたのちは、宿場町として発展してきた。

したがって、須賀川は商人の町である。

商人の通有性で、この町の人たちは実利を尊び、新しいものに対する理解が早い。病院という近代的施設に対して、ほかの町が比較的冷淡だったとき、この町はいち早くこれを迎え入れようとした。

権力にたよろうとしないのも、この町の人たちの商人魂であった。宮原県令が病院の新築のために県費を支出することをしぶったとき、この町の人たちは、それではその費用を、自分たちで出しあおうではないかと話し合って、町の指導的地位にある大商人数名を中心に、基金の募集に奔走し、二千五百円を集めた。

たまたま県令の異動があって、宮原県令は退職し、安場保和が着任したが、彼は町民の熱意に感動して援助を約束したので、工事はとどこおりなく進められ、明治六年四月、木造二階建、総建坪三百五十坪の新館が完成した。
この病院に付設された医学校へ、後藤新平が入学したのは、新築後一年を経過した明治七年二月のことであった。上述したように、平凡な田舎町にはめずらしく、全国でも有数の規模と施設を持つこの大病院には、創立に奔走した人たちの熱意の痕跡がいたる所に残っていて、若者たちの心に学問へのあこがれと情熱をかき立てた。医者になることを好まなかったはずの新平が、いつのまにか医学に夢中になったのも、そのためであった。
病院は、須賀川の北端のあたりを、奥州街道からわずかばかり入った高台にあって、眼下には釈迦堂川を見おろす景色のいいところであった。
初代院長の横川正臣は、新築が成るとまもなく辞職して、代りに塩谷退蔵が院長となり、医学校長を兼任した。
塩谷は当時医学界きっての博識家として知られていたので、彼の名声を慕って来り学ぶ者も多く、病院と学校を通じて、学問尊重の空気は満ちていた。
この学校の課程は
四等　理学（物理）　化学（舎密学）
三等　解剖学　原生学（生理学）
二等　薬剤学　原病学（病理学）
一等　内外科学　病床実験
の四段階にわかれていて、一段階を終えるごとに試験を受けて、次に進み、入学後一二年もして、やや学識技術を習得すればぼ、助手に採用されて月給を授けられるという仕組みになっていたが、新平の進歩はめざましく、たちまち上級へのぼっていった。

後藤新平はまもなく須賀川で名物男になった。

第一に、彼はその身なりのきたないことで人目をおどろかせた。

阿川光裕から給せられる月々三円のほかに収入のない彼は、月謝をはらい、教科書や参考書を買うと、ほとんど無一文になるので、着物や身の廻りの品をととのえる余裕がなかった。

彼はいつもボロボロに破れた手織木綿の着物に、踊りの三番叟ではくような、黒と黄のダンダラ模様の袴をつけていた。この袴は葛で織った粗末なもので、どこか一箇所ほころびると、新平はまにあわせにコヨリでとじていたが、だんだんコヨリがふえて、一面に雪を散らしたようになっても、彼は平気ではいていた。

彼はまた、下駄や草履を自分で買うことがなかった。

病院の崖下を流れる釈迦堂川が雨で増水すると、彼は大きなカゴを背負って出かけ、上流から流れてくる下駄や足駄をひろった。これが彼の一年分のはきものになるわけである。したがって、彼の下駄は大小高低さまざまで、左右そろっていたためしがなかった。

下駄はチンバで
着物はボロよ
こころ錦の書生さん

こういう歌が、今日も須賀川の人の口に伝えられている。新平がみすぼらしい姿をしながら、大志をいだいて、日夜勉学にいそしんでいたことを、ほめたたえた歌だというのだが、こういう歌は全国各地にあり、のちに出世したいろんな男の青年時代を歌ったものということになっていて、特に後藤新平のために作られたという確証はない。

ただ、新平はその身装のみすぼらしさに反して、色は白く、目の青みがかった、精気あふるる美男子で、須賀川の子女の血を沸かせたことは事実である。

須賀川は奥州街道に沿って発達した宿場町である。したがって、町の本通りは奥州街道で、そこにはおもな商店と、数十軒の宿屋が軒を並べていた。

宿屋はそれぞれ五人ないし十人の娼妓をおいている。すなわち、遊女屋と兼業であった。

これらの遊女たちの間に、美男の後藤さんの評判が立った。彼女たちは新平の散歩の時刻になると、街道に面した二階のテスリによって待った。

彼の散歩のコースは、この道を南北に往復することである。ボロ着物にボロ袴、チンバ下駄の美青年新平は、やや反り身になって、道の中央を悠然と闊歩する。

彼にはふしぎな癖があって、歩きながら、ときどき奇声を発したり、ハタと横手を打ったりする。両側の遊女屋の二階からは、ひっきりなしに
「チョイト、後藤さアん」

「寄ってらっしゃいな」

などと声がかかるのだが、彼は目もくれず、無人の野をゆくように、通りすぎた。

もっとも、これはべつに彼が身なりのことに無頓着で女性に無関心だったからではなかった。

彼がなかなかハデずきで、気取り屋だったことは、その後まもなく愛知県病院に就職すると、まず、一月分の俸給に近い金額で着物を新調したことや、後年大臣になり、華族になっても、大礼服を着て人前に出ることを好んだことからも明らかである。

女性についても、彼はなかなか無関心どころでなく、のちには行く先々で艶聞を流した。

新平は水もしたたるような好男子で、

「後藤にあのボロをぬがせて、黒羽二重の紋付でも着せたら、芝居の白井権八のようになるだろう」

とうわさされるほどだったから、服毒自殺をはかった宿場の遊女が、瀕死の床で彼の名を呼びつづけたとか、良家の令嬢から艶書が届いたとかいう話が絶えなかった。

艶書が来ると、彼は封もひらかずに本人のところへ送り返した。

遊女についても、次のような話が伝えられている。

ある日、彼は友人二三に誘われて、遊女屋へ登楼した。しかし彼は、女と二人きりになっても、端然として座をくずさず、ジュンジュンとして、女子が貞操を重んぜざるべからざるゆえんを説き、一日も早く、かかる賤業から足を洗うべしとすすめて、明け方に及んだという。模範的堅造だったわけである。

自殺をはかって彼の名を呼び続けた遊女が、当夜の女であったかどうかは、今日ではわからない。

後藤新平が女を相手にしなかったのは、たしかに彼が貧しくて、彼女たちとあそぶ金がなかったからであろう。

しかし、それだけではなかった。

彼には大志があり、烈々として燃える功名心がある。将来大人物たらんとする者は、修業中から婦女子の情におぼれてはならない。人生という饗宴を心ゆくまで味わうには、あまり早いうちから、粗末な田舎料理で満腹してしまわないほうがいいという賢明な判断が、彼を放埓な生活から救ったのである。

しかし、彼はいわゆる優等生タイプの、おとなしいだけの男ではなかった。水沢で近所の子供に恐れられた餓鬼大将だった彼は、須賀川でも無類のあばれ者であった。

彼は級友といっしょに、稲荷の祠から供え物の油揚げ、卵、餅等を盗みだして、神主に追われたこともあるし、夜道の松の木から、首くくりのようにぶら下って、郵便配達夫の腰をぬかさせたこともある。

いく日も帰らないので、下宿の者が心配していると、彼は町のならず者と喧嘩をして、警察へ留置されていた。

こういう話は、須賀川に数かぎりなく伝えられている。

新平の須賀川医学校における成績は、きわめて優秀であった。これは彼が生まれつき頭脳明晰だったからであるが、またよく勉強したからでもあった。

彼は病院の賄方の桜井弥六という男の家に下宿していたが、この男は夜中の何時に便所へたっても、新平の部屋にかならず灯火がついているといって感心し、以来彼のファンになった。

弥六は越後の人だったが、子供のとき捨て子同然にこの町へもらわれて来て、苦労しぬいて成人しただけに、同情心が深く、貧しい青年のために尽すことをよろこびとした。

彼は新平が夜おそくまで部屋をあけることがあるので、心配して
「後藤さん、あんたはおそくまで、どこへ行っていなさる？」

と聞いた。

「ええ、僕は中町の蓬莱屋という本屋で、立ち読みをしてくるのです」

「本を買わずにですかい」

「買えれば買いますがね、医学の本は高くて、なかなか買えないのです」

「しかし、立ち読みでは間に合わない本もあるでしょう」

「そりゃ、どうしてもそばに備えつけておきたい本もある。しかし、それを買ったら、おじさんに食費がはらえなくなってしまう……」

「いいから、お買いなさい。食費はいつでもいいです。いまにあんたが出世したら、その時まとめてもらうことにしましょう。それまでは払わなくてもいいから、ほしい本を買いなさい」

こうして新平は、須賀川の二年間を、弥六のあたたかい庇護のもとに送ることができた。

新平はのちに出世して、大臣となり、華族に列せられても、たえず桜井弥六のことを忘れず、事あるごとに安否をたずね、彼のよろこびそうなものを贈った。

彼は旅行で福島県を通るとき、途中下車の余裕のない場合は、須賀川通過の時間を弥六に知らせて、プラットホームに出迎えさせ、わずかな停車時間に手を握りあって、無事をよろこんだ。

青年の立志と苦学、壮年の立身と栄達、そして報恩というおきまりの物語に、今日の青年が感ずると同じテレ臭さやうしろめたさを、明治の青年も感じたかどうか疑わしい。

今日の青年にとって、出世とは、無意味な詰め込み勉強、自己本位の陰気くさい打算の結果にすぎないが、明治の青年にとっては、それは壮快な男性的冒険の結果当然得られるもので、誰に恥じる必要もないものであった。

このように、明治の青年を出世に駆り立てたのは「西国立志編」という一冊の本であった。英人スマイルスの原著、中村正直の訳になるこの明治初年のベストセラーは、青年にむかって大志を持てとはげまし、天はみずから助ける者を助けると教えた。

後藤新平も、日夜この本を愛読して倦まなかった。

新平が須賀川医学校へ入って一年ばかりしたころ、阿川光裕は長沼郡長を命ぜられて、四里ばかりはなれた長沼へ移った。

毎月一回ずつ、四里の道をあるいて、三円の学費をもらいにゆくのが、新平の仕事になった。

しかし、阿川の妻にとって、新平の来ることは、あまりうれしいことではなかった。べつに新平から借りたわけでもなく、支払うべき義務があるわけでもないのに、毎月三円ずつ、もぎ取るようにして持ってゆかれるのである。最後には安場県令が責任を持ってくれると、承知していても、そのときはいい気持ちがしないのが、女心である。

彼女は時には、いやな顔をすることもあった。

敏感にそれを察した新平は、その次から、阿川の家の二三町手前で、人参、大根、牛蒡などを山ほど買って背負うと、息を切らして走り、汗をぬぐいながら、阿川家の門をくぐった。いかにも阿川の妻のために、わざわざ遠くから運んで来たかのように、見せかけながら。

そんなことがたびかさなるうちに、彼女の機嫌は直った。

新平は生まれつき、人の気持ちをすばやく読み取ると、アッという間に、その場にふさわしい行動をとることに、特別の天分を持っていたが、貧しさのために、人の恵みを受けて生きねばならぬという必要が、さらにその天分に磨きをかけることになった。

明治八年七月、阿川光裕は大蔵省紙幣寮十一等出仕を命ぜられて、東京へ転任することになった。

新平にとっては絶好の機会である。

はじめ医者になることを、あれほど嫌っていた彼は、医学のおもしろさを知るとともに、この道を深くきわめるのも意義ある人生だと思いはじめたが、それにはやはり東京へ出る必要があった。

須賀川医学校でやっていることは、なんといっても間に合わせの、速成教育にすぎない。

どうせ医者となるからは、やはり学問の蘊奥をきわめた大学者になりたい。

あるいは、一国の医療行政の中枢をつかさどる医官の長になりたい。

しかし、それには、この学校の課程を終えたくらいでは駄目である。やはり東京へ出て、もっと上級の学校へ入らねばならぬ。

たまたま阿川が東京へ転任になるというのは、願ってもない好機である。新平は阿川に、東京へ随行を許されんことを乞うた。

阿川としても、新平が以前のように、空漠たる功名心にかられて、大臣参議の夢を見ているならともかく、医学に専念しようというのだから、何も言うことはない。

須賀川医学校における彼の抜群の成績を見るにつけても、なお一層の勉学の機会を与えてやりたい。

彼はそのうち、東京に落ちついたら、必ず呼び寄せてやろうと約束して、須賀川を去った。

しかし、新平の願いは思わぬ事情からかなわなくなった。

といっても、彼にとって不利な事情ではない。彼の才幹が認められて、医学校の生徒取締りの大役を申しつけられたからである。

　そのころ須賀川医学校の寄宿舎には、内舎と外舎の別があり、内舎は十七歳から二十四五歳までの普通の学生を収容していた。外舎に入れられるのは、管内の開業医から、再教育のため募集された官費生である。

　ところが、これまで内舎の取締りの任にあった舎長は、まったく人望のない男で、いろいろと不都合なことが多かったから、学校当局はこれを退けて、後藤新平をその後任にすえることにした。

　新平はまだ数え年十九歳、入学以来一年半たったばかりの一生徒の身にすぎないが、当局は彼の抜群の学力と、統率の才をみとめたものである。

　事実、彼はまだ十六七のうちから、三十、四十の男かとみえるような風采態度と分別を示すことがあった。

　舎長を命ぜられれば、いくらかの手当が出る。前任の舎長は月十円だった。それだけあれば、いうことはない。これから先、他人の恩恵をあてにせず、自立することができるというものである。

　新平の心はおどった。

　しかし、校長室に呼ばれて、渡された辞令には、月三円給与と書いてある。彼はカッとなって、辞令を床にたたきつけると、部屋を出ようとした。

「君、なぜそんなことをするか」

　校長が、理由を聞くと

「前任の人の手当は十円だったと聞いています。私に支給される額がその三分の一にもたりないというのは、私にそれだけしか働きがないという意味なのでしょうか。それならば、なぜそんな男に、前任の人にできなかったような、寄宿舎改革の大任をまかせようとするのです」

校長はおだやかに

「いや、君の言うことは、いちいちもっともです。しかし、これは決して、君の手腕を見くびったからではない。ひとえに、君が若年だからです。一般に、若くて、職業上の経歴の浅い人は、たとえ手腕力量がすぐれていても、年長の人よりも給与のすくないのが常です。それに君は、ふだんから質素な生活に馴れているようだから、それほど多額の金を、急には必要としないだろうと思って、このように取り定めたのだが、どうか、気を悪くしないで、受け容れてくれたまえ。そのうちには、昇給するように取り計らいます」

校長の言うことももっともに思われたので、新平は改めて生徒取締りを受諾した。明治八年七月四日のことである。

校長の約束通り、二ヵ月後には彼は五円に昇給した。さらに半年後の明治九年三月、彼は外舎長の方も兼任するように命ぜられた。月給は八円である。

新平は得意の色をおさえることができなかったが、そうなると、簡単に阿川光裕のあとを追って、東京へ出るわけにゆかなくなった。

東京へ出るには、舎長を辞任せねばならず、そうすればもとの無一文に帰るわけである。はじめから収入がなかったというならともかく、八円もらっていましたけれど、辞職して来ましたから、むかしのように、毎月三円ずつ恵んでくださいとは、いくら何でも阿川に頼めるものではない。

もっとも、外舎の舎長になるには、ちょっとした覚悟が必要であった。外舎生は一般の開業医の中から、再教育のために選ばれたものであるから、うちへ帰れば妻も子もある連中で、年もたいてい三十、四十になっているし、飲酒、遊興の悪習にもそまっている者が多く、二十やそこらの若造が舎長づらをして取り締まったからといっても、おいそれと言うことをききそうもない。

そこで新平は、一策を案じて、一同を集めると、訓示をした。

「このたびはからずも、自分が舎長を拝命することになったけれど、お見受けするところ、諸君のほうが、はるかに年長で、思慮も分別もある紳士ばかりである。いくら規則とはいえ、こういう人たちを監督するということは、自分も心苦しい。そこで、自分はここに二冊の帳簿を持参した。自分に何もいわれなくても、舎則を守る自信のある人は、この方に姓名を記してもらいたい。また、意志が弱くて、進んで舎則を守ることができぬから、甘んじて自分の取締りを受けようと思う人は、もう一冊の方に署名してもらいたい」

年が若いからといって、あなどったら容赦しないぞという面魂で、一同を見まわした。

外舎生としても、まさか自分は規則を守る自信がありませんといって、あとの帳面に署名するわけにゆかず、一人残らず前者に書き入れた。

彼等は、年長者だろうが先輩だろうが、一たん火蓋を切ったら、相手が悲鳴をあげて降参するまで、攻撃の手をゆるめぬ新平の、日頃の気性を知っていたので、大いに恐れて、子供のように規則を守ったので、寄宿舎の風紀は一新した。

後藤新平よりはるかに年長の外舎生たちが、彼のいうことを素直に聞いたのは、そのはげしい気魄に押されたからというだけではなかった。

彼は年に似合わず老成したところがあって、何か事にのぞんだとき、周到に思慮をめぐらしたのちに下す判断が、中正を得て誤らなかったから、誰でも心服しないわけにゆかなかったのである。

ただひとつ、困ったことがあった。

舎長になっても、相かわらずボロ袴にチンバ下駄で、町をあるき廻ることである。

寄宿生たちは、道で舎長に会ったならば、立ち留まって敬礼しなければならない。しかし、敬礼の相手が、ボロをさげた乞食書生とあっては、町の人の手前、いかにも体裁がわるい。あんな男を舎長にいただいているのかと思われては、医師としての威信にもかかわり、ひいては技術をも疑われ、大げさなようだが、須賀川医学校の名誉にも関係なしとしない。

彼等は相談して、校長の家を訪ねると

「どうも、舎長にああいうなりをして歩かれますと、私たちが困ります。私たちもこれで、それぞれの町なり村なりへ帰れば、先生と呼ばれて、相当の尊敬を受ける身分ですが、ああいう乞食然とした人に頭が上らないのかと思われますと、肩身がせまくてなりません」

「なるほど、ごもっともです……なんとか考えてみましょう」

一日後に、校長は後藤新平を自宅に呼ぶと、自分の着古した絽の羽織に、仙台平の袴を出して、まさか、舎生から申し入れがあったとはいえないから、

「貴君が舎長になられて以来、寄宿舎の風儀が一新したといって、一同よろこんでいます。失礼

ながら、感謝のしるしに、これをさし上げます。どこかへお出かけの時でも着てください」
新平は
「こういう物をいただく理由はありません。私はまだ学生の身分ですし、ふだん着のままの方が、気がらくです」
かたく辞退して、受け取ろうとしない。
数日後に、病院の事務員をしている塩田治右衛門が新平を訪ねて来た。彼は町の大きな薬種屋の主人で、須賀川病院が廃止になりそうになったとき、存続のために奔走した数人の商人のひとりである。彼は例の羽織と袴に、新しい懐中時計までそえて
「校長のせっかくの厚意ですから、お受け取りになったらどうですか。……それから、この時計は私の気持ちばかりのものです……」
新平は、なぜみんながやたらと物をくれたがるのかわからない。相かわらず頑強に辞退して帰したが、数日後に、塩田家の七十歳ばかりの老婆に会ったとき
「後藤さん、人の言うことは素直に聞くものですよ。あなたが余りみなりにかまわないので、みんな困っています」
おだやかにいわれて、新平ははじめて気がつくと、感謝をもって、贈られた品を受け取った。
須賀川病院の上席医員竹本春斎は、代々この町で医者を開業する古い家柄を誇り、町の人も「春斎さま」とわざわざ敬称をつけて呼んでいたが、技術の方はすこし怪しいので、かげでは
死なば春斎
生きれば桑名

と、ことわざのようなもので呼んで、笑いものにしていた。桑名というのは、この町のもう一人の医者であった。

実力のないくせに権威をふりかざして他にのぞむ者を憎むのは、後藤新平の生まれつきである。彼は一度はこの男に打撃を与えようと、ひそかに待っていたところ、あるとき病院で門札をかけかえることになり、その役が新平にまわって来た。

新平は子供のときから、父に書家になれといわれたくらいの達筆であったから、大いに自信をもって筆をふるったが、そばで見ていた春斎が、

「うむ、後藤の字はなかなか達者だが、気品というものがないな」

とけなした。新平はひらき直って

「当人の面前でケチをつけるとは、無礼ではありませんか。そういうあなたは一体、なんです。医者ならば、もっと技術を磨いてほしいものだ。町の連中はあなたのことを、死なば春斎といって、笑ってますぜ」

「なんだと……若造の分際で、生意気千万……」

「人を若造呼ばわりする前に、自分がヤブ医者と呼ばれない用心でもしたほうがいいのだ。そんなことで、よく県立病院の医員がつとまりますな」

「ええい、言わせておけば、図に乗って……もう我慢がならぬ」

「我慢がならなければ、どうします」

「お前のようなやつは退校だ」

「おもしろい。退校にしてみてください。あなたにどうして、そういう権利があるのです」

「あとで吠え面かくな……」

彼は校長室へ駆けこむと、後藤新平を退校処分にしてほしいと要求した。

校長は黙っていて答えない。

春斎は、後藤を退校にしないならば、自分がこの学校をやめるばかりだといきまいて、辞表を提出した。

もちろん、本気でやめるつもりはない。そういって、校長を困らせ、新平に頭のひとつも下げさせて、おしまいにする気である。

新平は、春斎が辞表を出したと知ると、毎日彼の自宅へおしかけて面会を求め
「辞表をお出しになったそうですが、学校のために誠に慶賀すべきことです。まさか中途で気が変って、ひっこめたりなさらんでしょうな」

と念を押した。春斎が閉口して、面会を謝絶すると、玄関に立ちはだかって、大きな声で
「御当家の御主人、死なば春斎先生には、近々須賀川医学校を退職に相成るということでござるが、学生一同、首を長くしてお待ち申しているから、一日も早く御決行いただきたいとお伝え下されㅤ」

と叫んで引き上げるので、春斎は本当に退職してしまった。

青春の日々はまたたくうちに過ぎ去るものである。後藤新平が須賀川医学校へ入ってから、早くも二年になり、彼の学業はそろそろ終りに近づいた。

ある日、校長が彼を呼び出して
「君も卒業が間近になったが、どこかに奉職する考えでもありますか……それとも、郷里へ帰っ

て開業でもしますか」

「私はまだ医学の門に入ってから、二年しかたちません。まだまだ勉強せねばならないと思いますが、それには、開業するよりも、どこかの病院に勤めたほうがいいように思います」

「出羽の庄内の鶴岡県病院から、一人優秀な医官を推薦してほしいといって来てるのだが、行ってみる気がありませんか……月給は二十五円出すといってるが」

明治九年、十年ころ、二十五円という月給は、決してすくないものではなかった。

後藤新平は医学校在学のはじめのころ、毎月三円ですごした。それを思えば、二十五円は高給といわねばならない。鶴岡県病院からの招きに答えれば、新平もやっと貧乏生活から抜け出すことができようというものである。

そのころ医者はどこでもひっぱりだこだった。昔ながらの漢法医なら、どこにでもいるが、西洋医学を修めた、新しい医者が不足なのである。須賀川医学校は変則の速成課程であるが、それでも、そこを優秀な成績で卒業したということは、誇るべき経歴である。

新平は、交渉のしかたによっては、先方はもっと出すかも知れないと思った。

「いまの私としては、月々二十五円もあれば充分です。しかし、ほかでは、もっと出すところもあると聞いています。けっして金をむさぼるわけではありませんが、自分自身の誇りのために、もっと高額を要求してもいいかと思います」

「なるほど……誇りのためにね。けっこうです。交渉してみましょう。いくら要求しますか」

「四十円はほしいものです」

校長は、ずいぶん高い誇りだと思ったが、本人の希望どおり、鶴岡と交渉した。

鶴岡からは、三十五円で我慢してほしいと返事があり、彼の就職は決定した。

しかし、まもなく阿川光裕から、新設の愛知県病院へ月十円で来ないかといって来た。

阿川が大蔵省紙幣寮に転任し、後藤新平がそのあとを追うて東京へ出ようと望んだのは、前年のことであったが、まもなく安場保和も福島を去り、新しく愛知県令となった。

安場はさっそく阿川を愛知県へ呼ぶと、十一等出仕の地位につけた。安場と阿川は今や業成った後藤新平を、自分たちの手元へ呼びよせて、手腕をふるわせようというのである。

新平は迷った。

鶴岡へゆけば三十五円。名古屋へ行けば十円。

しかも、鶴岡はすでに契約ができている。信義は守らねばならない。

それにもかかわらず、新平が敢えて鶴岡との約束を破って、名古屋ゆきを決心した最大の理由は、二人の恩人からの招きには、何をおいても答えたいということであった。

もう一つの理由は、そのとき愛知病院に、オーストリアの名医ローレッツ博士と、医学界の権威司馬凌海がいたことであった。自分の技術が速成で、基礎薄弱なことを痛感している新平は、この二人について、みっちり腕を磨きたかった。

もう一つ、誰にも言えぬ理由があった。

安場保和の二人の令嬢が、だんだん美しさを加えつつある。もっとも十六になる友子嬢には、婿となるべき人がきまっているということであるが……。

後藤新平が須賀川を去るときは来た。

二年間の学生生活は、またたく間に過ぎたが、顧みれば楽しい思い出ばかりである。

青春というには、あまりにも貧しい毎日であったが、若さにあふれる肉体と意力が、すべてを救ってくれた。現在の欠乏は、未来への希望によって補われた。

いまや彼の前には、ひろびろとした未知の世界がひらけている。

彼の心はおどった。

八月八日、新平は辞表を出し、十日、願の如く受理された。

慰労金として五円、帰国旅費として七円二十五銭支給されたが、そのほか、院長、幹部職員、町のおもだった患家などから餞別が集まり、総計三十三円になった。

彼がこれまでに院長、その他から借りていた金は十七円ばかりになっていた。彼はこれを、出世したあとで返済するつもりでいたが、諸方から集まった金が思いのほか多かったので、すっかり返して、せいせいした気分になった。

送別の宴は町の料亭でひらかれた。

大広間の襖を取りはらって、コの字なりに居流れた中央に、後藤新平は床の間を背に、院長の塩谷退蔵とならんで、坐った。

今日は彼は、きれいに髪を刈り、髭をそって、院長からもらった例の絽の羽織と仙台平の袴に威儀を正しているので、堂々たる押し出しである。

幹事役の挨拶につづいて、塩谷院長が演説をした。

「論語の里仁篇に『士、道に志して、悪衣悪食を恥づる者は、いまだ共に議るに足らざるなり』という言葉があります。後藤君の須賀川における日常は、まさしくこの言葉を実践されたものであろう。君はこの言葉を実践されること、あまりにも忠実に過ぎたため、時には身辺に異様の臭気を発散して、われわれを辟易させることがないでもなかったが（笑声）、そのために誰一人として、君の学識と才幹を疑う者はなかったのであります。

さいわいにして君が二年間の螢雪の功成り、今日新しく社会に出で立たれる日を迎えることができましたのは、われわれの何よりも欣快とするところですが、ただ一つ後藤君にお願いしておきたいことがある。どうぞ、服装に気をつけていただきたいということです。

名古屋は大都会である。大都会の人は、外見によって人物の価値を判断するものです。そういう所では、あの人は医者としての技術が未熟のため、患者が集まらないのであろうと思われないとも限らない。どうぞひとつ、そのようなことのないように、気をつけていただきたいものです」

続いていろんな人が立って壮行の言葉をのべ、最後に

下駄はチンバで

着物はボロよ

こころ錦の書生さん

の大合唱があって散会した。

八月十一日、新平出発の日は、三里はなれた矢吹の宿まで人力車で見送る者、二十一名に及んだ。

二十一台の人力車がつらなって走るさまは、須賀川はじまって以来の壮観であった。

金鯱の下

盛大な見送りを受けて須賀川を出発した後藤新平は、三日後に東京へ着いた。

東京は、荘村省三の家を飛び出して以来、五年ぶりである。

銀座、築地のあたりをあるいてみると、レンガ建ての西洋館が建ち、西洋小間物店や西洋料理店ができて、電気灯、ガス灯がまぶしく輝いている。

道ゆく人に洋服姿がふえ、山高帽に八字髭の、いずれの顕官か紳商かと見える人をのせた馬車や人力車が、勢いよく走りまわっている。

東京はなんだか、やたらと人通りが多くて、誰を見てもいそがしそうである。

みんな、活気にあふれ、精気に満ちた顔をしている。いわゆる、生き馬の目をぬくというやつである。近代国家の建設工事が、日進月歩の早さでおこなわれているので、みんな取り残されまいと、必死なのだ。

——やっぱり、泣いても笑っても東京だ。

新平は胸につぶやいて、拳を握りしめた。

三四日滞在して、名古屋へむかうことになった。

鉄道はまだ横浜までしか通じていないので、船のほうが便利である。船といっても、蒸汽船である。千山丸といった。

名古屋も大都会である。

さすが尾張七十万石の城下だけあって、繁昌なことは、水沢や須賀川の比ではない。人家の波がどこまでも続き、果ては靄の中に溶けこんでいるさまは、この都会のさかんな活力を物語っている。

そして、あらゆるものの上に君臨しているのは、名古屋城である。加藤清正が建てたというこの名城は、三百年の間、尾張徳川家の居城として、東海にその威容を誇って来た。

新平は天守閣の上に燦爛と輝いている金の鯱を仰いで、胸のはずむのをおぼえた。

彼にはこの鯱は、恩人安場保和の栄光を象徴しているように思われる。恩人はいま、この県の令として、人々の仰ぐところとなっている。

聞くところによると、彼は大久保利通公の特命で、愛知県へ廻されて来たのだという。この県は旧藩時代の尾張と三河を合わせたもので、尾張一国は徳川の所領だけれど、三河は十五の小藩と八十七の幕府旗本領に分れ、それぞれ人情風俗を異にして、争いが絶えず、治めにくい県とされているので、特に安場保和が抜擢されたのである。

阿川光裕も出世した。彼は古渡町梅屋敷の立派な門構えの家に住んでいる。新平はまず、この家に行李を解いた。

阿川と同じ屋根の下に住むのは、何年ぶりであろう。水沢以来だから、六七年にはなりそうである。

あのころ阿川はまだ独身だった。そして新平は少年だった。

いま阿川には妻子があり、新平もめでたく自立して、月給をとる身分になった。いろんなことが変ってきた。

ただ新平には、阿川光裕の妻は苦手である。

女というものは皆そういうものかもしれないけれど、彼女は金にやかましい。須賀川時代も、学資をもらうとき、彼はずいぶん彼女に気を使った。

新平は漫然と、阿川の家にやっかいになる気で、名古屋へ出て来た。

彼にとって、阿川の家は自分のうちである。水沢で、彼は阿川の飯を食い、阿川のおかずを食い、阿川の本を読み、阿川の筆や紙を使って当然のように思っていた。彼は名古屋の阿川家へ、まるで自分の家へでも帰るような気分でやって来た。

しかし、阿川家はもはや、むかしの阿川家ではない。阿川には妻がいる。その妻より前から阿川の家にいた新平だが、妻からみれば、外来の客である。

この客は、この家を、自分の家のように心得て、勝手にふるまっている。食費を出す気なのかどうか、よくわからない。もしかしたら、このままずるずるにすわりこんで、居候をきめこむつもりなのでないだろうか……阿川の妻はヤキモキしだした。

新平も、食費について、はっきりした考えを持っているわけではなかった。以前とちがって、独立して月給を取る身分になったのだから、まったく阿川の家に迷惑をかけっ放しにするつもりではないのだが、他人行儀に、月いくらいくらときめて、宿屋へでも払うような気分で、キチンキチンと払うつもりでもない。なんとなくのんきに、いずれそのうち……などと思っている。

阿川光裕の妻には、新平のそういう無頓着が、横着ないし無神経にみえる。

——後藤さんは、ちゃんと責任をとる気があるのかしら。あんなのんきな人だから、このまま家族の一人のようにして、食い扶持も出さず、大きな顔をしていられてはたまらない。

いきおい、彼女は新平に当ることになる。当られてはじめて、新平はこれまでの無頓着に気がついたが、さてそうなると、この家に引き続き厄介になる気がしない。阿川に対する気持ちは、これまでと同じだが、その妻にまで同じ気持ちで対することはむずかしい。彼はこの家にながくいられないと思った。

ふつうならば、どこか下宿屋の一部屋でも借りるところだろうが、新平の考えはちがっていた。彼はまだ、自分の学問が充分だと思っていない。医学校を優等で卒業しましたと、人前では言っているけれど、その内容がどんなものか、誰よりもよく、自分自身が知っている。

第一、自分はドイツ語ができない。オランダ語も、英語もできない。外国語のできない、原書の読めない医者がどんなものか、知る人は知っている。

さいわい、愛知県病院副教師兼訳官として直接彼の上司となる司馬凌海は、日本で一番のドイツ語の名手だという。彼はこの人の家塾に入れてもらった。

司馬凌海は、奇人といってよかった。

彼は非凡な才能の持ち主であったが、ふだんの行動は不良少年のそれであった。

司馬凌海は、風貌からして異様であった。彼は背が高くて、恰幅のいい、堂々たる男であったが、目はヤブニラミで、どこを見ているかわからないことがしばしばあった。それで、彼が東京在住のころよく遊びにいった下谷あたりの花柳界では

「司馬さんは目の玉が三つある」

と蔭口をきき、一方、彼の友人たちは、

「左右倶ニ見ル司馬ノ眼」

などと戯詩を作ってからかった。

彼は佐渡の生まれであったが、十二の時江戸に出て、幕府の奥医師松本良甫の塾に入った。

彼は先生の登城のとき、駕籠わきについて供をしたり、こまごました用をたしたりする合間に、先生の書棚から蘭書を抜き取って、盗み読みをしながら、先輩をはるかに追い越す学力を身につけた。

しかし一方、彼は手に負えぬ悪少年で、人と喧嘩をしたり、ユスリ、タカリのまねをしたり、近所の女をだましたりすること、数を知らなかったので、退塾を命ぜられた。

ただ、良甫の養子である良順は、彼の特異な才能を惜しんで、いろいろかばったが、司馬の日常があまり悪いので許されなかった。彼はまもなく佐渡に帰った。

ところが、安政四年、松本良順は長崎へ留学してオランダ人ポンペにつき医学を修めよという命令を受けた。西洋医学勃興の機運がひらけたのである。

良順がこの使命を全うするには、やはり才能豊かな人物を用いる以外にないと思った。事は日本の医学の将来に関する問題である。個人の私行上の多少のあやまちや、性格の欠陥をあげつらっている時ではない。

彼は佐渡へ書を飛ばして、司馬凌海に同行の意志があるかと問うた。

もちろん、司馬は躍りあがって喜んだ。その時司馬は十九歳。精神と肉体の活力の最も柔軟かつ旺盛な時に当った。

司馬の上達はめざましかった。彼はたちまち蘭語を習得し、師ポンペの講義を通訳する一方、彼自身のノートへはそれを漢訳して書き入れるほどだった。

漢文の古典を読める人は多くても、現代シナ語を話せる人はすくない。司馬が現代シナ語ができるようになったのは、長崎時代であった。長崎では、在留の中国婦人をアチャさんという。彼のシナ語は、彼と特別の関係にあったアチャさんから教わったものらしかった。

四年後に、彼は卒業を目前にひかえながら、師ポンペと激しく口論をし、除籍された。師の良順は彼を憐れみ、金を与えて、九州一周旅行に出した。

彼は熊本藩士某の家の婿になったが、まもなく飛び出し、ついで平戸藩士の娘の婿になり、子まで生ませたが、二年後にここも飛び出して、佐渡へ帰った。

維新とともに、再び人材登用の空気が起った。彼は東京に召し出され、医学校三等教授を拝命した。

司馬凌海は、たしかに異常児であった。

第一、司馬という姓からして、彼が勝手につけたもので、本姓は島倉である。島倉の島という字の音に、司馬という見てくれのいい字をあてはめたものであろう。

家は農家で、名前は亥之吉といった。彼の生まれた天保十年が亥年に当ったからである。しかし彼は、島倉亥之吉などという平凡な名前は、どこかへ忘れて来たような顔をして、どこへ行っても司馬凌海で押し通した。

彼は女には目のない男で、いったんこれと狙いを定めると、ものにするまでかよった。

彼は貧乏書生のころから、なけなしの財布をはたいて、近所の子守娘などに簪や半襟を買い与えて、歓心を買っていたが、後年、日本一のドイツ学者となり、月千円の収入があるようになっても、全部女のために使い果した。

郷里へ帰って、失意の日を送っていた司馬凌海を、維新ののち、大学東校の教授に推挙したのは、これまで常に彼を庇護してきた松本家の若先生良順であった。

松本良順は、明治になってから、順と名を改めたが、依然として医界の権威たるの地位を保ち、のち日本ではじめての軍医総監となった。

まったく、一人の人間の中に、もっとも卓越した才能と、もっとも下劣な人格が同居すること、司馬凌海のごときは珍しかった。彼の好色と貪欲と卑劣には、誰も眉をしかめながら、その語学の天分は、誰も認めないわけにゆかなかった。

ともかく、当時日本で、彼以上にドイツ語の読める者はいなかったし、そのほか英語、フランス語、オランダ語、支那語に通じた上、ロシア語、ラテン語、ギリシャ語をも、少しは解したというから、明治初年としては珍しい男であった。

司馬は大学で講義するかたわら、下谷練塀町に大きな邸宅をかまえて、春風社という私塾をひらいた。その邸はもと幕府の医学所頭取が住んだところで、大きな楠の一枚板の門扉で有名であった。

春風社では、彼の多くの塾生に先生々々と呼ばれて、王侯のように暮らしていたが、恩人松本良順の家族がたずねてくると、それがどんな幼い少年であっても、玄関へ飛び出して、塾生の目をはばからず、頭を地につけ、敬虔そのもののような態度で招じ入れ、山海の珍味を出してもてなした。

女に対しても、司馬凌海はこういう調子で、金を惜しまず奉仕したから、彼になびく女は絶えなかった。

彼は大きなアルバムを持っていて、女をひとりモノにするごとに、その姓名、年齢、容貌、性質などをラテン語で書き入れていた。

彼は女の数が千に達することを目標としていたが、数年たたぬうちに千になったので、次は二千を目標とした。

女をモノにしようと思ったら、女に金を与えるばかりでなく、自分の服装にも金をかけねばならない。司馬凌海はなかなかシャレ者で、常に羅紗の着物に繻子の袴をはいて遊びに出かけた。もっとも、羅紗はそのころ飛び切り高価だったから、上半身だけ羅紗にし、あとは袴でごまかしていた。

これを知っている友人たちが、ひそかに打ち合わせて、ある宴席で、どうしても袴を脱がねばならぬ遊戯を提案し、司馬のやぶにらみの目を白黒させた。

司馬は金使いが激しいから、金を必要とする度も激しく、そのかせぎ方も荒っぽいので、周囲から疑惑の目で見られることもあった。

あるとき司馬は学生に、英語の文法書はモーレーの著に限ると申し渡した。書店へ買いにいってみると、売り切れている。司馬が全部買い占めて、学生にポツポツ高く売っているという評判が立ち、非難の的になった。

司馬は否定したけれど、信じられず、憤慨して大学を休んだ。

明治四年七月、あたらしく大学東校の教師として迎えられたドイツ人の軍医ミュレルとホフマンの二人が、横浜へ到着した。

日本の大学では、それまで主としてオランダ医学を教えていたが、ドイツ医学のほうが格段に進んでいるので、こちらに切り換えることにして、かねてからドイツ政府へ、優秀な医師の推薦をたのんでいたのである。

ところが、ドイツではちょうど、普仏戦争の最中で、軍医が不足し、とてもよその国へ世話するどころではない。

一方、日本では、学生たちが待ちくたびれて、大学当局の責任のように、やかましく催促するので、気が気ではなかった。

そこへ普仏戦争が終り、パリパリのドイツ人軍医が二人もそろって来着したので、大学はこぞって歓迎し、教職員は最大の敬意をあらわすため、烏帽子、直垂、または裃の正装で出迎えることになった。

しかしドイツ語を通訳する者がいない。

いや、いる。司馬凌海がいる。

しかし、彼は英文法教科書買い占めのうわさにむくれて、家にひっこんでいる。

頼みにいったって、いい返事はしないだろう。

しかし、当時日本じゅうで、ドイツ語のしゃべれるのは司馬だけである。

こうなったら、しかたがない。司馬が問題を起したとき、彼を攻撃する方の大将だった石黒忠悳（のち軍医総監）、長谷川泰の二人が、司馬をたずね、七重のひざを八重に折り、平あやまりにあやまって、出馬を乞うた。

司馬は司馬で、腹のいえるまで、恨みツラミをならべたのち、通訳をひきうけた。

横浜まで出迎えてみると、新任の教師たちは、はじめておとずれる東洋のサムライの国に敬意を表して、それぞれドイツ陸軍（ミュレル）と海軍（ホフマン）の、仏壇のようにピカピカ光る金色の礼装でひかえていて、おたがいに相手の威容に目を奪われた。

話してみると、司馬凌海のドイツ語は、水の流れるようで、渋滞するところがない。

ミュレルが

「貴下はまったく、われわれ生まれながらのドイツ人と同じように話されます。一体、何年くらいドイツに留学されましたか」

「わたくしは、まだ貴国をおたずねしたことがありませぬ」

「ああ、それはほとんど信じられません。それでは、ドイツ語を学習されてから、何年になりますか」

「まだ半年にしかなりませぬ」

「それは驚くべきことです。私の妻はフランス女ですが、結婚してすでに十一年を経ましたのに、貴下よりはるかにへたくそなドイツ語を話します」

こうして、司馬凌海が語学の天才であるといううわさは、人の口から口へ伝えられた。

明治九年五月、彼は愛知県病院へ月給二百五十円で招かれてきた。

司馬凌海の塾には、、塾生が二十人ばかりいたが、後藤新平はここでも、たちまち頭角をあらわした。

司馬は道楽者であるから、毎晩あそびに出て、家にいることはめったにない。彼には妻があったが、彼女は司馬の女あそびについて、まったくヤキモチを焼かず、自由にさせていた。生まれつきアッサリした性質なのか、あきらめていたのか、どちらともわからない。

司馬はまた、妾をかこっていた。

この妾宅へ、ときどき泥棒がはいった。司馬は用心のため、六連発のピストルを床にしのばせて寝た。しかし、泥棒が発覚してみると、正体は妾であった。そこで名古屋では
「司馬はピストルと妾を、左右に抱いて寝る」

といううわさが立った。

この話を芝居に仕組む者があって、町の劇場で上演した。

舞台中央に美人が立っている。下手から、大きなカバンをさげた田舎大尽があらわれ、美人をみつけると、思わず見とれて、カバンを取り落す。

やがて女は大尽の妾となり、泥棒とピストルの話がくりひろげられるのであるが、この大尽は司馬凌海にそっくりの扮装だったので、町の評判になった。

司馬自身も、例の妾と同伴で来て、上機嫌で見物した。

司馬凌海は二百五十円の高給を取っていたが、女あそびが激しいので、それだけではとてもたりない。

月の二十日ころになると、塾生の後藤新平と、滝浪図南という男とに
「今晩は外出しないでもらいたい」

と司馬からの命令が達せられる。滝浪もよくできる男で、塾長をしていたから、新平も一目おいていた。

その晩、凌海は徹夜でドイツ語の本の翻訳である。警視庁からたのまれた「衛生警察学」およ

び「裁判医学」という本であるが、難解をきわめて、司馬のほかには訳せる人がいなかった。

その本を、司馬は目で見ながら、日本語に直してゆくのだが、口をついて出ることばがそのまま文章になっていて、後藤と滝浪の仕事は、それをそのまま筆記するだけのことである。後藤が疲れれば滝浪が代り、滝浪が疲れれば後藤が交代して筆記するのだが、司馬自身はひと休みもしないで、一晩に五六十枚訳し、百円ちかい収益をあげた。

司馬は千人の女を征服することを目標としただけに、精力絶倫で、二三日このように不眠不休ではたらくと、あと一週間は家を外にしてあそび歩いた。

後藤新平は司馬凌海のそばにいて、その日常を見るうちに、大いにさとるところがあった。すなわち、人は大いに働いて金をもうけ、美衣をまとい、美酒をのんで生活をたのしんだほうがいいということである。

須賀川の妓楼で娼妓にお説教をした禁欲青年は、環境の変化とともに、一転して享楽主義者になった。

明治九年八月、月給十円で愛知県病院に採用された後藤新平は、十年一月には十二円に昇給した。

二月、西郷隆盛が薩摩に兵をあげた。

政府はただちに軍隊をやって、これを撃ったが、負傷兵が続出し、つぎつぎと後送されてきた。大阪の鎮台病院には、とても全部収容しきれないので、大きなバラックを急造してここにおさめ、大阪陸軍臨時病院と名付けた。

院長には石黒忠悳が命ぜられた。石黒はかつて大学東校にあって、司馬凌海が英文法書買い占め事件を起したとき、攻撃の急先鋒をうけたまわったが、のち、ホフマン、ミュレルの二人が来朝のとき、司馬を通訳にひっぱり出す必要が生じて、平あやまりにあやまった男である。

戦争でたくさんの負傷兵が出ることは、本人にとっては不幸な話だが、外科医にとっては、腕をみがく絶好の機会である。後藤新平は石黒院長をたずねると、自分を軍医に採用してもらいたいと懇願した。

新平は採用され、大阪に半年いたが、その間に彼は外科医としての技術を充分身につけ、また、世間で名医といわれる人に立ちまじっても、すこしもヒケを取らぬという自信を得た。

戦役がすんでから、凱旋する将兵のあいだに、コレラが発生した。

新平は京都に設けられた臨時病院に特派されて、その治療に当ったが、この時の経験から、のちに日清戦争のあとで、大検疫所を主宰して、功績をあげた。

コレラの騒ぎがおさまると、新平は名古屋へ帰還して、鎮台病院に勤務を命ぜられた。

愛知県病院では、新平の復帰を要求した。新平はもともと愛知県病院の人間であって、外科医としての腕を磨かせるために、陸軍へ行くことを許したものにすぎない。戦争がすんだら、もとの病院へ帰るべきだというのである。

鎮台病院では、有能な軍医を失うことをおそれて、手放そうとしない。

愛知県病院では、月給は三十円にでも、四十円にでも増額するから、帰ってくるようにと、新平に説いた。

結局、愛知県病院長のドクトル・ローレツが鎮台病院まで出向き、後藤にはもっと勉強させて、自分の後継者として恥ずかしくない名医に育て上げたいからと、誠意をこめて説いたので、鎮台病院は了承した。

明治十一年三月、新平は月給二十五円で、もとの病院に帰った。わずか一年半で、彼の月給は初任給の二倍半になった。

ローレッツはオーストリアの貴族の出で、六尺ゆたかの大男だったが、篤学、かつ誠実な青年学者であった。

彼は名古屋に着任早々、市内堀川河畔に病院の新舎屋を建築した。それは当時、名古屋唯一の洋風建築として注目された。

後藤新平はローレッツから、はかり知れぬほど、多くのものを学び取った。

後藤新平は明治十一年のうちに月三十円に昇給し、翌年七月には四十円に昇給して、医学校の監事になった。監事は教頭の役である。

同年十二月、病院長兼医学校長の横井信之が病気で引きこもり中、新平は院長と校長の職務代理を命ぜられた。

このとき、新平は数え年二十三。普通ならば青二才と呼ばれ、鼻であしらわれる年である。出世の階段を、二三段ずつ飛び越えて上るような、この異例の昇進のかげに、安場県令と阿川光裕の慈愛の手がはたらいていたことを、忘れてはならない。

もっとも、いくら県令と有力県官の後援があっても、本人がその器でなかったら、二十三で一校の長はつとまらない。

さいわい後藤新平は、十六七のころから、四十男の分別を見せるほど、老成した一面があった。

彼は校長代理を引き受けるにあたり、教職員のうちの重要な人物数名に個別に会って、諒解を求め、誠意をもって協力するという言質を取るだけの用心深さを持っていたのである。

新平がはじめて水沢の県庁へ給仕に出て、安場保和に認められて以来、ちょうど十年になる。この間、彼は一日として、安場の恩義を忘れたことがない。直接彼の面倒を見てくれたのは、阿川光裕であるが、そのうしろには、安場保和の温情が、絶えず遠隔操作のようにはたらいている。

後藤新平は、どんなに公務がいそがしくても、月に一回や二回は、安場県令の邸へ御機嫌うかがいに伺候することにしている。これを彼は、もしかしたら草深い東北の一隅に、平凡な田舎びととして一生を送ったかもしれない男が、自分を拾い出して、日の当る場所に置いてくれた人に対する、報恩の一端だと思っている。

しかし、新平が安場邸を訪ねる動機は、ほかにもあった。

安場保和の長女友子嬢は一昨年（明治十一年）十八歳で結婚した。二人きりの姉妹の姉だから、嫁にゆくわけにゆかず、養子をもらった。

養子はもとの名を下津末喜といって、安場と同じく肥後の細川藩士だが、家格は安場家より大分上で、五千石だった。末喜は結婚したものの、まだ二十二歳で、もっと勉強したいからといって、東京の慶応義塾へかよっている。

妹の和子嬢は十五歳。

花ならつぼみだが、すっかりふくらんで、今にもほころびようといったところである。

父県令は彼女を、目にいれても痛くないほど溺愛し、福島にいたころと同じく、英学校へかよわせている。

彼女は学校の行き帰りに、新平にあうと、顔を赤らめて会釈をし、逃げるように遠ざかってゆく。

新平はもはや、かつてのチンバ下駄もボロ袴もぬぎ捨てて、流行の型の洋服を、寸分の隙もなく着こなした青年紳士である。

明治十三年三月、愛知県令安場保和は元老院議官に栄転して、名古屋を去ることになった。

新平はふたたび恩人と別れる悲しみを味わわねばならなかった。

その美しい令嬢も、彼の視野を去った。

安場県令在任中の治績は、用水の開鑿、産業の奨励、産馬の改良、名古屋熱田間の水運の改善等、多方面にわたったが、中でも、名古屋城の金の鯱鉾の復旧維持につとめた功は、忘れてはならない。

名古屋城の宏壮と、金の鯱鉾の美観は、徳川三百年を通じて、天下に喧伝されたが、維新ののちは、旧物破壊の思潮に乗じて、これを無用の長物と見る者が多く、鯱鉾はとりはずされて東京の博物館に交付され、さらにヨーロッパの博覧会に出品されるほど、粗末に取り扱われた。

安場保和はこれを嘆いて、歴史上の遺物は、たとえ実用の価値が乏しくとも、人々の心の拠りどころとして尊重すべきだと説き、政府に建議して、これを天守閣上へもどした。名古屋の人は、ふたたび朝夕に金の鯱鉾を仰ぐことができるようになった。

安場県令の後任は、国貞廉平であった。

明治十三年五月、後藤新平は愛知県病院長心得を命ぜられた。月給六十円。医学校長と兼任である。

この年、彼の師ドクトル・ローレッツは契約の任期が満ちて名古屋を去り、司馬凌海は三年前に辞職していたから、新平は事実上、病院と医学校の主宰者となった。

新平は数え年二十四であった。

いくら医者不足の明治初年でも、二十四で病院と学校の長を兼ねることは珍しい。後藤新平の名は愛知県のみならず、岐阜、三重の隣県まで鳴りひびき、診察を乞う者が絶えなかった。

往診に出かけて、彼はときどき当惑することがあった。

有名な愛知県病院長が、わざわざ診察に来られるというので、どのように威風堂々、貫禄充分の紳士かと待ちかまえている患家の人たちの前へ、ひょっこり現れるのは、どう見ても、まだ口のあたりに母親の乳の香の残っていそうな、色白の、美男の青年紳士である。

——なあんだ、代診か……

ありありと失望を顔にあらわして、急に待遇が疎略になったからといって、今さら、私が本物の院長ですと名乗れるものでもない。ムーッとふくれて帰って来るのが精一ぱいである。

中には彼を、露払いに一足さきに現れた弟子と思って、一室に待たせておき、いい加減してから
——ところで、先生は遅いですな。まだですか。

と真顔で聞くのもあった。

そこで新平は、なるべく威厳ありげに見せようと、立派な頰鬚をたくわえた。それは、虎のように、顔の両側にピンとはね上っている鬚であった。

六十円の月給は、独身者の新平に相当の贅沢を許す額であった。四年前、はじめて名古屋に奉職した時の月額十円の六倍になり、須賀川で、阿川に給せられた月額三円の二十倍に当るわけで

あるから、まさに彼にとって、世の中の眺めは変ったわけである。

下駄はチンバで、袴はボロよと、須賀川で歌にまで歌われた新平は、べつにチンバ下駄とボロ袴が好きで、はいていたわけではなかった。今や年齢不相応の収入があるようになった彼は、高価な衣服、高価な履き物、高価な帽子を身につけて、紅灯緑酒の町へ出入りすることも珍しくなかった。そのほうの手ほどきは、すでに司馬凌海によって充分なされている。

須賀川で女たちに騒がれた新平の男ぶりは、食い物がよくなって、栄養が充分に廻るとともに、ひときわ磨きがかかって、男には相当目の肥えた名古屋女の魂をとろかした。

ほかの職業の男とちがって、医者に会うのは簡単である。会いたい本人が病気になればいいわけである。愛知県病院で後藤院長心得の診察のある時間には、どこの工合が悪いのかわからぬ、色艶のいい女たちが、満艦飾にめかし立てて、目だけは熱っぽく光らせながら、待合室に目白押しに並んだ。

安場県令の後任の国貞県令の夫人は生来多病で、ときどき夜ふけに後藤新平の下宿へ、迎えの車をよこすことがある。ほかならぬ県令夫人のお呼びというので、急いで駆けつけてみると、ちょっとした風邪とか、腹痛とかいった程度で、わざわざ夜中に呼び出すほどの重態ではない。

そういう時、たいてい県令は不在で、部屋にはなまめかしい空気がたちこめ、夫人の口辺には謎のような微笑がたたえられている。県令もなかなかの好男子で、発展家で、妾を二三人持ち、外泊は常のことであった。

手早く診察をすませて、帰ろうとすると、夫人ははだけた胸をかき合わせもせず、

「まあ、いいじゃありませんか、後藤さん。すこし、ごゆっくりなすって……」

「はあ……でも」

新平も須賀川時代とちがって、いい加減茶屋酒に親しみ、多少は風流を解するようになっているから、誘う水にはまったく乗らないわけでもないけれど、相手が県令夫人とあっては、あとのたたりが恐ろしい。

県令夫人はおそろしくないが、県令がおそろしい。

廃刀令はすでに上下に行き渡っているから、生身の首をチョン切られる心配はまずないが、病院長兼医学校長をバッサリやられるおそれは充分ある。女に渇えているならともかく、このところモテてモテてしようがない新平としては、なにもわざわざ命がけで、据え膳の箸を取る必要もないわけである。

「まだ廻るところがありますから、失礼します」

言い捨てて座を立つようなことが二三度あった。

ある夜また県令夫人から迎えの車が来た。うんざりして、

「ただいま、重症患者の手術中です」

とことわらせて、そのまま打ち捨てておいたが、あくる朝県令に会うと
「君、ゆうべは一晩中待ったが、とうとう来てくれなかったな。ひどい男だ」

と恨まれた。

「ゆうべは、ちょっとむずかしい患者の手術で、手がはなせませんでした。すこしくらいの風邪ひきや、腹痛の程度でしたら、そこいらの町医者に見せていただきたいものですな。私は県民の税金をもって経営されている病院の長です。いくら県令夫人の御病気でも……いや、県令夫人で

あるだけに、重症の患者を打ち棄てておいて、馳せ参ずるわけにはまいりません」
閣下の令夫人は、小官におぼしめしがあるらしいですぞ、うっかりしていらっしゃると、ややこしいことになりますが、よろしいですかと、言いたいところだが、それは口には出せない。表面はあくまでもまじめくさって、意見をのべると、県令も
「いや、大きにそうじゃった。いかにも君の言う通り、県民の師表たるべき吾が輩が、区々たる家庭の私事のために、公の機関を乱用しては申し訳ない」
素直に折れて出たので、新平はかえって恐縮した。

取材余話

十月一日（昭和三十九年）は東海道新幹線の開通第一日であった。

私はこの日の午後、この線を走るひかり十二号で、名古屋から東京へ来た。

初物にあまり趣味のない私がこの汽車に乗ったのは、まったくの偶然にすぎない。

私はこの日午後三時までに、東京へ帰る必要があった。それで、名古屋のホテルで、三時までに東京へ着くような切符がほしいと申しこんだら、案内所の人が気をきかせて、この初列車の切符を都合してくれたのである。

しかし、乗ってみて、私はやはりよかったと思った。

私はいま毎日新聞朝刊紙に「大風呂敷」を連載していて、私の頭は、寝てもさめても、後藤新

平のことでいっぱいである。

いまのところ、作中の彼はまだ二十歳で、須賀川医学校を卒業し、チンバ下駄とボロ袴をぬいだばかりだが、彼はやがて、鉄道院総裁となり、内務大臣、外務大臣となり、鼻メガネの伯爵となって、近代日本の建設に大きな役割をはたすはずである。

そして、この東海道新幹線の構想は、すでに六十年前、鉄道院総裁だったころの彼の頭に浮かんでいたのであった。

窓外の景色をながめながら、私は感慨がこみあげるのを禁ずることができなかった。後藤新平の伝記を書いている私が、彼の着想による新幹線の第一日に乗ることができたのも、何かの因縁というものであろう。

私は名古屋でも、同じような感慨を何度か味わった。

私は名古屋へ、愛知医学校時代の後藤新平の足跡をたずねて来たのであった。医学校のあと、新平の下宿していた家、安場県令や阿川光裕の邸、司馬凌海の塾……すべては焼け失せたり、こわされたりして、あとかたもなくなっていたが、人々の記憶や、古い文書や写真の中に、後藤新平の姿はあざやかに残っていた。

名古屋はどこへいっても、広い道路が坦々とひらけていて、交差点で自動車の流れがせき止められることがまったくない。これはいつか毎日新聞の「新しい鯱」で村松喬氏がくわしく叙述された通り、戦後まもなくの都市計画が成功したからであった。

後藤新平が、大正大震災のあと、東京の都市計画案で、昭和通その他の大規模な道路網を提唱したが、反対のため実現できなかったことは有名である。東京の道路が彼のいう通りになっていたら、今日の交通の混乱とマヒは起らなかったろうといわれている。

その意味では、後藤新平の精神は、彼が青春を過ごした名古屋に生きているわけである。汽車は流れるように走って、二時間半で東京へついた。

東京駅も、後藤新平が作ったものであった。あんなバカでかいものを作って、どうするのかと、人に笑われたとき、いまにあれでも狭くなるだろうと答えた後藤新平は、よほど先の見える人だったにちがいない。

こうして後藤新平は、今日の日本のいたる処に生きている。

自由は死せず

ねむくなるような、春の日の昼さがりである。

桜は満開で、町のどこを歩いても、神社や寺の境内、学校や役所の庭、さては人家の塀の中などに、盛りこぼれるように咲いている。

おまけに今日は、伊奈波神社の祭礼である。

岐阜の町の男女は、花見をかねて、晴れ着を着かざり、参詣に出かけるので、ふだんにまして雑沓している。どこからか、祭り太鼓の音がひびいてくる。

その人ごみをぬって、人力車の長い列が走っている。

車上の人は、いずれも羽織袴、あるいは洋服姿の紳士たちであるが、よく見ると、町の人にはなじみの深い顔ぶれである。

彼等はこの地方の知識階級や名望家の中でも、急進的分子として知られた、濃飛自由党の幹部たちである。

前から三番目の車に、きわだって目のするどい、威力に満ちた容貌の男が乗っている。

年は四十を越えたところか、フロックコートに山高帽をかぶり、車の上にしゃんと身を起して、両側の景色を珍しそうに見ているが、身体の構えにすこしの隙もなくて、威風あたりを払っているのは、唯者とも見えない。

人力車の列は、町はずれを流れている長良川の方へ進む。

川のほとりにそびえて、清流に影をうつしているのは、金華山である。

その麓――松の密林の中に、一棟の建て物がある。神道中教院である。この建て物は、明治初年に、国民教化、皇道宣布の機関として、各府県に設立されたものの一つであるが、のち政府の方針が変るとともに廃止され、建て物も荒廃するままに放置されていたものである。人力車の列は、この前で止まると、おり立った紳士たちは、多勢の壮士に迎えられて、玄関へむかった。

玄関の前には

板垣退助君歓迎

濃飛自由党懇親会

と、肉太の達筆で書かれた、大きな立て看板が立っている。

車で着いた一群も、出迎えの壮士たちも、例の目のするどい、フロックコートの紳士を取り囲むようにして、口々に
「総理」

「先生」

と呼ぶところをみると、この男が板垣退助らしい。

たしかに、彼は板垣退助であった。

征韓論にやぶれて、中央政府を去り、久しく郷里土佐に帰臥していた板垣退助が、一大政党を結成して、全国的に自由民権の運動を展開しようと、同志とともに土佐を出たのは、明治十四年の九月であった。

藩閥政治の積弊に苦しんでいた国民は、歓呼して彼を迎えた。

十月、自由党は創立せられ、板垣は総理となった。

それより板垣は全国遊説の途に上った。

まず東北地方を一巡して、静岡、名古屋と獅子吼を続け、岐阜にはいったのは、四月五日である。

市内今小町の玉井屋旅館に一泊したのち、一行は車をつらねて、濃飛自由党懇親会場へむかったのである。

懇親会は午後三時からはじめられた。

会衆はおよそ三百名。

まず、地元の濃飛自由党役員、岩田徳義が開会の挨拶をのべた。

岩田につづいて、二、三党員が熱弁をふるい、ついで板垣退助がおもむろに立ち上った。

板垣は場内を隅々まで見まわしたのち、静かに口をきった。

「本日諸君の御招待を得まして、この懇親の盛宴につらなることができましたのは、光栄の至りです。諸君も恐らく、吾が輩と共に身命をなげうって、天下国家のために尽すところあらんと望んでおられるのでありましょうが、一言平素の所懐を述べて、歓迎の御厚意に酬いたいと思う次第です。

世人はややもすれば、自由党を目して、政府を転覆し、天皇の地位を危うくしようとする暴徒の集まりであるかのように言いふらしておりますが、われわれは左様のことは、全く考えていないのであります。われわれの願いは、ただ、国民のひとりひとりが、餓えることなく、こごえることなく、安らかに生をたのしむことができるような政治が、おこなわれることにあるのです」

板垣はコップに水をついで、喉をうるおすと、先をつづけた。

彼の話しぶりは至極おだやかで、かつ落ちついていて、政談演説というより、むしろ学術講演というにちかい。

「人間界の出来ごとは、しばしば天地自然の現象と同じ原理に支配されることがあります。たとえば、天体の運行が、遠心力と求心力の調和によって保たれることは、諸君御承知のとおりでありますが、人間社会においても、同様のことがおこなわれております。すなわち、天皇を中心とする求心力と、人民の自治をのぞむ遠心力が均衡を保って、ここにはじめて、円満なる政治がおこなわれるのであります」

板垣はたくみな比喩をもちいながら、立憲政治の本質を説き来たり説き去った。

はじめおだやかであった彼の語調はいつか熱を帯び、舌端は火を吐いて、聴衆を感激と興奮の中へたたきこんだ。

一時間半にわたる演説を終えて、彼が控室へ帰ると、随行の幹部たちや、地元有志が待ちかまえていて、口々に
「いや、先生の御講演は、いつ拝聴しても、感銘深いものがありますなあ」

「これで、本県におけるわが党勢も、一段と伸長することでしょう」

称賛と感嘆の声に取り巻かれながら、板垣は、ハンケチを取り出して、かすかににじむ額の汗をぬぐっていたが、司会者にむかって
「まだ、二三の諸君の演説が、予定されているようですな。ここに居残って、終りまで拝聴した

いのですが、実はこの二三日、風邪の気味ですこし熱もあるようです。一足お先に失礼して、宿に帰って休息したいと思います」

人々が、玄関まで見送ろうと、一斉に立ち上るのを、板垣は押しとどめて

「そのまま、そのまま……お見送りは御無用に願いたい。諸君がそろって玄関まで出られると、あとがガラあきになって、聴衆の気分がこわされます。わが輩はそっと帰りますから、どうぞ、おかまいなさらんで下さい」

板垣はただ一人、玄関へ出た。

退屈そうに机にむかっていた受付の青年が、板垣総理の急の御帰館と知って、うやうやしく靴をそろえた。

板垣が二三歩あるき出したところへ、横合いから弾丸のように飛び出した男があった。

板垣退助は、自分にむかって突進して来る男の手に、何かするどく閃めくものを認めたとき、反射的に、逃げ出そうとした。

しかし、同時に、彼は、逃げてはならぬと思った。

自分は板垣退助である。板垣が逃げたといわれてはならない……

それに、彼は多少の自信があった。維新の戦乱の間に、こういうことには何度か会っている。逃げたら安全だとはかぎらない。かえって、迎え撃つほうが有利である。

板垣は咄嗟に体勢を立て直すと、あわただしく身体じゅうをさぐった。しかし、武器となるべきものは、何ひとつ持っていない。

あたりを見まわしても、棒切れひとつ落ちていない。

しかし、もう探す暇もない。

間近にせまった男が、背をかがめて、言葉にならない声で何事か絶叫しながら、板垣の胸元へ短刀を突き立てた。

板垣はたしかに衝撃を感じた。

――いかん！　やられる！

あえぎながら、板垣は右手の肘で男の身体を突き飛ばした。

男は二三歩よろけたが、わずかに踏み止まると、体を立て直して、またもや突きかかってくる。

板垣は男の手首をつかんで、短刀をもぎ取ろうとしたが、男はふり放した。

そのはずみに、どこか傷つけたらしく、手にヒヤリとした感触が走り、白の手袋が血で真赤になった。

男はなおも突いてくる。

板垣は真赤に染まった手袋のままで、男の手首をつかみ、逆手にとってねじ上げようとした。

男は振りもぎろうとする。

板垣は、ここで離したら危いと、つかんだ手に全身の力をこめながら、

――誰か……早く……

と念じた。

男の力がだんだん萎えてきた。

そこへ、騒ぎを聞いて、大勢の者が駈けつけた。先頭に立った自由党幹部内藤魯一が、男の襟首をつかんで引きもどすと

「たわけ者」

と叫んで、地面にねじ伏せた。

その上へ、壮士たちが折り重なって取り押さえ、荒縄で厳重にしばり上げた。

全身血まみれになって、男と揉みあっていた板垣は、同志が駆けつけたと知ると、急に安心して、ヘタヘタとその場へすわりこんだ。

「総理、お怪我は?」

大勢の党員たちが取りかこんで、口々に聞いた。

しかし、板垣自身にも、どれくらいの傷なのかわからない。ひどく息切れがするのは、負傷のせいだろうか、それとも、賊ともみあったからであろうか。彼はひとりごとのように
「もしかしたら、吾が輩は駄目かも知れん。しかし、バカな男もあるものだ。この板垣一人を殺したからといって、自由を求める国民全体の願いを、押さえることはできまいに……」

板垣退助は、顔も手も、血で真赤になっていた。

ワイシャツの袖口も真赤である。

フロックコートは黒一色なので、あまり目立たないが、日にすかしてみると、ところどころ血でよごれている。

しかし、見たところ、深い傷はないようだ。

一同は口々に
「総理、傷は浅いようです。しっかりしてください」

「いや、胸を二カ所ばかり刺されました。もう駄目かも知れん」

「それはいけない……」

ラッコのチョッキを調べてみると、たしかに二カ所、切り裂かれていて、血がにじんでいる。急いでチョッキをぬがせると、その下のワイシャツが血だらけになっている。しかし、傷そのものは、それほど深くはない。短刀の切っ先は、チョッキとワイシャツを通して、一旦板垣の皮膚に達しながら、彼が体をかわしたために、横へそれたものらしい。随行の一人が
「総理、この傷はたいしたことはないようですが……ちょっと、深く息を吸ったり吐いたりしてみてください。どこか痛みますか……呼吸に困難をおぼえますか」

「いや、べつに困難でもないようです」

「それでは、傷は肺に達していないと見ていいようだ。総理、安心してください、大丈夫です」

見たところ、板垣の傷で一番大きなのは、右手の親指と人さし指の間の切り傷である。彼は最初攻撃を受けたとき、ここを切られながら、相手の手首をしっかりとつかんで離さなかったため、流れ出る血があちこちをよごして、実際以上に深い傷のような錯覚を与えたものらしい。

一同は手ぬぐいで板垣の手の傷をしばり、さらにもう一筋の手ぬぐいを丸めて、胸の傷に当て、帯でぐるぐる巻きにした。

何はともあれ、板垣をどこか人家へ運び入れて、医者の手当を受けさせねばならない。

壮士の一人が彼を背負おうとすると、胸の傷口が押さえられて、痛いという。

歩けないことはないと、本人が言うので、ともかく歩いてもらうことにしたが、一同は、ふたたび敵の攻撃を受けはしないかと思うと、安心できない。

彼等には、まだ敵の正体がつかめていないのである。

最初に彼等の頭に浮かんだのは、暴漢は政府からさし向けられたものではないかという疑いであった。

もしそうだとすると、これは相当計画的な行動であって、敵は一人でなく第二、第三の攻撃を予定していると思わねばならない。彼等は板垣を中心に、護衛の隊形を取って、八方に目をくばりつつ歩いた。

しばらくゆくと、人家のある往来に出た。そこに並んだ四軒長屋の一軒の傘屋にたのんで、板垣を寝かせることにした。

一行は、板垣退助を蒲団の上にしずかに横たえると、使を出して、岐阜市内の医者佐藤泰仲の来診を求めた。

なお彼等は、敵の再度の襲撃にそなえて、屈強の若者に、家の周囲を警戒させた。

変を聞いて駈けつけた壮士や野次馬が、しだいにふえて、家の内外はごった返した。

まもなく、医者を迎えに行った若者が帰って来て
「佐藤先生は、自由党の争いにまきこまれるのはいやだといって、往診をことわられました」

と告げた。

人々は医者の臆病を笑ったり、憤慨したりした。内藤魯一が
「それじゃ、愛知県病院長の後藤新平君にたのもう。まだ若いが、腕はたしかだ」

といった。内藤は三河の男だから、名古屋の事情にくわしく、新平とも顔見知りだったのである。

若者の一人が電報をうちにいった。

やがて岐阜県警部山崎直が、巡査数名をひきいて、駈けつけると、犯人を受け取り、現場を検証した。

山崎は犯人を訊問したのち、板垣にむかって
「刺客は大分うろたえていたとみえまして、閣下には、胸にただ一箇の傷を負わせたのみだと申して、大変に残念がっておりますが、拝見しますと、閣下は胸だけで、二箇所の傷を負っておられるようでございますな……それに、犯人は脾腹のあたりに痛みを覚えると申しますから、調べてみますと、一面に黒く、あざになっております。どうしたのかと聞きましても、どうもわからないと申しておりますが、閣下は彼奴に、何かなさいましたか」

「何しろ、あの時は無我夢中でしたから、しかと覚えておりませんが、最初、あの男に胸を刺されましたとき、反射的に右の肱で当て身を食わせたように思います」

「ホホウ、閣下はなかなか武芸のたしなみがおありとみえますな」

「私は若年のころ、本山団蔵という先生について、竹内流の小具足組打術をいささか習いましたので、その一手が自然と出たものと思われます。自分では、彼の心臓をねらったつもりですが、すこしそれて、腹部に当ったのかも知れません……いや、お恥ずかしいことです」

「なるほど、お若いころの修練が、今日において危急を救ったというわけですな」

板垣はのちに負傷が全快したとき、旧師本山に、このことを報告し、あつく礼を述べて、物を贈った。

師からは、竹内流の免許皆伝の証書が届けられた。

なお、警部のいうところによると、犯人は愛知県士族、相原尚褧といって、二十七歳になる小学校教師であった。背後関係や共犯者はないらしいという。

警官と前後して、岐阜病院副長ほか二名の医師が到着し、応急手当をほどこしてのち、夜おそく板垣を駕籠で玉井屋旅館へ移した。

板垣退助暴漢に襲わるという報道は、波紋のように、全国へひろがった。

東海地方の自由党員は、官憲の扇動による計画的な犯行と信じて、第二、第三の襲撃から板垣を守るべく、岐阜へと馳せ参ずる者、跡を絶たなかった。

彼等はそれぞれ、うしろ鉢巻に袴の股立ちを高く取り、刀を帯びる者もあれば、銃をになう者もあり、あるいは仕込み杖、棍棒をにぎる者もあれば、鎖鎌を手にする者もあり、中には甲冑に身をかため、大身の槍を持ち出す者まであって、どうしても一戦まじえねばやまぬ覚悟とみえた。

政府側の刺客がなお数名潜伏しているという流言が飛んだので、壮士たちは市内の要所々々を固めて、通行の者をいちいち検査し、不審の者は逮捕して尋問した。平素から政府党と目されている男が、何人も捕えられた。

彼等のある者は、道に酒樽をすえて、ガブ飲みをし、抜き身をひっさげて、市中を怒号してあるいたので、一般市民は恐れおののいて、大戸をおろした。

板垣退助負傷につき、診察を乞うという電報が、後藤新平のところへ届いたのは、夜の十時すぎであった。

さっそく馳せ参じたいところだが、県立病院長は県外へ出張するときは、長官の許可を得なければならない。

新平は国貞県令の官舎まで出かけて、許可を求めたが、県令はあまりいい顔をしない。

「後藤君、せっかくだが、わが輩は君の申し出を許可するわけにゆかない。板垣さんは維新の元勲にはちがいないが、目下のところ、政府の方針に反する行動をとっておられる。いわば、国家に対する反逆者である。そういう人が負傷したからといって、国家に奉仕すべきわれわれ官吏が、ほしいままに任地を離れるのは、よろしくないことだと思う」

「しかし、閣下、医者というものは政治的中立を守らねばならないものではないかと思います。欧米先進諸国では、赤十字というものがありまして、医者は、戦場において、敵味方をとわず治療に当ることになっております」

国貞廉平は、人間としては至極の好人物だが、漢学でコチコチになっている頭に、生まれてはじめて聞いた赤十字の説明が、すらりと入るはずがない。まして問題の人物、板垣退助の抱く思想は、乱臣賊子の破壊思想である。

「外国ではどうか知らんが、日本では、われわれは天皇陛下の官吏だということを、忘れないでもらいたい。わが輩は、政府の施策に反対する人物の治療のために、君が管外まで出張することを、許可するわけにゆかない。……それに、岐阜に医者がいないというならともかく、彼の地にも県立の病院があって、ちゃんと医者もそろっているではないか」

国貞県令から拒絶されると、それ以上新平は、押して許可を求めることができなくなった。

後藤新平はやむをえず岐阜へ電報をうって、往診をことわった。

しかし岐阜からは、押し返して再三の電報で、板垣総理の傷は肺にかかっている疑いがあるから、ぜひ見てほしいといってきた。

こうまでいわれては、新平も立たざるを得ない。

何よりもまず、医者としての技術を信頼されたという満足があった。

それに、相手は板垣退助である。彼の現在くわだてていることが、革命か、反乱か知らないが、ともかく、維新には国家に功労のあった人である。その人に再三懇望されて、行かないという法はない。

彼は、あとで県から叱責されたら辞表を出すだけのことだと、覚悟をきめて、急に仕度をととのえると、二人曳きの人力車で、夜中の三時ころ、名古屋をたった。

岐阜へついたのは、明け方である。

市中の要所々々は、殺気を帯びた自由党員によって固められ、通行人はいちいち尋問される。

後藤新平も、たびたびとがめられたが、その都度
「愛知県病院長だ。板垣さんから電報でたのまれたので、治療に駈けつけるところだ」

と答えて、相手を恐縮させた。

玉井屋旅館へ着いてみると、上を下への騒ぎで、大勢の人間がごった返している。

新平は玄関に居合わせた一人に取り次ぎをたのんだところ、代りの男が出て来て、一室へ案内したが、それきり音も沙汰もない。

新平はだんだん腹が立ってきた。

——人をわざわざ電報で呼んでおきながら、何たる無礼な仕打ちだ。あまり若く見えるので、なめているのだろうか。

そういうことがないようにと、わざわざ生やした虎髯も、あまりききめがないらしい。このま

ま席を蹴立てて帰ってやろうかと思っても、席を蹴立てるところを、誰も見てくれないとすれば、張り合いのない話である。

一人でじりじりしていたが、三十分もすると、やっと彼を電報で呼びよせた本人の内藤魯一が出て来て、板垣のところへ案内した。

板垣は二階の表通りに面した一室に、籐の長椅子に寝かされていた。まだ負傷のとき着ていたフロックコートのままである。

部屋には大勢の人間が詰めかけているが、中に岐阜病院副長の西川黙蔵と医師の青木雄哉の顔もみえる。西川には、新平はこれまでに二三度会ったことがあって、知らぬ仲ではない。

内藤魯一が

「板垣総理の傷は、西川先生に応急手当をしてもらったのですが、改めて後藤さんにも立ち会っていただきたいのです」

とささやいた。両方の顔をつぶさないようにと、気を使っているらしい。

はじめ板垣退助の部屋へ足を踏み入れた後藤新平は、大勢の視線を一度に受けて、すこしたじろいだ。

気のせいかも知れぬが、皆の目に

「なんだ、こんな青二才か……」

と言いたげな色が浮んでいる。

新平はなにくそと、持ち前の負けじ魂をふるい起すと、ずかずかと板垣の枕頭に寄って

「御負傷だそうですな、御本望でしょう」

と浴びせかけた。駆け出しの田舎医者としては、維新の元勲に対して不敵の一言である。

板垣は何か言いそうにしたが、そのまま黙って苦笑した。

「どれ、拝見しましょう」

新平は板垣のラッコのチョッキといっしょに、フロックコートをぬがそうとすると、板垣は顔をしかめた。

「痛みますか」

左胸部を押すと
「いや、そこは痛くないが、ここが……」

グルグル繃帯を巻いてある右手を見せた。

そばにいた一人が
「総理はああおっしゃるけれど、胸のほうだって、なかなか痛いんだよ。気をつけてくれたまえ」

と、指図がましい口をきいた。新平は何をとばかり
「ホウ、君たちは不思議な生理作用を持っているのだね。人の痛いのは三年でも我慢すると、むかしから言うけれど、君たちは、人の痛いか痛くないかまでわかるとみえる。生理学者そこのけの神通力だ」

ピシリと食らわせたので、以後まわりの連中は、新平に高飛車な口をきかなくなった。

しかし、ともかく痛くないようにしてくれという注文なので、それならばと、新平はいちいちボタンをはずさないですむように、カバンの中から大きな繃帯鋏を取り出すと、チョッキの下へ

いれて、ワイシャツを切り取った。

はたの者には、それがまるでラッコのチョッキをずばずば切っているように見えたので、おそろしく思い切りのいい男にみえた。そのころラッコは飛びきり高価の品で、すこしくらい痛い思いをさせないために、ずばずば切られては、たまったものではなかったのである。

新平はチョッキを切ったわけでなく、その下のワイシャツを切ったにすぎないのだが、世間へはいつのまにか、彼がほんとうにチョッキを切ったかのように伝わった。

新平が胸の傷口を改めてみると、大したことはなかった。一つの傷は深さ三分くらい、他はかすり傷程度で、肺にかかるのなんのと、騒ぐほどのものではない。

しかし、傷口を押してみると、血餅が出た。これは応急手当をほどこした岐阜病院の副長西川黙蔵が、傷口をよく洗ってない証拠である。

新平は繃帯を解いて、傷口を洗い直し、リステル式消毒繃帯を当てたらどうかと提案した。

しかし、西川は不賛成である。

リステル式消毒繃帯は、西南戦争のころはじめて日本へ入って来たもので、二尺四方くらいのブリキ罐三つに、消毒に必要な品がひと通り入っていて、どこへでも持ち運びできるようになっていた。

後藤新平という男は、人一倍研究心が旺盛で、新しいものはどんどん取り入れるやり方のところへ、ドクトル・ローレツや司馬凌海のような、当時一流の名医について、学界の最新知識を吸収することを怠らなかったから、地方病院の中では日本でも最初にリステル式消毒繃帯を採用したくらいで、板垣の治療に呼ばれたときも、忘れずにこれを持って駈けつけたのであった。

しかし、岐阜病院では、こういう新式のものを備えつけていない。いま目の前でこれ見よがしに使われるのは、不愉快である。

——なにを、ハイカラぶって、シャラくさいものを持ち出しゃがる……

腹の中には、こういう反感もあって、西川黙蔵は
「消毒綳帯の必要もないでしょう。さし当り必要なのは、患者を安静にしておくことです」

しかし新平は
「傷口を押すと、血餅が出てきます。これはよく洗わなかったからでしょう。徹底的に消毒しなければ、危険です」

「それには及びますまい」

「絶対に必要です。医者としての良心にかけて……」

押し問答になったが、誰が見ても、後藤新平の方に分があって、消毒をしなおすことになった。

「どうぞ、手術の糸を、そちらで抜いて下さい」

相手に自分の縫った糸を抜かせて、新平は丹念に傷口を消毒し、ついでに傷の中を調べた。

「これは大丈夫です。一週間もすれば、完全に治ります。大阪へでも、京都へでも、自由に旅行できます」

彼は受け合って綳帯を巻くと、寝巻に着替えさせて、板垣を寝床に移した。

こういう間も、部屋には殺伐な空気が満ちあふれていて、いろんな男が、足取りも荒々しく、出たり入ったりする。

ときどき各地から寄せられた電報が披露される。

「東京では、市中の同志一同、急電を聞いて、ことごとく本部に参集したそうです。自由党顧問後藤象二郎閣下は、馬車に乗って本部へ駆けつけられ、自分はこれより直ちに岐阜におもむき、板垣の死屍を台上に横たえて、弔い演説をなさんといきまかれたそうです。おそらくマーク・アントニーのシーザー追悼演説の故智を学ぼうとされたものでしょう。しかし、あとからの電報で、総理の生命に別条ないことがわかったので、後藤閣下がじきじき西下されるのは取りやめとなり、常議院、谷重喜君が代理として派遣されることになりました」

そのほかにも、板垣退助の部屋へは、全国各地から無数の電報が届いた。

大阪からは、副総理中島信行が、十数名の党員をひきいて、岐阜へ向ったという知らせである。板垣の郷里高知からは、土佐立志社員四十余名が、岐阜へ馳せ参ずるといって来た。

地元の名古屋でも、この際立ち上って、名古屋城を略取し、さらに信州伊那の天険に拠って、義軍を起そうと画策する者があった。

なお、各地には三百、五百の壮士が参集して、いざといえばただちに立ち上ろうとしている。すべての報知は、あと一歩で天下が動乱の渦中に投げこまれそうな形勢を告げている。

部屋に集まった連中の中からは

「この際、大いにやるべしだ」

「われわれが立てば、天下ことごとくなびくだろう」

などという勇ましい声が聞かれる。

部屋の一隅では、内藤魯一が、新聞記者らしい若い男にむかって、板垣遭難当時の状況を説明している。

「……急いで玄関に駈け出してみると、総理は痛手にもめげず短刀を持った暴漢の手首を、しっかり押えておられるのだ。相手は、握られた手をしゃにむに振り放そうとしている。そこで吾が輩は、

——総理、内藤が参りました。御安心下さい。

と叫びながら、暴漢の首筋をつかんで、引き倒したのだ。すると総理は暴漢の顔をハッタと睨んで

——板垣死すとも、自由は死せず。

と叫ばれたが、そのお声のリンとして、気魄のこもっていることといったら、聞く者の肺腑をえぐるようだったな」

「内藤君、内藤君……」

板垣退助が照れくさそうに声をかけて

「僕は、そんなしゃれたことを言わなかったよ。芝居のセリフじゃあるまいし……」

「でも、総理は何かおっしゃいましたな」

「僕はただ、板垣ひとりを殺しても、自由民権の運動はどうなるものでもないのに……といっただけだ」

「それでいいんです。それを文章にすると、今のようになるんです。山田君……」

山田というのは、若い新聞記者らしい。

「かまわんから、今いった通りに書きたまえ。文章はすべからく、勢がなくてはいけない。満天下の読者をして感奮興起せしむるには、多少の誇張はやむをえん」

内藤魯一は自説を押し通し、板垣は苦笑して黙った。

後藤新平は騒然とした空気の中で、消毒繃帯をすませ、引き上げようとすると、板垣から
「まあ、すこしゆっくり話してゆきたまえ」

と引き留められた。板垣は最初から、この若い病院長が、県令の意志に反して駆けつけてくれたというので、好意を持っていたが、人を人とも思わぬその闊達な言動にひきつけられて、もっと話してみようという気になったらしい。

後藤新平は治療がすんだら一刻も早く名古屋へ帰るつもりだったが、板垣に引き留められてみると、もう少し腰をすえて、話してみようという気になった。こういう有名な人物には、これから先、めったに会う機会がないだろうと思ったからである。

やがて昼飯の膳が運ばれた。

箸を取りながら、板垣は
「後藤さん、ルソーをお読みになりましたか」

「さあ、私は医者ですから、政治問題や社会問題のほうの勉強は、あまりしておりませんが、やはりあなたがたのような自由民権の方の人ですか」

「彼はむしろ、偉大な詩人、あるいは哲学者といったらいいでしょう」

「哲学というものも、私は不勉強でよく知りませんが、やはり人間は、生理学がもとではないですかね。智、情、意、その他あらゆる現象は、いろいろむずかしく言っても、結局生理作用に帰着するのではありませんか」

「フム、それはいかにも、医者らしい考え方だが、すこし単純すぎるようだ」

板垣は新平の無知をさとすような口調で論じはじめたが、新平もなかなか負けていないで、無遠慮に言い返し、大激論になった。

しかし、新平は無用の議論にふけっていられない。彼には公務がある。

「もう失礼します。病院をほうっとくわけにゆきません」

「まあ、いいじゃないですか。二三日遊んでゆきなさい」

板垣はすっかり新平が気にいったらしくて、なかなかはなそうとしない。

新平も残り惜しくなって
「それじゃ、一晩だけ泊めていただきましょうか」

「そうなさい、そうなさい。今夜はひとつ、ゆっくり語り合いましょう」一上げかけた腰をおろして、なおもルソーと生理学の議論の続きをやっていると、谷重喜、中島信行、竹内綱、内藤魯一などの幹部たちが、どやどやと部屋にはいって来て
「総理、ただいま東京から電報が届きました。畏きあたりにおかせられては、板垣の負傷に宸襟を悩ませられて、勅使を御差遣になる由、仰せいだされた、とあります」

「なにが勅使だ！」

内藤魯一がさけんだ。

「政府はみずから刺客を放っておきながら、騒ぎが大きくなったからといって、あわてて御機嫌取りに小細工しようというのだ。手の内が見えすいている」

「勅使なんか、ことわったらどうです、総理」

「そうだ。それがいい。政府は右の手で犯罪をおかしながら、左の手で無邪気をよそおって、握

手を求めてくるのだ……断乎として勅使を謝絶し、もって政府の意図を天下に暴露すべきです」
興奮して、口々に言い立てるのを板垣は黙って聞いていたが、やがて床の上にキチンと坐り直すと、ハラハラと涙をこぼした。
彼は、しばらくじっと目をつぶっていたが、やがて静かに見ひらくと、おごそかな口調で
「聖恩臣退助の上にくだる……なんとも恐れ多いことである。謹んでお受けしよう」
内藤魯一が
「総理、お考え直しください。思うに、これは敵の策略にすぎません。政府は当方の感情を緩和する一手段として、勅使差遣を奏請したに過ぎませんよ……おそらく、陛下御自身の意志に出たものではないでしょう」
中島信行が
「陛下を方便に使っているのだ……これこそ国民をあざむくものだ」
板垣はうなずいて
「それは、板垣にもわかっている。おそらく、山縣有朋あたりが言上したものであろう。しかし、ひとたび勅使としてお遣しになる以上、これは陛下おん自らのお定めになったものと思わねばならない。これを拝辞するなど、もってのほかだ」
板垣の態度がはっきりしているので、内藤、中島らの猛者連も、返す言葉がなく、その場にうなだれた。
そのうち、意気ごんでいた男たちも、一人去り、二人去りして、部屋は火が消えたようになった。

後藤新平が手持ち無沙汰にしていると、板垣はウンザリした風で
「若い連中は、あれだから困るよ。その意気は壮とすべしだが、留まるべきところを知らないで、どこまでも押してゆこうとするからねえ」
と嘆息した。
しばらくすると、岐阜県令小崎利準の代理として、斯波大書記官が板垣を訪ねて、ただいま宮内卿から勅使差遣の旨、公電があったと伝え、なお、何か用があったら遠慮なく申し出てほしいと言った。
小崎県令はこれまで板垣に対しては至極冷淡で、彼が遊説のため岐阜に来着しても、もとより迎えに出る段でなく、暴漢の襲撃を受けても、きわめて事務的な報告の電報を内務卿にあてて打っただけで、見舞いにくるわけでもなく、知らぬ顔をしていたが、勅使差遣ということになると、これまでの国賊一転して元勲の待遇を受けるので、急に態度を変更する必要が生じたのである。
なお斯波書記官は
「愛知県病院長をお呼びになったそうですが……」
「ええ、岐阜市内の開業医は、自由党だというと、こわがって診察に来てくれませんのでね」
側近の一人が嫌味をいうと
「岐阜県立病院長をさしむけますから、どうぞ、何なりと申しつけてください」
板垣が癇癪を起して
「そんな奴には用がないから、来ても追い返すだけのことです。愛知県病院長の後藤という男はなかなかの人物だが、貴県でも、せめてあの男の半分も話のわかる医者を採用したらどうです」

そばで聞いていた竹内綱が
「オヤジさんも、勅使が来るときまったら、急に気が強くなりよったわい」

皮肉に笑った。

板垣の治療がすんだら、すぐ名古屋へ帰るつもりでいた後藤新平は、引き留められるままに、岐阜に一晩泊まって、あくる日の朝早く、人力車で帰路についた。

沿道の春は今やたけなわである。

菜の花はやや色があせたけれど、桜は紅の雲のように野山を埋め、雲雀の声が高く低く聞こえる。

見渡すかぎりの春景色の中を、車に揺られてゆく新平の心は、うっとりするような幸福感と満足感でいっぱいだった。

それは、かならずしも、うららかな春の時候のせいばかりではなかった。

日本に何人といない、偉大な人物に会ったということ……そしてその男が、彼に好意を持ち、わざわざ引き留めてくれたということが、彼の満足感の原因であった。

板垣が彼を、ひとかどの人物と認めて、対等に待遇するようになると、はじめ彼を青二才と見て、軽くあしらっていた側近の連中の態度が変ってきた。彼等は新平にむかって、板垣に対すると同じように丁寧な口をきくようになった。それも彼を愉快にさせた。

おまけに、彼が岐阜の宿を立とうとして、玄関へ出たら、送りに出た内藤魯一が
「ちょっと、後藤君……」

と物蔭へ呼んで

「総理が、貴公に、えらい惚れ込みようだ。あの男は、すこし変ったところのあるやつだが、医者にしておくのは惜しいものだ。政治方面へでも進んだら、案外大物になるかもしれん、と言っておられたぜ。どうだね、今からでも、ひとつ政界へ乗り出してみるかい」

「冗談をおっしゃっては困ります。私が政界の大物になって、暴漢に刺されたら、誰が治療してくれます？　板垣退助が死んでも、自由は死なないかも知れないが、愛知県病院長には、かわりがないんですよ」

「こいつ、広言を吐きよる……ハッハッハ」

笑って別れたが、内心の得意は禁ずることができない。

と同時に、むかし彼が政治家になりたいといった時、首根っ子をおさえるようにして、むりやり医者にしてしまった阿川光裕にむかって
「それごらんなさい。板垣さんが太鼓判を押してくれたんですよ」

と、一言いってやりたいような気がしてきたことも、事実である。

——後藤新平、このところ、男からも、女からも、モテて、モテて、しようがないわい！

新平の頭には、板垣退助の顔とダブって、何人かの女性の顔が浮かんだ。

名古屋の町はずれに、笹島というところがある。今日の名古屋駅のあるあたりである。

ここに茶店が一軒あって、有名な藤棚があった。

新平はここまで来ると、人力車をとめて、車夫を休ませ、自分も一休みすることにした。

店先の縁台に腰かけようとすると、

「院長先生」

呼びながら奥から出て来る二人の客を、見ると、病院の事務長今村秀栄と、一等当直医某である。

「おや、御両君、どうしてこちらへ？」

「院長をお迎えに参じました」

事務長は四十何歳、当直医は三十何歳……いずれも新平よりはるかに年上である。

「どうしてまた……仰々しい。ちょいとそこまで往診に行ったにすぎないものを、迎えだなぞと……」

「さあ、そのことですが……院長が許可を得ずに岐阜へ行かれたことを、県庁ではやかましく言いだしまして、衛生課長なんか、カンカンになっております。大変な剣幕ですから、あなたが何も御存じなくてお帰りになって、ふだんと同じ調子で応対されると、喧嘩になります。ちょっと御注意申しあげようと思いまして……」

「僕にどうしろというのかね」

「何しろ、むこうは気が立っておりますから……何か言われても、なるべく逆らわないで、下手にお出になって……」

「そんな馬鹿なことが、できるもんか……」

新平は突然どなった。

「無断で管外へ出たというけれど、何も遊びに出かけたのでもなければ、私用で行ったのでもない。板垣先生は国家の元勲で、政界第一等の人物だ。その人の生命が危険にさらされているといって、往診を乞われたのに、規則がどうの、許可がどうのといって行かないのは、医者の本分にもとるものだ……」

「おっしゃる通りです。われわれもそう思います。しかし、衛生課長が……」

「何が衛生課長だ！　そういう道理のわからないやつには、僕が辞職を要求してやる。要求が容れられなかったら、こちらが辞表を出すだけだ」

「そんなことをおっしゃらずに、ここはひとつ、何分にも穏便に……」

二人は新平をなだめすかして、病院へつれ帰った。

やがて、県令から使者が来て、娘が病気だから診察してほしいという口上である。娘の病気を口実に、呼び出して、何か言うつもりかと思いながら、行ってみると、病気は本当であった。

しかし、診察をすませて、帰ろうとすると、県令が会いたいといっているという。いよいよ来たなと、覚悟をきめて、新平がドアをあけると、にこやかな笑顔で
「板垣さんの見舞いにいったそうだが、御苦労だった」

勅使差遣で、ここでも雲行きがすっかり変っていた。

後藤新平が板垣退助の治療に駆けつけたとき、彼は名古屋に来てから、まだ六年とたっていなかった。

しかし、この六年の歳月は、ボロ袴をぬいだばかりの駆け出し医者を、虎髯いかめしい県立病院長兼医学校長に成長させた。

彼はもはや、雨が降っても背に籠を負うて、流れ来る下駄を拾いにゆく必要がなく、阿川光裕の家へ、月三円の手当をもらいにゆくために、大根や人参をかついで、息を切らして走る必要も

なかった。

彼は病院の北の角に、建て坪七間四方、庭もゆっくりある邸を借りて、私塾対育社をひらき、医学書生を十四五名も寄宿させる身分になった。

出入りはすべて、人力車である。二十六歳の後藤新平はすでに名古屋で第一級の紳士である。しかし、彼はここで、更に一段階飛躍しようとする。医界の大立て物、内務省衛生局長長与専斎から、東京へ進出して、衛生行政に手腕を揮う気はないかとすすめられたのである。

新平が長与専斎に認められたのは、三、四年前にさかのぼる。

明治十一年十一月、まだ愛知県二等診察医だった後藤新平は、時の県令安場保和にあてて「健康警察医官ヲ設ク可キノ建言」を提出した。

その要旨は、従来の医師が、患者の治療だけを担当しているのに対して、人民の健康を保ち、流行病を予防する衛生行政官を必要とすると説いたもので、明治十年前後としては画期的な意見であった。

新平の建言は県によって取り上げられ、彼はなおくわしい調査のため、東京へ出張を命ぜられた。

彼は上京するとただちに内務省衛生局を訪ねて、衛生行政に関する方針を質し、更に警視局、東京府、神奈川県等について、衛生法の実施状況を視察して帰った。

この上京のとき、新平はたびたび長与衛生局長に会い、意見を交換するうちに、長与は新平の人物と識見を認めるようになったのであるが、それには、そのように仕向けた男がいた。軍医石黒忠悳である。

石黒はかつて西南戦争のとき、大阪臨時陸軍病院長として、後藤新平を使ってみて、その人物に惚れこんだ。

のち石黒は内務省の衛生局に兼務するようになったが、あるとき長与局長が名古屋方面の巡回旅行に出かけると聞いたので
「名古屋へ行ったら、ぜひ後藤新平に会ってみたまえ。まだ若いが、学問にも熱心だし、頭は冴えているし、しっかりした男だ。いまに大物になるね」

とすすめた。長与は石黒のすすめに従って、その時名古屋で新平に会っているので、まもなく彼が健康警察医官のことで上京したときも、特に親切に相談相手になってやったのである。

――こんな立派な男を、田舎に埋もれさせるのは惜しいものだ。そのうち、東京へつれて来て、大いに腕を揮わせてやろう。

長与専斎はひそかに心にきめた。

後藤新平は官吏として、よく上司に建白書を提出するので有名であった。あらゆる問題について、彼は独自の意見を持ち、独特の創意と着想による計画を持っていたので、人を説得しなければやまなかった。

彼の生涯の転機は、しばしば、彼の建白書が採用され、その実行を一任されるという形で実現した。

明治十四年一月、後藤新平は岐阜県医学校長と三重県医学校長との連名で「聯合公立医学校設立之儀ニ付建白」を提出した。すなわち、各府県で勝手に病院と医学校を乱設した結果、どこでも経費の欠乏を招来して、不完全な設備と乏しい医員のままで治療を施さねばならぬのが実情で

あるから、むしろ数県連合して、少数でも完全な病院および医学校を設立すべきである。さし当り、愛知、三重、岐阜三県の医学校を連合してはどうかという建議案であった。

後藤新平はこの案をひっさげて、三県を遊説し、県当局者、県会議員等にも諒解を求めたが、時期尚早で、種々の障害のため実現を見るにいたらなかった。

もっとも、彼の案の妥当性を認める男が、日本に一人もいないわけではなかった。

長与専斎である。

後藤新平がこの建白書を提出して奮闘しているという事実を、新聞で読んだ長与は、ただちに新平に手紙を書いて、まことに時宜にかなった意見であると賞讃し、これはひとり三県のみならず、全国的に真剣に取り上げるべき問題であるといった。

明治十五年二月、長与専斎は後藤新平を呼び寄せると、上京して自分の下で働く意志はないかと聞いた。

新平にとっては、寝耳に水である。

彼はもともと医者が本職だから、官吏としては病院長が出世の行きどまりで、これ以上何年勤めたからといって、今より地位が上がる見込みはないのである。いいかげんしたら辞職して、開業でもしようと思っているところへ、思いがけず長与専斎から、内務省入りをすすめられたのであった。

内務省でどんな仕事が待っているか、新平にはよくわからない。しかし、いずれは長与の子分ということになるであろう。医界の大立て物といわれる長与専斎の子分になって、日本の医療行政の中枢部の仕事に参画するのも、男子の本懐というものかも知れない……

新平は胸の躍るのを禁ずることができず、さっそく承諾の返事をした。板垣の遭難の一ヵ月前のことである。

したがって、彼が岐阜へ駆けつけたときは、内務省へ転任の話はほぼ内定していたのである。彼が国貞県令にニラまれるのを覚悟の上で、板垣の治療におもむいたのも、早晩愛知県に用のなくなる身だったからだとわかってみれば、なあんだということになるが、一方、内務省に採用の件は、まだ正式に決定になったわけでなく、どこからか故障が出れば、いつでも立ち消えになる性質のものである。反逆者板垣に過度の同情を示す危険人物を、本省に迎えるわけにゆかないとでも言って、誰かが妨害すれば、せっかくくぐりかけた登竜門も、たちまち鎖されるかもしれないところであった。その意味では、彼の行動はやはり大胆不敵なものであった。

ところで、長与専斎と新平との間に、転任の内約ができてから、実際に彼が内務省御用掛の辞令を受け取るまでには、一年ちかい月日を必要とした。しかし、それは主として、新平の方の都合によるものであった。

彼は名古屋に多額の借金を負っていた。その額はどれくらいだったか、正確なところはわからないが、東京へ転任直後も、なお返済しきれなかった額が千二百円あったというから、おそらく数千円にのぼったとみていいであろう。彼は、これを片づけておく必要があって、長与に発令の猶予を乞うたのである。

名古屋で、彼の月給は八十円であったが、公務以外、個人の患者から受ける診療の謝礼をいれると、月収は三百円にのぼった。

しかし、彼の使い方も、相当派手であった。司馬凌海から、学問以外にその華麗なる生活態度をも学んだ新平は、料亭、待合、呉服屋、洋服屋等に相当のツケをこしらえていた。私塾の十数名の書生に要する額も、すくなくなかった。彼はこれを借金でまかなった。彼は返す自信があったから、いくらでも借りたのである。

明治十六年一月、後藤新平は七年住み馴れた名古屋を出発した。百輌を越える人力車の列が、熱田まで彼を見送った。それは須賀川を出た時の車の列の、五倍の長さであった。

官界へ

明治十六年一月二十五日、内務省御用掛を拝命して、はじめて登庁した後藤新平は、青白く透き通った顔に、うつくしい髯をたくわえ、フロックコートを着用した、立派な押し出しであったが、よく見ると、フロックの裾や袖口はややすり切れているし、時計の銀鎖に悪趣味な象牙彫りの髑髏をぶらさげているという風で、いささか田舎紳士といったおもむきがないでもなかった。

当時内務省の衛生局は、大学出の秀才たちをどしどし採用した。

そのころ大学出の医者は、暁の空の星の数のようにすくなかったから、当るべからざる鼻息であった。

後藤新平と同じころに内務省衛生局に入った新進学士北里柴三郎は、自分の月給が七十円なのに、後藤が百円も取るのはけしからんと、局長の長与専斎に抗議を申しこんだ。

「私は、かりにも最高学府を出ております。聞くところによりますと、後藤君は、福島あたりの、あやしげな医学校の速成課程を修めたに過ぎんそうではないですか。私はどうして、そういう男の下風に立たねばならないのでしょう」

長与は困って

「後藤君は前任地の俸給が八十円だったが、新しく招聘するときは、これまでの給与より高い額で来てもらうのが慣例だから、百円にしたのだ。それに、後藤君は名古屋では月給以外の収入が二三百円あったということだが、こんど内務省に入るについては、本務に専念して、自宅開業のごときは一切しない覚悟だというから、彼にとっては、大変な減収になるわけで、そういうことも考えてやる必要があるだろうと思うね」

「それはわかりました。しかし、私の月給が七十円というのは？」

「新しく学校を出た人の初任給は、官制できまっているので、みだりに変更するわけにはゆかない。しかし、もちろん実力があり、勤務に精励する人は、どんどん昇進するから、もし君が真に大学出にふさわしい実績をあげるなら、数年ならずして、不均衡は是正されるだろう」

長与はやっと北里をなだめて、引き取らせた。

はじめこのようにして新平に敵意を抱いた北里も、のちには彼の無二の親友となった。後藤新平の人柄にはふしぎな魅力があって、敵を化して味方とし、路傍の人を友人とすることは珍しくなかった。

はじめのうちやや泥臭くみえた後藤新平も、しばらく水道の水を浴びているうちに、持ち前のスッキリした美男子の本領に帰って、あっぱれ当世風の紳士と変貌した。

そのころ医者といえば、幕府時代の幇間的な気風の名残りで、黄八丈の着物に黒縮緬の羽織という、ゾロリとした風俗が普通であったが、新平は一度もそういう姿をしたことがなく、いかにも近代的な医学者という空気を身辺に漂わせていた。

後藤新平が内務省衛生局へ入ってから、十日ばかりたったころである。

まだ同僚の顔と名前がおぼえきれず、仕事の分担もはっきりしないままに、机にむかって手持ち無沙汰にしていると、局長の長与専斎から呼ばれた。

「実はね、突然だけれど、熱海にいらっしゃる岩倉右大臣閣下から、なにかおたずねになりたいことがあるから、私にすぐ来るようにという仰せなのだ。さっそく伺候しなければならないのだが、私はほかによんどころない用があって、伺えない。君、ひとつ、私の代理で行ってくれないか」

局長の代理……

こういう大役が、どうして自分のような、駆け出しの肩にふりかかってきたのか、新平にはわからない。

もっとも、長与局長の気持ちも、想像できなくもない。

彼は自分が目をつけて、掘り出して来た男が、本当に使える人物かどうか、早くためしてみたいのである。ちょうど、珍しいオモチャを買ってもらった子供が、早くうちへ帰って、動かしてみたいのと、似たような心理であろう。

——おれは、ためされようとしている。しっかりしなくちゃ……

これまでに人生に、たびたび人に認められ、拾いあげられ、抜擢されてここまでやって来たし、名古屋の病院長時代には、人をためしてみたり、拾い上げたりする経験も一応つんだ新平には、自分の置かれた立場がすぐ理解できた。

熱海へ着いた時は、雪が降っていた。

命令では、宮内省御用掛の肥田浜五郎と同行せよということだったが、肥田はまだ来ていない。彼はひとりで岩倉公の泊っている相模屋へ行き、面会を求めた。

長い廊下を案内されながら、新平は、いま自分の会おうとしている人について、いろいろと想像をめぐらせた。

しかし、女中が襖をあけると、彼がそこに見たものは、地味な色合いの、寝巻だかドテラだかわからないものを、ありったけ着込んで、まるまると着ぶくれながら、まだ寒そうにしている、小柄な、風采のあがらない一人の老人にすぎなかった。

どう考えても、これが、あの維新回天の業をなしとげた偉人と、信じられなかった。

彼の顔は黄色くしなびていて、目はどんよりと濁っていた。医者としての見地からみれば、あきらかに彼は衰弱しきって、回復のむずかしい重病人であった。（事実岩倉具視はそれから半年後になくなった）

新平はずかずかと部屋に入ると、普通よりやや丁寧な程度の挨拶をした。

しかし、この貧弱な老人はおそろしく横柄であった。

「その方は、どこに宿をとったか」

新平は、あまり立派な宿の名を出さないほうがいいだろうと思って
「はい。鈴木屋に泊っております」

「なに？」

岩倉は気色を変えた。

彼は、別室にひかえていた太政官の役人を呼びつけると、語気荒く
「後藤はまだ若いようだが、長与の名代として参ったものである。しからば、その方は長与に対すると同じ礼をもって遇せねばならないが、どうして迎えに行かなかったか？　後藤は宿も自分ひとりできめたそうだが、どうしてその方が手配してやらなかったか？　不都合千万である」

太政官の役人は、新平をまだ若いと見くびって、粗略にしたことは明らかであるが、そうもいえないので、おそるおそる

「はい、今日のこの大雪では、多分、お見えになるまいと存じまして……」

「何を申すか。大雪だからとて、来るか来ないかをきめるのは、後藤であって、その方ではない。その方は、自分のなすべきことを怠らず勤めることが第一なのだ」

さっきまで、貧弱な、弱々しい老人としかみえなかった岩倉が、新平の目には、急に毅然とした、威厳に満ちた人物にみえてきた。

新平は若いから、呼び棄てにされるのも当然だが、長与専斎まで、小僧のように呼び棄てにするということは、本人にそれだけのものがなければならないので、なまなかな人間にできることではない。

岩倉具視は太政官の役人をきびしく叱ってから、急におだやかな目になって、新平の方を振り返ると

「後藤ははじめてのようだが、もう久しく長与のもとで勤めておるのか」

「はい、まだ十日にしかなりませぬ」

「それはまた、長与もずいぶんと新参者をよこしたものだ。これまで何をしておったか」

「愛知県病院長をしておりました」

「はて……愛知県とな……たしか去年板垣が刺されたとき、駆けつけたのは、愛知の病院長ではなかったか……」

「はい、手前でございまする」

「おう、そちであったか。いや、あの時は御苦労であった。ああいう時は、末輩はとかく、事の大小本末を誤るものだが、よく行ってくれた」

新平は思いがけないところで、思いがけない人から、賞讃の言葉を受けて、顔がほころびた。

岩倉も、急に打ち解けた態度になって

「本日その方に来てもらったのは、余の儀でもない。この熱海というところは、気候は温暖であるし、風光も明媚であるし、都人士の保養には、この上ない土地であるが、そのために、肺病患者が多く集まってくる。あまり患者が殖えると、せっかくの明澄なる空気を汚染して、健康なる人士にまで害毒を流すことになるから、噏気館といって、旅館と病院を兼ねたような施設を作り、彼等をことごとくそこに収容して、一般から隔離したらどうかという意見をのべる者がある。その可否について、医学者としての考えを聞きたいのだ」

「それには、まず温泉の蒸気を分析してみる必要があろうかと思います」

新平は言下に答えた。岩倉は

「いや、そのことなら、先年すでにベルツ博士が、くわしく分析をおこなっているから、その報告を見ればすむことであろう。同じことを繰り返す必要はあるまい」

ベルツはドイツ人で、数年前に日本に渡来し、東京大学で医学を講じて、神様のように尊敬されている男である。

新平はベルツの弟子の医学士たちが、なにかといえばベルツ、ベルツといって、引き合いに出すのを、ふだんから快く思っていなかったので

「ベルツがどんな分析をいたしたか、存じませんが、大体ベルツという男は、日本人を未開野蛮

の民族と心得て、動物実験の材料のようにあつかっている人物です。そういう男の分析表は、とうてい信ずることができません」

ベルツに限らず、そのころ日本へ来ていた西洋人の尊大と傲慢に、たびたび腸の煮えくりかえるような思いをさせられた岩倉は、新平の一言が気に入ったとみえて、にっこり笑った。

気がついてみると、岩倉は古びた矢立を出して、ちびた筆で、新平の言うことを、いちいち帳面に書きつけていた。

——この御老人は、相当衰弱しているのに、仕事にはずいぶん熱心で勤勉な人だな……

新平は今さらのように感じ入った。

はじめひと目見たときの、小柄で貧相な男という印象は、どこかへ吹っ飛んで、この人の全体から発する恐るべき威力が、ひしひしと彼を打った。

しかし、岩倉はさっきから、何度も茶碗を取りあげて、茶を飲もうとするけれど、咽喉のあたりにつかえて、むせそうになり、ろくに飲めないで、茶碗を置いてしまう。

——もしかしたら、食道ガンではないのかな……気の毒に……

医者としての観察眼から、そんなことを思っているうちに、新平は空腹をおぼえてきた。時刻はそろそろ正午に近い。

ちょうどお茶受けに、カステラが出ていたので、新平はその一つをつまんで、むしゃむしゃ食べ、もう一切れに手を出そうとしたところへ、取り次ぎの者が、宮内省の侍医、伊藤方成の来訪を知らせたので、彼は手をひっこめた。

伊東侍医は襖の外で膝をついて、丁寧にお辞儀をすると、そのままおそるおそる膝で歩いて、岩倉の御前へ進み、ふたたびうやうやしく平伏すると、ようやく顔を上げた。

新平はそれを見て、背筋に冷汗が流れた。彼はこの部屋へ入るとき、まるで書生が友達の下宿を訪ねた時のように、立ったまま襖をがらりとあけると、臆面もなく前へ進んだのであった。

——宮内省の侍医だって、ああするのだから、おれなんか、もっともっとヘイコラすべきなんだな……

新平は、右大臣という地位が、どれほど高貴なものであるか、はじめて気がついた。

岩倉具視はあたらしく来た宮内省の侍医伊東方成にむかって
「おお、伊東であるか。これは長与専斎の代理で来た後藤である」

新平を紹介したのち、肺患者のための施設の計画を概略説明して
「自分は、温泉の蒸気の分析ならば、ベルツのやったものがあるから、それを用いたらどうかと申したところ、後藤の申すには、ベルツは信用できぬから、もう一度分析したほうがいいというのだ。そちの考えはどうか」

「はっ……」

伊東はうやうやしく答えて、しばらく考えたのち、おそるおそる
「さようでございます……右府公の仰せは至極ごもっともでございますが、後藤君の申すところも、一理あるかに存じまする」

「つまり、どちらがいいと申すのだ」

「はっ……それはもう、どちらになされましても、それぞれによろしい点があろうかと存じまする」

「さようか」

岩倉は不満そうに黙った。

どちらの感情をも傷つけないように、当りさわりのない返事をしようと、必死になっている伊東の態度を見て、新平は
――なるほど、これでなくては、宮中の役目は勤まらないのかも知れん……

感心するとともに、その卑屈な態度に、ヘドの出そうな嫌悪をもよおした。

そこへ長州の井上馨が入って来た。維新のときの志士井上聞多である。どうするかと見ていると、彼はべつに膝で歩くわけでもなく、つかつかと入ると、岩倉の前に端座した。

つづいて得能良介が入ってきた。薩摩の士で、今は大蔵技監である。彼も
「お寒うございますな」

しごく無造作な挨拶をして、ずかずかと入ったと思うと、岩倉の前にどさりと坐った。

新平はほっとした。

さっきから見ていると、部屋の外から膝で歩いてきたのは、伊東方成だけである。

そして新平は、自分が若いとき、なぜ医者になることをあんなに嫌ったか、はじめてわかったような気がした。

医者は、全部とはいわないが、こんな男も多い。そして、それが一つの気風を作っている。それがいやだったのだ……

そのうち用談がすんで、伊東が帰ろうとしたのだが、彼は立つ前に、茶受けに出されたカステラを紙につつんで、押しいただくと、大事そうに持って帰った。

――なんといやらしい奴だろう。タイコモチのようなまねをしやがる……

腹の中で軽蔑しながら見ていると、やがて井上馨が
――それでは、おいとまします。

挨拶をして、立ちぎわに、これもカステラを紙に包んで、持って帰った。

続いて立った得能良介も同様である。

新平は新たなる難局に直面した。彼は二切れのカステラのうち一切れは食べてしまって、あと一切れしか残っていないのである。

あとから来た三人が、つぎつぎにカステラをいただいて帰り、新平ひとり残されたので、あまり尻が長いと思われてもいけないと思って、辞去しようとすると、岩倉具視は
「もうすこし居よ。まだ話がある」

といった。

話というのは、明治天皇の離宮のことであった。天皇が脚気で困っていらっしゃるので、箱根あたりに離宮を建てて、保養にいらしていただきたいから、どこか適当な場所を選定するようにという申しつけであった。

話がすんだので、いよいよ帰る段になった。

新平は一切れ残ったカステラを、紙に包んでいただいて帰ろうか、そのまま残しておこうかと迷ったが、どちらもおかしいような気がしたので、いっそのこと、食べてしまえば面倒はないだろうと、ムシャムシャ平らげてから、席を立った。

宿は、岩倉の厳命で青くなった太政官の役人が、相模屋に取ってくれたので、新平はこの方に

移った。

しかし、一緒に来る予定だった宮内省御用掛の肥田浜五郎は、一向に到着した様子がない。どうしたのかと、心配していると、隣の部屋から襖こしに声をかける者がある。

「お隣にいるのは後藤さんかな」

「は、後藤ですが……あなたは？」

「肥田じゃ……」

「心配しておりました。どうなさいましたか」

「すっかり約束におくれてしもうた。すまん……まあ、こっちへ来なされ。寝ながら、ゆっくり話そう……」

至極隔てのない言葉なので、新平も遠慮せず、間の襖をあけて入った。

「時に、後藤さん、あんたは岩倉公のお邸へ出入りするようになってから、久しゅうなるかな」

肥田に聞かれて
「いえ、お邸へお伺いしたことはありません。第一、お目にかかるのだって、今日がはじめてです」

「ホホウ、はじめてかね。それにしては、岩倉さんは、よくあんたのことをご存じだのう」

新平は心配になって
「何をですか……何かありましたか」

「いや、なに、わしは今、遅参のおわびかたがた岩倉さんのところへ御挨拶へうかがったら、あんたにあげてくれいとおっしゃって、カステラの折をことづかったのじゃ。あの男はたいそうカステラが好きじゃとおっしゃったが、はじめて会ったというのに、どうしてそれを御存じなのじゃろう」

「ハッハッハ……実は、肥田さん、さっきこういうことがあったんです……」

新平は岩倉の前でカステラを皆食ってしまった話をして、二人で腹をかかえて笑った。


後藤新平には、縁談がひっきりなしに起った。

数え年二十七歳、色白の美男子で、月給百円の内務省御用掛……そして、これから先どこまで出世するかわからないという男に、世間の親が娘をくれたがらないはずがない。

すでに名古屋にいるときから、恩人の阿川光裕や、病院の同僚などから、いくつも話が持ちこまれた。

元四千石の某藩士族の娘とか、東京のお茶の水女子師範学校の卒業生とか、財産五万円の医者の娘とか、結構ずくめの話ばかりである。

しかし、新平はどの話にも乗ろうとしなかった。

彼には、誰にもかくしている秘密があった。彼はすでに結婚していたのである。

彼には、子供のときから親同士できめられたいいなずけがあった。

相手は、母の実家坂野家の娘、ひでである。すなわち、彼の従妹にあたる。

母の実家は水沢藩の藩医で、後藤家にくらべると、はるかに豊かで、家格も高かった。

坂野の邸は後藤の家より広くて、りっぱな門があり、庭はよく手入れが行きとどいて、家具も調度もぜいたくであった。

新平は子供のときから、この家へしょっちゅう遊びに来ていた。自分の家は貧しいけれど、こういう立派な家と親戚なのが、得意でもあった。

従妹のひでは、色は浅黒いけれど、ハキハキした、利口な少女であった。黒くてつやのある目がよく動いて、年下なのに、ときどき新平より姉のような口をきいた。彼女はゆたかに育ったので、新平の知らないことをたくさん知っていた。

すこし大きくなり、物心地ついてから、彼女が将来自分の妻となるべき人だと聞かされたとき、新平は当然のことのような気がした。

彼はほかに娘を知らなかったし、知っている中では、ひでは一番かしこくて、品のいい娘であった。読み書きがよくできて、琴、生け花のたしなみも深く、家事もみっちり仕込まれて、どこへ出してもはずかしくない娘であった。

ところが、新平が愛知県病院へ奉職してまもなく、坂野家から婚約の破棄を申しこんできた。

一方、坂野家では、ひでをほかへ嫁入らせる話を進めているらしい気配がみえた。

せまい町だから、何もかもすぐわかるのである。

そのうち、後藤新平が名古屋で放蕩三昧の生活をしているとか、妾を囲っているとか、金使いが荒いとかいううわさが、水沢じゅうに広まった。

新平が名古屋で相当発展したことは事実で、うわさはまんざら無根のことでもなかったけれど、坂野家が婚約を破棄したのも無理はないと、世間の人に納得させる目的で、坂野家の人たちが言いふらしてあるいたのではないかと思われるふしがあった。

しかし坂野家では、しばらくすると、縁談の復活を申しこんできた。

おそらく、ひでをほかへ嫁入らせる交渉が失敗したものらしい。

しかし、こんどは新平のほうで、つむじを曲げる番であった。

彼は先方の出方を、自分たちに対する侮辱と受け取った。

ほかにいい縁談ができれば、こちらをことわり、それが不調に終れば、いったんこわした話の復活を求める……これは後藤を見くだしているのでなければ、できることではない。

後藤家は、新平の父の十右衛門が、妻を坂野家から迎えたときから、頭が上らなくなっている。

新平は子供のときから、いつも坂野の親戚であることを誇りとし、坂野へあそびにゆくことを楽しみにしていたけれど、それはとりもなおさず、自分たちが坂野の下風に立ち、見くだされていることを意味していた。

自分の代で、さらにその関係を深めることは、おことわりだ……これが新平の気持ちであった。

それに、新平はいつのまにか、昔の新平でなくなっている。

むかし、水沢から一歩も出たことのなかった新平にとって、ひでは彼の知るかぎりでは最もかしこい、優美な、愛らしい少女であった。

しかし、いま名古屋という東海の大都市に来てみると、あでやかな女、華やかな女、妖しい女は数を知らず、気の毒ながら、ひでが泥くさく、薄ぼんやりと光を失ってみえるのを、いかんともしがたい。

彼女は水沢でこそ、坂野家の御息女かも知れぬが、外へ出れば、ただの田舎娘にすぎない。

それに、新平自身の市場価値も、このところ大分昂騰している。

須賀川以来、女という女は、彼を見ると、にっこりほほえむか、さっと顔を赤くするか、泣きだしそうになるか、ふるえだすか……ともかく何らかの反応をしめさないものはなかった。

新平の下宿へ押しかけてきた女もある。

聴診器持つ手を、そのまま上から押さえて、はなそうとしなかった女もある。

毒をのんで、新平の名を呼びつづけた女もある。

これで身が持てたら、ふしぎである。女のうわさの一つや二つ、ないほうがどうかしているというものであろう。

もちろん、正式の縁談も、降るようにある。二十を出たばかりの若さで、地位といい、人気といい、収入といい、男ぶりといい、これこそ名古屋第一等の人物と見こんで、娘の婿にと願う親は跡を絶たず、応接にいとまがない状態で、門前に列を作らせ、受付け順に番号札でも出したいくらいである。

しかるに何ごとぞ！　この新平を、いつまで水沢の鼻たれ小僧と思ってか、大それた……破談を申しこむとは……。

後藤新平が従妹ひでとの結婚に気乗りしなかった理由は、ほかにもあった。それは医者としての立場からであった。

まだ坂野家との縁談がこじれる前のことだが、彼はあるとき、師のローレッツ博士の部屋で話しているうち、

「あなたは結婚について、どう考えていますか」

ローレッツに聞かれて
「私は、婚約者があります」

「おお、それはいいことです。そのお嬢さんは、どこの人ですか」

「郷里の水沢にいます。私たちがまだ幼かったころ、親同士の約束できめました」

ローレッツは肩をすくめて
「日本の人は、よく親の意志で結婚します。私は不思議です。ヨーロッパでは、本人が知らないのに、親がきめるということは、ありません」

新平はむっとして
「日本人は親を信頼しています。親の判断は狂わないと思っているからです」

「結婚は、おたがいの人格の結合です。品物を買うように、判断したり、選択したりしてきめるものではありません」

「人格の結合という点では、御心配におよびません。私たちは従兄妹同士ですから、子供のときからよく知り合っています」

「おお……」

ローレッツは恐怖に似た叫びをあげた。

「あなたはほんとうに、従妹と結婚するのですか？」

「そうです」

新平が平然と答えると、ローレッツは真剣な目で新平をみつめて
「それはいけません。後藤さん、近親結婚は不道徳です。医学的にも不健全です」

「従兄妹は近親とはいえないのではありませんか。日本では、従兄妹同士は気心が知れていいといって、みな結婚します」

「それは野蛮な風習です。あなたは遺伝学について何か学びましたか」

「須賀川の医学校で、ごく概略の講義を受けたことはありますが、従兄妹同士の結婚については、何も教わりませんでした」

「あなたは、今からでも、勉強しなければいけません。ヨーロッパでは、従兄妹同士の結婚について、いろいろな報告や統計が発表されています。大体、近親結婚の夫婦においては、不妊症、早産、畸形、癲癇、白痴等の例が非常に多いのですが、従兄妹同士が結婚したときも、同様の結果が出ています」

　新平はやっとまじめに聞く気になって
「それは、生理学的には、どういう風に説明されているのでしょう？」

「残念ながら、私たちの学問は、まだその理由を説明できるほど進歩していないのです。今のところ、ただ臨床的な経験によって、推定しうるだけです。しかし、事実を否定することはできません」

　新平は、事の重大なのに気がついた。

　ローレッツ博士から近親結婚の害を説かれた上に、なお各種の医学書をあさって、従妹との結婚の危険を知った新平は、郷里の父母にあてて、坂野家との縁談に不承知の旨、手紙を書いた。

　父十右衛門は驚いた。

「利恵や、新平から、坂野との話をことわってくれといって来たよ」

「なんですって……」

　母親の利恵は、十右衛門から手紙を渡されると、いそいで走り読みして

「まあまあ、新平としたことが、自分勝手な理屈ばかりならべて……今さらこの縁談が取りやめにできるものですか」

「わしもそう思うよ」

「第一、おひでさんが可哀そうです。新平にことわられたとなったら、肩身が狭くて、町が歩けなくなりますよ。わたしたちだって、こんな近くに住んでいて、朝夕顔を合わせなくちゃならないのに……」

「もっとも、最初は先方から、ことわって来たんだったな」

「そりゃ、あなた、あの時は、新平の方にもいろいろ悪いうわさが立ったんですもの。それだって、むこうは本気でことわるというより、こちらに反省を求めるという気持ちが主だったと思いますよ」

知らず知らず、自分の里のために弁ずる調子になっているのだが、利恵は自分では気がつかない。

十右衛門は、またかと思うのだが、永年のことで、馴れっこになっているので、今さらとがめだてする気もしない。何か言っても、はげしい勢で反駁され、結局黙ってしまうのは自分であることは、これも永年の経験で、よく知っている。

しかし、それとは別に、十右衛門はひでという娘が気にいっている。美人ではないが、しっかり者で、ハキハキしていて、それでいて、何ともいえず、気立てにやさしいところのある娘である。

いつか十右衛門が健康をそこねて、床についたとき、未来の舅というので、泊りがけで看病に来てくれたが、夜もろくろく寝ず、かゆい所へ手がとどくように、尽してくれた。

十右衛門が夜中に不浄へ立とうとしても、せっかく寝ているひでを起しては悪いと、気を使って、なるべくそっと立つのだが、彼女はかならず目をさまして、ついていった。

それ以来、ひでは十右衛門のお気に入りになった。

したがって、十右衛門と利恵にとっては、新平は突拍子もないことを言い出したことになる。

近親結婚の害についても、新平はすこしやかましく言いすぎはしないか。

「医者からみると、みんな病人に見えるのさ。西洋はどうか知らないが、日本では、むかしから従兄妹同士は鴨の味といって、なかなかわるくないとされてきたものだ」

夫婦は新平の抗議に取り合わず、勝手に縁談をすすめた。

新平は郷里を出てから、何年にもなるので、そこに住む人に、ほとんど愛着を感じなくなっているが、彼の父や母にとっては、そこ以外に世界はなかった。

彼等は、新平はいまに郷里へ帰ってくると思っている。

彼等は、一日も早く新平に帰ってもらって、ひでと結婚させ、開業させるつもりでいる。それでなければ、彼等は安心できないのである。名古屋や東京あたりをウロウロしていたって、ろくなことはない。

しかし、新平にとっては、迷惑千万である。これからどこまでも飛躍しようというのに、あんな薄ぐらい、井戸の底のようなところへ引きもどされては、たまったものではない。

母の利恵はまだしも、物にこだわらない、カラリとしたところもある人で、思い切りもいいから、新平が他国で腕を揮うといえば、それも悪くないと思っているが、父十右衛門は、生まれつき実直な小心者のところへ、年をとったら子供のように愚痴っぽくなって、何が何でも新平に帰ってほしいらしい。

病気で長く床についたときなど、彼は発作的に
「新平が帰らない……新平が帰ってこない」

と泣きさけんで、まわり中をてこずらせたこともある。

そんな調子だから、彼等にとって、坂野家との縁談を破棄するなど、天地がひっくり返っても、承服できないことである。

それはこの小さな世界の秩序を乱すものであり、革命にひとしい暴挙である。

新平がたびたび手紙で、破約を主張しても、彼等は一切相手にせず、ひたすら二人を結婚させる方針をまげない。

坂野家との結婚には、新平の姉初勢も熱心であった。彼女は嫁入り先の椎名家に籍をおいたまま、実家へ帰っていたが、ひでの人柄にほれこんで
「あんないい嫁は、二度ともらえないから……」

と新平に説いた。

新平は、ふだんから尊敬する姉の説得で、とうとう強情我慢の角を折った。

「皆様のおん気にかなひ候ことに候へば、お秀事は私においてかれこれと申すわけにこれなく……」

この手紙を見てよろこんだ水沢の人たちは、善は急げと、さっそく結婚の手つづきをした。明治十三年十一月のことである。

ただし、新平は愛知県病院の公務があって、すぐ婚礼のために帰郷するわけにゆかない。

花婿が帰らなくても、嫁は嫁である。

ひでは目と鼻の後藤家へ引き取られると、老病の床についている十右衛門の看病にあたった。

翌明治十四年一月末、新平は父急病の電報に呼びよせられて、水沢へ帰り、はじめて自分の妻となったひでを見た。

彼は水沢に一月ばかりいて、名古屋へ帰った。

一年後に、新平は彼女を離縁するといいだした。

理由は二カ条である。

一つは、坂野家が相かわらず無礼で、彼の名誉を傷つけたり、感情を害したりすることである。彼が医者をやめて、名古屋近傍で代言人をやっているといいふらしてあるいたのも、坂野一族の男であった。

つぎの理由は、ひでの母親えいの品行問題である。えいは未亡人であるが、ほかに愛する人ができたらしい。新平はこれをはげしく憤慨して、自分の顔に泥をぬるものとした。

彼は父にあてて手紙を書いて
「かの天道倫理を失ひ、しかのみならず一家を紊り候ものと類を同じくいたし候こと、死すとも小生の精神許さざる所に御座候」

と極言した。

手紙を受け取った十右衛門は利恵にむかって
「どうだろう。坂野の態度も、悪いといえば悪いが、だからといって、おひでを離縁するほどのこともないと思うが……」

「そうです。本人に何の罪もないことですもの。おえいさんも、いい年をして、いまさら色恋沙汰なんか、よせばいいのにと思うけれど、おひでには関係ないことですもの。ましてや新平が、騒ぎ立てることはないと思います」

「新平はおひでが嫌いなので、なんとか口実をもうけて、追い出したがっているのではないだろうか」

「わたしも、そうではないかしらと思って、気をつけてみたこともあるのですが、それほど嫌っているふうにも見えません。何といっても、幼なじみですから、二人きりのときは、けっこう仲よくやっています」

「それならば、どうしてあんなに、離縁するといって騒ぐのだろう」

「どうもわかりません……しかし、いずれにしろ、これくらいの理由で、いったんもらった嫁を、追い出すわけにはゆきません」

彼女にとって、ひでは実家の姪に当るわけであるが、べつにそういう関係はなくとも、新平の離婚要求の根拠は薄弱にみえた。

彼等はなるべくこの問題を握りつぶすことにした。

世間で鬼千匹という小姑の初勢も、ひでの味方であった。

新平は、いつまでも問題が解決しないので、いらだってきた。

両親と姉が気をそろえて、ひでをかばいだてしようとしていることは、見えすいている。水沢へ手紙を出しても、ウンともスンとも返事が来ないのは、ずるずるべったりに時をすごすうちに、新平の怒りの静まるのを待っているのであろう。

その小細工が、かえって新平を怒らせた。

彼は猛烈は八つ当りの手紙を書き、しゃにむに離婚の意志を貫徹した。

新平が恩人の元老院議官安場保和の娘和子と結婚したのは、それから一年ばかりたったころであった。

しかし、そのとき、彼はおひでのほかに、あと二、三人の女の心を踏みにじっていた。それについては、後に触れることにしよう。

後藤新平と安場保和の令嬢和子との結婚の話が、いつごろからはじまったか、今日ではあきらかでない。

ある意味では、それは新平が十三の年、胆沢県庁へ給仕に採用された時から、はじまったといっていいかも知れない。

そのとき和子は四歳だった。

まだ物のわきまえのある年ではない。

しかし、それから十数年の歳月の問に、二人は何度か離れ、何度か会った。

新平十五歳、太政官小史荘村省三の書生として、酷使にあえいでいるとき、六歳の和子は大蔵大丞の娘として東京に出た。

新平十七歳、福島洋学校の苦学生だったとき、八歳の和子は県令の娘だった。

新平二十歳、愛知県病院に奉職することになったとき、十一の和子は、やはりその県の令の娘であった。

この間、新平はほとんど和子に口をきいたことはない。

古い東洋の道徳は、一定の年齢に達した男女の自由な交渉を禁じている上に、新平は給仕あがりの貧書生、和子は顕官の令嬢という、身分上のひらきもあって、二人は最も近く位置しながら、まるで違った国の人のように、よそよそしくしていた。

新平は彼女を妻とすることなど、一度も考えたことはなかった。それは、考えるだけでも不謹慎なことであり、恩人に対する裏切りのように思われた。

しかし、彼の胸には、いつも彼女の映像があった。

それは、妻とか恋人とか呼び得る身近な存在としてでなく、もっと遠く、遥かな憧憬、あるいは思慕の対象としてであった。

彼の空想の中で、彼女はいつも女神のように高貴で、縹渺とした、超現実の相貌をしていた。

新平にとって彼女は、結婚の対象として考えるには、あまりにもかけはなれた存在であったが、周囲の事情は、ときどき結婚の可能性を思わせることがあった。

すくなくも、愛知県病院の同僚たちは、彼がいまに県令令嬢をめとるものと信じていた。彼が前例のない若さで、病院長兼医学校長の地位についても、部下の統率がとりやすかったのは、ひとつには、彼等がそう信じていたからであった。

もっとも、そのころは、具体的に縁談が起っていたわけではなかった。

ただ、新平の胸には、たえず漠然とした期待の感情があった。自分ごとき貧書生にと、一方では激しく打ち消しながら、万一、と思う心をおさえかねた。

彼が水沢の従妹ひでとの縁談を拒否しつづけたのも、このためであった。彼は恩人の愛嬢と結婚することなど、考えたこともないといいながら、実は意識の底では常に考えつづけていた。

和子にとって、はじめのうち、後藤新平は結婚の対象ではなかった。

和子の父が福島県令になったとき、彼女は七歳であった。

彼女が姉の友子といっしょに、洋学校へ英語を習いにかよう途中、ときどき会う乞食のような青年があった。

彼は姉妹の姿を見かけると、うやうやしく辞儀をしたが、彼女はただ気味がわるいばかりであった。

そのころ、彼女の家では、大人たちの間で、ときどき新平という男のことが話題になった。

「新平は見どころのある男じゃ」

父県令がいうと、

「うん、あれはいまにエラか人になんなはる」

祖母の久子が相槌をうった。

家じゅうで、祖母が一番、新平に熱をあげていた。

その新平と、ときどき道でうやうやしくお辞儀をする、例の乞食のような男が同じ人であると知ったとき、和子はびっくりした。

彼女は、祖母のいわゆる「エラか人」とはどういう人のことか、よく知らなかった。ただ、父県令のように、ヒゲをはやし、馬車に乗ってあるくような人のことだろうと、ぼんやりと思っていた。

しかし、もしあの乞食のような男が新平だとすると、彼はヒゲをはやし、馬車に乗らなければならない。

彼女の幼稚な頭には、あのボロを着たきたならしい男の、馬車に乗っている光景が、どうしても浮かんで来なかった。

新平が愛知県病院の三等医を拝命して、名古屋へ赴任したとき、彼女は十一であった。毎日おしかけて来る多種多様の訪問客の中で、色白の、目もとの涼しい颯爽とした青年紳士は、きわだって見えた。

この紳士の中に、むかし福島でしょっちゅう見た、乞食のような男の面影を発見したとき、彼女はふきだしそうになった。

彼はよく安場家へ伺候すると、主人の県令のみならず、露子夫人や母堂の久子刀自の世間話の相手になった。彼は家族の一員のように打ち解けていながら、どこまでも礼儀を失わないところがあった。

ただ、和子にとって物たりないのは、彼がいつも大人とばかり話していて、子供の相手をしてくれないことであった。

新平がまったく彼女に冷淡であるとも思えない。何かの拍子で、彼女のほうに視線を向けるときは、なんともいえず、やさしい表情が、その目に浮かんだ。

しかし次の瞬間に、その表情は消えて、彼はもとの、子供に用はない、という顔にもどり、大人同士の話を続けるのである。

そんなとき彼女は、自分がまだ子供であることが、むしょうに腹立たしくなるのであった。

名古屋で後藤新平の地位が高くなるにつれて、安場家の人たちの彼に対する態度も、すこしずつ改まった。

これまで新平は、安場家では「新平々々」と呼び棄てにされていたが、そういう呼び方が、だんだん彼には不似合いになってきた。

明治十二年、新平が病院長ならびに医学校長代理になって以来、彼等はちゃんと「後藤さん」と呼ぶようになった。

和子はなかなか新しい呼び方に馴れることができなくて、いつも口ごもった。

院長代理になるやいなや、新平はさっそく物すごい虎髯をはやしはじめたので、和子はますますまぶしいような、はずかしいような気がして来た。

翌年、安場保和は元老院議官を命ぜられて、東京へ移ることになった。

各方面からの祝い品の中に、男帯が一本あった。

「これは後藤さんにあげたらどうかな」

保和の命令で、新平のところへ届けられた。

物が物なので、名古屋の人たちの話題になった。

「安場県令は、お嬢さんを後藤さんにくれるつもりだろう」

「なるほど、縁を結ぶという洒落か」

この時、姉の友子はすでに養子を迎えていたから、噂の対象になったのは和子であった。

しかし、この時彼女は十五歳で、いくら早婚の風が残っている時代でも、すこしばかり早すぎた。

しかし、やがて彼女の身辺にも、結婚の話がポツポツ出るようになった。

候補者の一人に、安場保和と同郷の熊本県人本山彦一があった。兵庫県庁の少壮官吏で、前途有望の人物ということであったから、父保和が乗り気になった。

和子は根がおとなしい性質のところへ、父母の命令に従うのが美徳とされたときであったから、いやもおうもなかった。

見合いまで進んだとき、突然本山が官を辞した。大隈重信が下野して改進党を組織することになったので、共に政治運動に乗り出すつもりだったのである。

安場保和はそれに不賛成で、官に留まることを勧めたが、本山はきかず、話は消えた。

本山彦一はのち新聞界に入り、毎日新聞社長となった。

後藤新平と和子が結婚したのは、その翌年である。新平はすでにひでと離婚したあとであった。新平がひでと離婚するとき、和子との結婚を前提としていたかどうか、わからない。

すくなくも、ひでの一族は、新平が安場家の婿となって、官界に地位を得るために、ひでを捨てたと信じている。

新平はその非難を、まったく免れることはできないであろう。

しかし、新平のために弁護すれば、彼は須賀川、名古屋、東京と遍歴をつづけるうちに、ひでにまったくふさわしくない男に変貌していたことも、事実である。

新平と和子が結婚式をあげたのは、明治十六年九月であった。

そのとき新平は二十七歳、和子は十八歳であった。内務省御用掛を拝命してから十箇月になる。

和子は嫁入りのとき、一口の日本刀をたずさえていた。それは安場家の先祖一平が、大石内蔵助を介錯した記念の刀で、代々家宝として伝えられていたが、保和が新夫婦の前途を祝って贈ったものである。

新夫婦は、はじめ麹町三番町の借家に住んだ。新平の母利恵と、姉初勢も同居である。父十右衛門は、前年、新平の名を呼びながらなくなったので、二人は東京の新平のもとに引き取られたのである。

一家はまもなく芝区城山町に移り、さらに麻布材木町に移った。

この家は、安場保和が愛知県令のころ建てたもので、表の部分に後藤の新家庭が住み、裏側に安場一家が住んだ。

台所は二つに分けて、安場家と後藤家がべつべつに使った。

和子はもともと温和で内気な性質のところへ、お嬢様育ちだったので、日用の買い物さえ、一人ではできないほどだったが、実家の人たちといっしょに住むようになってから、何もかも一人でやらなくてすみ、大いに楽になった。

世間のあらゆる苦労をなめ、泥にまみれながら、腕一本で自己の道を切りひらいて来た後藤新平からみると、九つ年下の新妻は、まるで子供のように純真で、汚れのない美しさに輝いていた。

彼はそういう妻を溺愛した。

彼女は大恩のある人の愛嬢である。貧乏書生として長い年月のあいだ、そばへ寄ることもできぬ存在として、仰ぎ見て来た人である。

その人が、自分の妻となったのである。

彼女が風呂へ入るといえば、新平はわざわざ湯加減を見てやり、ぬるいといえば、尻端折をして、薪をくべた。

もっとも、彼がそんなふうに献身的大サービスにつとめたのは、新婚早々のしばらくだけで、まもなく彼は、気にいらないことがあると、時と所をかまわずどなりだす、世間なみの暴君的亭主に変った。

彼は人にすぐれて頭の回転が早く、行動も敏捷であったから、他人のノロノロしたり、マゴマゴしたり、へまをやったりするのに我慢できず、つい癇癪を起して、どなりつけるのであった。

後藤新平のカミナリは有名で、男爵のころ蛮爵というあだ名がつけられたくらいであった。

そういうとき、落雷の被害を集中的に受けるのは、妻である。そして、それにじっと堪えるのが、彼女の役割りであった。

夫の中に鬱積した莫大な量の癇癪エネルギーを、他へ放電させないためにも、彼女はわが身に浴びることが必要であった。

しかし、カミナリのあとは常にケロリとして、極上の日本晴れであった。

若き技師

後藤新平は二十代の後半から、三十代の終りちかくまでの十年間、いわば一生のうちで体力と気力のもっとも盛んな時期を、内務省衛生局ですごした。

その間、彼は局長の長与専斎に重用され、何ごとによらず相談を受けたので、局長の懐刀と呼ばれた。

後藤新平の官界および政界における後年の活躍の基礎は、この時代にきずかれたのである。いわば、後藤新平という逸材を、地方の病院長から掘り起してきた長与専斎は、また、彼を巨木にまで育て上げた人であった。

長与専斎の生涯そのものも、偶然の縁によって風雲に乗じたという点で、新平のそれと似ていないでもない。

長与家は代々九州大村藩の藩医であった。

長与家の不幸は、祖父俊達が中年からオランダ医学を修めたときにはじまった。蘭法はキリシタンの妖術にして、国禁の邪法なりと言いふらす者があって、職を免ぜられたのである。

大村藩の先祖には、キリシタン大名大村純忠などがあり、むしろ開放的な空気が支配していたが、そのためにかえって、鎖国ののちは、幕府の取り締まりもきびしく、それに応じて、キリシタンに対する警戒心も強かったのである。

職を免ぜられて、長与家はたちまち困窮におちいった。蘭法を棄てて、藩公に赦免を乞うようにと勧めてくれる者もあったが、俊達は屈しない。蘭法のすぐれていることは、火をみるよりあきらかである。

父中庵は若くして死んだので、祖父の志はただちに孫専斎に伝えられることになった。彼は十七歳のとき、大阪に出て、緒方洪庵の門に入った。

彼はここで福沢諭吉と交りを結び、福沢が江戸へ去ったのちは、そのあとを受けて塾頭となった。

さらに彼は長崎におもむき、ポンペについて蘭法を学んだ。ここで彼は松本良順や怪物司馬凌海と知り合った。

やがて彼は大村藩に帰り、藩公の侍医となったが、まもなく、世間がいやでも蘭法の真価を認めないわけにゆかぬ時が来た。

ある日藩主純熙公が狩猟に出たところ、あやまって銃が暴発し、霰弾六粒が腕の肉の中にとどまった。

ただちに長与専斎が長崎に急行して、蘭医ボードウィンから療法を学んでくるようにと命ぜられ、一方漢方医が応急手当を施したが、彼は正確な治療法を知らず、くらやみを手さぐりするようなことをやったので、傷は悪化するばかりで、腕は丸太のように脹れあがり、藩主は痛みに堪えかねて、夜も眠れなかった。

長与専斎が長崎から帰ってみると、この有様である。ただちにボードウィンに学んだ療法をほどこしたところ、傷はたちまち快方におもむいた。

藩公の腕の治療に成功した長与専斎は、蘭法の威力を一藩の人々に認められ、これまでの排斥の声のかわりに、賞讃に包まれることになった。

藩では彼になお深く蘭法を究めさせるため、長崎の精得館に遊学を命じた。

しかし、その時すでに、維新の怒濤は目の前に迫っていて、まさに崩れ落ちようとする直前であった。

精得館では、池田謙斎、竹内正信などの医官が教授に当っていたが、物情騒然たる時代だったので、薩長二藩の士は、幕府に嫌われて、入学を許されぬ状態だった。

長与専斎は前回の留学で、医学の基礎は充分にできているから、精得館では、特殊な講義の聴講、珍しい患者の診察や手術の傍観などにとどめ、あとは自宅で塾をひらいていた。

そこへ通ってくる弟子の中に、長州の青木周蔵、松岡勇記などがあった。彼等もまた藩命で、オランダ医学の研究に派遣されたものであったが、幕府の警戒がきびしいので、偽名で専斎の塾にかよってきた。

幕府が倒れると、長崎の諸役所にも変動が起った。

池田謙斎、竹内正信らの医官は、身の危険を感じて逃亡し、精得館は理事者を失って乱脈におちいった。

そこで、七八十名の諸生が討議の結果、投票によって館長を決することになり、その選に当ったのが長与専斎であった。

彼はこの際、医学教育の根本を確立しようと、学制の大改革を決行した。すなわち、従来の医者には、理学、化学、博物、数学等の基礎知識が乏しかったが、長与の考えでは、予科においてこれを充分に習得させたのち、本科へ進ませるべきだというのであった。

精得館という名称も、長崎医学校と改められた。

明治三年、長崎医学校は大学（のちの文部省のこと）の直轄となり、長与専斎は大学少博士に任ぜられて、東京へ出た。専斎の識見と手腕が、ようやく中央政府に認められたのである。

明治四年、政府は岩倉具視をヨーロッパへ派遣し、なお各方面の留学生を随行させる方針を取り決めた。

このことをチラと聞いた長与専斎は、伊藤博文、木戸孝允などを訪ねて、随行の一員に加えられんことを乞うた。この際、長崎で教えた青木周蔵、松岡勇記など長州出身の士の紹介、推薦が有効にはたらいたことは、いうまでもない。長与が明治政府で重用された背後には、いつもこれら長州人の力があった。

江戸の仇を長崎で討つという諺の逆で、彼は長崎の恩を江戸でむくいられたことになる。

長与がヨーロッパから持ち帰った土産は、衛生行政に関する最新知識であった。

そして彼は、日本におけるこの方面の親玉となった。

後藤新平を拾い上げ、懐刀といわれるほど重く用いたのは、こういう男であった。

後藤新平は明治十六年、衛生局東京試験所長心得を命ぜられ、翌年、牛痘種継所長を命ぜられ、次の年、衛生局第二部長となった。

明治十八年、官制の大改革があって、新平は従来の内務省御用掛を免ぜられ、あたらしく内務四等技師に任ぜられた。

このころの彼の主なる仕事は、全国に旅行して、衛生施設の実情を視察したり、医術開業試験の事務を管理したりすることであった。

彼はまた、東京府の下水掃除改修の方法について、詳細な建白書を呈出した。

彼にはふしぎな人格的磁力があって、行く先々で多くの人をひきつけたが、優秀な人材のむらがる内務省でも、彼の周囲に集まる人は多かった。

後年、彼が寺内内閣の内務大臣になったとき、内務省時代の友人水野錬太郎を招いて次官とした。

水野はその以前に、すでに山本権兵衛内閣の内務次官を勤めているので、今度は大臣格である。それが、後藤に乞われるままに、政友会を脱党して、ふたたび次官の地位についたことを、世間は意外とした。しかし、実は、後藤と水野の問には、古い約束があったのである。

「あなたはいまに、大臣になられる方です。そのときは、わたくしが下でお助けしましょう」

まだ二十代の若い技師後藤新平にむかって、水野は口癖に言っていたが、三十年をへだてて、それが実現したのであった。

後藤新平は慶應義塾の塾長に招かれようとしたことがある。

福沢諭吉が、大阪の緒方塾で同門の長与専斎に、誰か適当の人物はいないかと、相談したところ、長与は口をきわめて、新平をすすめた。

ほとんど新平にきまりかけたが、塾出身者以外の者を塾長とすることに猛反対があって、この話は流れた。

後藤新平が三カ年の予定で、ドイツ留学の途にのぼったのは、明治二十三年四月、彼が三十四歳のときであった。

憲法発布の翌年のことである。

ヨーロッパ留学は、彼のながい間のあこがれの的であった。

須賀川医学校卒業のほか、学歴を持たない彼は、大学出の俊秀を網羅した内務省衛生局にいて、たえず屈辱感になやまされねばならなかった。

彼が知能においても、学識においても、大学出に判然劣っていたら、彼等の優越を当然のこととして認めたであろう。しかし、彼等のある者は、どう考えても、彼に及ばなかった。

にもかかわらず、彼等は優越者として振舞った。北里柴三郎のように、大学出の自分が後藤新平の下風に立つのは、ふしぎにたえないと抗議する者もあった。

日本の大学出にひけ目を感じない道は、ただ一つあった。それは、洋行することである。洋行して、ヨーロッパの大学に学び、ドクトルの学位を取って、はじめて、彼等を圧倒することができるであろう。

近代国家として成長するため、何もかもヨーロッパ諸国に学ばねばならなかった当時の日本では、洋行帰りは万能であった。彼はどうしても洋行する必要があった。しかし、学歴のない彼は、なかなか洋行の機会にめぐまれなかった。

後藤新平よりあとで衛生局に入った北里柴三郎は、入った翌々年、官費でドイツ留学を許された。しかし、新平には許されそうもない。

ついに彼は、自費で留学することを願い出た。内閣はこれを許し、一時金として千円を支給した。千円では、往復の船賃にしか当らない。

ふつうの官費留学ならば、俸給のほかに滞在中の宿泊料や諸手当が支給されるはずだが、自費では、そのような恩典はない。ただ留守宅へ正規の俸給が支払われるだけである。

そのころ彼の年棒は千六、七百円であった。留守宅では、このうち毎月百十円ないし百二十円を正金銀行の為替でドイツに送って、新平の留学費にあて、残りで弟彦七の学費や一家の生計費をまかなわねばならなかった。

これでは、生活が成り立たないので、彼等は妻和子の実家安場家の世話になることにした。安場保和はその四年ばかり前から、福岡県知事を拝命して、任地にあったので、和子と母利恵は福岡に移り、その宏壮な官舎の一隅に寄居した。

和子は久しぶりで娘時代に返って、父母に甘えていられたので、たのしくないこともなかったが、姑の利恵にとっては、苦痛であった。

水沢ではいばっていられた彼女も、福岡では、肩身のせまい思いをしなければならない。

彼女はしだいに不機嫌になった。

新平がドイツへ出発する直前、後藤家では、ちょっとした異変が起った。

永年あこがれた洋行の夢が実現するというので、本人は希望に胸をおどらせているが、残されるほうの家族は、さすがに淋しさをまぎらすことができない。

家族といっても、母の利恵と、嫁の和子の二人だけである。おまけに利恵は、嫁の実家へ世話になりにゆくのである。

行く先は九州の果てである。

鬼が住むか、蛇が住むか、知れたものではない。

ある晩、食事をしながら、利恵は心細さのあまり
「せめて、孫でもいてくれたら……」

と溜め息をもらした。新平夫婦は、結婚後七年にもなるのに子供がなかったのである。

利恵の溜め息を聞きつけた新平が
「お母さん、そんなに孫がほしいですか」

「ほしいにも、ほしくないにも、お前……跡取りがいなくちゃ……」

子供が生まれないのは、すべて女の責任のようにいわれていた時代である。和子はなんとなく、自分が非難されているような気がして、伏し目になった。

新平は事もなげに
「孫なら、今すぐにでも、できますよ」

「なんですって……孫なんて、そんなに簡単にできるものじゃない」

「いえ、お母さん、孫はもう、いるのです。八つになります」

「じょうだんばっかり……」

利恵は笑ったが、新平は大まじめである。

「これまで黙っていましたけれど、いつかは申し上げねばならぬと思っていました。……この際、はっきりさせておきましょう……」

新平は名古屋に隠し子があった。ある芸者に生ませた子である。

新平が内務省に奉職することになって、東京へ移るころ、女は妊娠中であった。子供が生まれたのは、彼の結婚の前後である。しかし、彼は誰にも黙っていた。

突然良人の秘密をうちあけられて、和子は息がとまるほど驚いた。

しかし、今さら騒いでも、どうなるものでもない。

考えてみれば、名古屋時代から、新平について、いろんなうわさを耳にしないでもなかった。ある程度の女関係は、覚悟の上であった。まさか、子供までできていようとは、思わなかったけれど、できたものについて、今さらとやかく言っても、しようがない。世間でも、ないことではない。

和子はあきらめのいい女であった。

「あなた、その子を引き取って、こちらで育てましょうか」

「そうしてくれればありがたい」

さっそく、子供は引き取られ、安場保和の養女として入籍された。名前は静子といった。

福岡の留守宅は、利恵と和子と静子の三人から成っていた。

福岡県知事安場保和の生活は、豪勢なものであった。

官舎には馬が二頭、下男下女が七八人いた。

彼の外出や帰宅のときは、家族と召使の全員が、玄関にならんで、送り迎えした。

彼は古風な豪傑肌の政治家で、地位や名誉に対する欲望が薄かったから、人に気を兼ねたり、卑屈になったりすることがなかった。

彼はあるとき下関で、伊藤博文の舟遊びに同行した。

そのうち彼は尿意を催したので、舟端に立って、放尿した。すると、しぶきが博文の顔にかかった。博文が顔をしかめて

「おい、安場君、気をつけてくれ。風上で小便をするやつがあるか」

「なんだと?……人が小便をしているのに、風下にいるやつがあるか」

平然として、さかねじを食わせた。

この時伊藤博文は内閣総理大臣である。

この話を頭山満がおぼえていて、安場保和の人物を髣髴させる一例として、よく人に話した。頭山の注釈によると、浪人ならば、時の首相にむかって、これくらいのことはやりかねない。一県知事をもってしてやったところに、安場のえらさがあるというのである。

安場はまた、金銭の欲も淡かったので、公に得た金は、公に散じた。

正月、紀元節、天長節などの祝祭日には、彼の家には数十人の来客があったが、その一人々々に酒を出し、二十人ばかりの芸者に酌をさせたので、一日じゅう笑い声や歌声が絶えなかった。

後藤新平のドイツ留学中、母利恵が身を寄せたのは、こういう家庭である。東北の片隅で、貧乏世帯のやりくりに馴れた身には、目をみはるようなことばかりであった。

彼女には、安場家のあらゆることが、贅沢に見え、驕奢に見え、僭上の沙汰に見えた。そして、そういう家庭に育った嫁が、驕慢かつ放縦な女に見えた。

しかも彼女は、ふつうの姑とちがって、それをたしなめることができない。なぜならば、嫁は恩人の御息女であり、現に彼女はその家に世話になっているのである。

彼女はしだいに口数すくなくなり、不機嫌になった。安場の家から、風呂がわきましたからと案内があっても、彼女は正面の入り口から入ろうとせず、召使の通る裏口から、腰をかがめて入った。

嫁が死ぬほどつらい思いをして、どうぞ正面から入ってくださいと頼んでも、彼女はきかなかった。

やがて彼女は水沢へ帰ると言いだした。嫁は思案に余って、水沢にいる新平の姉初勢に応援をたのんだ。

初勢はよくできた人で、飛んで来ると、母をなだめて、無事におさめた。

明治二十三年五月、さわやかな風が菩提樹の若葉を渡るころ、ベルリンへ着いた後藤新平は、ひと足先に留学中の宮内省侍医岡玄卿の案内で、ベルリン大学教授ゲルハルト氏をたずねて、衛生行政学を研究するにはどうしたらいいかと、指導を乞うた。

ゲルハルト教授は、スクルツェツカ氏についたらよかろうと教え、なお、コッホ氏について、一般衛生学を学ぶ必要があろうといった。

コッホのところへは、北里柴三郎が案内した。

北里は内務省へ入ったばかりのころ、大学出の自分より、学歴のとぼしい後藤新平の方が高給だといって、新平に悪感情をいだいたことがあったが、数年前からベルリンへ留学して、コッホの研究所に籍を置いていたので、過去のことにとらわれず、紹介の役を引き受けたのであった。

コッホはその数年前に結核菌やコレラ菌を発見し、この年はまた、ツベルクリンを創製して、名声が世界を圧していたが、北里もまたコッホの指導のもとに、破傷風菌の純粋培養に成功して、世界的に有名になっていた。

コッホは親切な男で、こまごまと意見を述べてくれた。

コッホの研究所には、その二三年前に、日本の若い軍医森林太郎（鷗外）が学んだことがあり、日本人の勤勉と聡明とには、彼も大いに感服していた際であったから、同じ日本人の後藤新平に対しても、彼はこころよく相談に乗った。

彼によると、スクルツェツカ氏について衛生制度を研究するのは、もとより悪くないが、これまでの歴史的関係を、いくら深く調べても、大して意味があろうとは思えない。制度は科学の進歩につれて、刻々に変化するものだからである。

それよりも、中央衛生院に入って、今日の生きた制度や、今後の方向を学ぶほうが有益であろう。また、一般衛生学や、細菌学や、衛生化学をひと通り実習することが大切だろうというのが、コッホの考えであった。

「君の同僚の北里君は、りっぱな細菌学者です。君は北里君の研究室に入って、指導を受けたらいいでしょう」

コッホにいわれて、

「そうですか。それは好都合です。北里君は役所では、私より後輩に当る人ですが、学問の上ではとても及ばないと思っていました。今日以後あらためて北里君の指導を仰ぎたいと思います」

新平の謙遜な態度は、二人の間に数年の間わだかまっていた悪感情を一挙に吹き飛ばし、以来彼等は親友となった。

日本へ帰ってのち、伝染病研究所設立の問題で、北里が大学と対立したとき、後藤新平が彼の味方となって大いに戦ったのは、この時の友誼によるものであった。

ドイツ留学中の後藤新平の生活は、あまり楽ではなかった。

留守宅から月々百円あまりの送金があるといえば、一人で使うには充分のようだが、旅先では日常の生活費も高くつくし、書籍代その他の研究費も相当の額にのぼる。名古屋の病院長時代にひきつづいて、東京の技師時代に、おしゃれと贅沢の味をおぼえた新平であるが、ドイツでは、かなり切りつめた生活を余儀なくされた。

須賀川のボロ袴ほどではなかったかも知れぬが、彼はふたたび貧書生にかえったのである。

後藤新平がふだん、あまりドイツ人と交ろうとしなかったのは、おそらく、言葉が不自由なのと、金銭的に余裕がなかったためであろう。

語学は本だけで習得できるものでないと悟ると、彼は意を決して、下宿の女主人と部屋を共にすることにした。

部屋だけでなく、臥床も共にした形跡がある。

語学の習得は口実でなかったかどうか、誰も知らない。ともかく彼の美貌は国際的水準に達していたようである。

ある日彼は恩師のフレンケルという人の家へ、晩餐に招待された。食後ダンスがはじまり、フレンケル令嬢が彼に敬意を表して、いっしょに踊ろうと申しこんだ。

彼はしばらく令嬢の顔をみつめていたが

「ジー　ジント　バルバーリッシュ　(あなたは野蛮です)」

と言い放った。こんな暴言を受けたことのない令嬢は怒って、泣き叫び、大さわぎになった。

同席の日本人留学生金杉英五郎が

「後藤君はドイツ語がへたくそで、言いそこなったのです。ほんとうは、私は野蛮人で、ダンスが踊れませんというところを、あなたは……といってしまったのです」

と取りなしたが、いくらドイツ語がへたでも、私とあなたをまちがえる馬鹿もいないものである。

後藤の真意は、やはりあなたは野蛮ですというにあったので、彼はあとで金杉に、よけいなことをしたと怒った。

彼はやはり、男女相擁して、公衆の面前で踊り狂うのは、禽獣の行ないにひとしと考える古風な日本男児の一人だったのである。

もっとも、語学習得のため、ベッドの中で下宿のおばさんと相擁することの可否について、どう考えていたかはわからない。

新平がドイツへ出発するに当って、上司の衛生局長長与専斎から、懇々とたのまれたことがあった。

長与の長男称吉が、やはり医学研究の目的で、早くからドイツに留学していたが、ドイツ人の女性と同棲して、腰をすえたまま、帰国しようとしないのである。

「なかなか君、手紙を出したくらいでは、いうことを聞かないのだ。大事の跡取り息子に目の玉の青い嫁をつれて帰られても困るしね。むこうへいったら、君、ひとつ、女と別れて早く帰るように説得してくれないか」

「これは罪な役目ですな。生木を裂くのは本意ではありません」

「そんなことをいわずに、君、たのむよ。せがれが向うに根をはやしたら、こっちが生木を裂かれることになる」

「それもそうです。ひとつ、やってみましょう」

称吉とその女性は、ミュンヘンに愛の巣をいとなんでいた。

新平はドイツへ着くと、ただちにミュンヘンへ乗りこんでいったが、彼のドイツ語がほとんど物の役に立たないことを知っている友人たちは、こんなむずかしい談判をまとめられるものかと、彼が失敗するのをたのしみにながめていた。

しかし、彼は首尾よく二人を別れさせると、称吉を日本へ帰らせた。

あとで新平が白状したところによると、彼はほとんど筆談で片づけたのであった。

こういうむずかしい交渉は、口頭ではまちがいが起りやすいし、あとに証拠が残らない。

そこで彼は、女のいうことを、いちいち筆記しておいて、わからないところは、下宿へ帰ってから、辞書をひいてたしかめ、なお、自分の言いたいことも、あらかじめ辞書をひきながら文章にしておいて、次に会ったときにそれを見せ、さらに向うの言い分を筆記して帰るという風にして、すこしずつ話を進めたのである。

おそろしく時間と手数のかかったことは事実だが、最後には、いささかの疑点も残さぬほど、問題はきれいに解決していた。

長与称吉は東京へ帰って、後藤象二郎の娘と結婚し、長与病院をひらいて、一族繁栄の基を作った。

留学三年目の明治二十五年一月、後藤新平はミュンヘン大学のドクトル試験に及第して、ドクトル・メジチーネの称号を得た。

このとき提出した論文は、彼が留学に出発する前年に、日本で書きおろして出版した「国家衛生原理」の内容を要約したものであった。彼はべつに、はじめから意図したわけではなかったが、洋行前にすでに博士論文を書いておいたことになる。

ドクトルの称号を得ても、彼は得意そうに吹聴してあるくでもなければ、祝賀会をひらくでもなかった。親しく交わっている友人でさえ、彼がドクトルになったことを知らなかった。

ながい間、学歴の点で引け目を感じていた彼は、いまはじめて人を追い越した喜びを、ひとりでそっと味わっていたのである。

後藤新平はドイツに一年ばかりいるうちに、しだいに金の必要を痛感するようになった。

そのころのドイツは、ちょうど鉄血宰相といわれたビスマルクが引退して、新しい皇帝、ウィルヘルム二世が立ったばかりの時であったが、なおビスマルクの声望はドイツの隅々まで行きわたり、彼の樹立した富国強兵策は、ひきつづきドイツの指導原理となっていた。

後藤新平はビスマルクに深く傾倒して、その人物と治績を研究していたが、そういう新平は、もはや一人や二人の患者の脈を取る医者でもなければ、伝染病の予防だけを任務とする衛生官吏でもなく、一国の運命を憂える政治家であった。

彼にとって、国家とは一個の巨大な有機体で、政治とは、その健康を保つことであった。

すなわち、政治家とは、国家の医者であった。

後藤新平にとって、短い留学期間中に、勉強しなければならぬことが、限りなくあった。衛生制度を研究するには、専門の医学のほかに、政治、経済の全般にわたって知識を広めねばならない。工場見学もしなければならぬ。視察旅行にも出かけねばならぬ。

金はいくらあってもたりなかった。日本の留守宅から毎月送ってくる百円では、とてもまかないきれるものではない。

彼は意を決して、長与専斎に手紙を書き、向う二カ年間、年に八百円ずつ手当を支給されんことを乞うた。

このような要求は、どうかすると、私利をはかる目的と混同されるおそれがある。

しかし、新平にはその心配はなかった。何となれば、衛生学は応用のきかない学問である。内科や外科や、その他の諸科を修めた者は、帰国ののち、官を辞して開業することもある。国家は多大な費用をかけて専門の学術を習得させ、功成るやいなや、旅費と学費の領収証を一枚残して逃げられ損ということも、珍しいことではない。

ところが、衛生学や解剖学は、開業できない学問である。解剖学科へ患者が来たという話は、聞いたことがない。

ドイツ語ではこういう学科をトロッケネ・ヴイッセンシャフト（乾からびた学問）と呼ぶ。なぜ乾からびているかといえば、汁気がないからである。あるいは、利潤のうまみがないからである。

このような学問を専攻する以上、私利は眼中にないものと思わねばならない。

新平の要求に接した長与専斎は、できるだけ彼の希望をかなえてやろうと、石黒忠悳に相談した。

しかし、そのころ政府はいまだかつてない難局に立っていた。留学生の手当の増額どころか、彼等をことごとくクビにして、帰国させねばならぬような事態に迫られていた。

国民の久しく待望していた憲法が発布されたのは、後藤新平がまだ日本にいるうちであったが、彼がドイツへ着いた年の十一月、第一回の帝国議会がひらかれた。

政府はこの議会に、多額の軍事予算案を提出したが、圧倒的多数をしめる野党は、これを大幅に削って、国民生活の安定をはかるべしと主張した。

改進党の尾崎行雄などは、現在諸外国に派遣されている公使には、無能の者が多いから、十人のうち二三人も残して引き揚げさせ、海外留学生は全廃せよと演説した。

政府は野党を切り崩して、ようやく予算を通過させたが、その際、行政整理によって経費削減をはかることを約束させられた。

行政整理の余波は、内務省衛生局へも打ち寄せた。

衛生事業は、当時の内務省でも特に重要視され、省全体の予算の三分の一を占めるほどであったが、それだけに風当りもはげしく、大削減を要求された。

後藤新平は、そういう情勢を承知の上で、年間八百円の留学手当増額を要求したのである。

こちらはただささえ切り詰めた費用でやっている。これ以上、削減されてはたまったものではない。むしろ留学の目的を完全に遂行するには、増額してもらう必要があるということを、強調したものであった。

しかし、それに対する長与専斎の答えは、かんばしいものではなかった。

衛生局は大縮小を命ぜられ、大幅の人員整理をしなければならなくなった。

海外留学も、あぶなくなってきた。

後藤新平は三年間の予定のところが、一年過ぎたばかりで、あと二年残っているわけだが、手当の増額どころか、今すぐにも帰国してほしいところである。長与局長が苦心して、今年いっぱいは何とか命脈をつなぎ留めるけれど、来年までは保証できないから、あと一年くらいで、そろそろ引き揚げる準備をしたらよかろうという内示である。

長与専斎の手紙は、なお続けて、当時の官界の空気を伝えている。

「昨今各省の改革大騒ぎ、春色も惨憺と相見え申候。而してこれ、一時にてはすみ申さず、この秋も官制改正とか、来春も歳費節減とか、年々歳々波瀾の中に漂はされ、二十年来尊重の反動にて、卑屈の極端に陥り、自活力あるものは、誰も官途は避け申すべく、幸に今日免れ候人も、尻はすわり申さず、したがつて百般の事務も挙り申すまじく、当分政府と議会との軋轢衝突にて、二三年を擾々中に送り申すべく、気の毒の有様に御座候」

官員でなければ夜も日も明けなかった世の中に、一朝にして、凋落の秋が来たのである。

国会がひらけたことによって、民意が伸張したことは事実であるが、新議員の脳味噌の目方は、これまでの役人のそれと、そんなに変ってはいなかった。

後藤新平の手当増額の要望は拒否されたのみならず、留学期限さえも短縮されて、年内には帰国の準備をせよとの内命が来た。

彼は憤然と辞表を書いて、日本に送った。

長与は腹心の石黒忠悳を呼ぶと
「後藤新平が辞表を送ってよこしたんだがね」

「相かわらず、短気な男ですな。あいつは、見かけによらぬ正直者ですから、官命で洋行をすれば、役目の研究だけして、ほかに身につくような勉強をしない男です。それだけに、留学期限を短縮されては、使命を果すことができないというので、辞表を出したのでしょうけれど……」

「役所をやめて、どうするつもりだろう」

「開業でもすれば、食うだけのことくらいはできるでしょうけれど……あの男は、ここ数年、衛生学の研究のほか、やっていませんから、臨床の腕はにぶっているでしょう。せっかく洋行までしてきたとはいっても、専攻が専攻ですから、開業医としては使い道がないですな」

「第一、民間へ出たら、これまで修めた衛生学がムダになるじゃないか。彼は、やはり内務省にとどまるべきだ」

「御同感です。今や彼は、衛生行政のほうでは第一人者です。これをやめさせるという法はありません」

「辞表は却下することにしよう」

「ぜひお願いします……しかし、長与さん」

「なんだね」

「蛇の生殺しはいけません」

「？　……」

「後藤を引き留めるのは結構です。しかし、引き留めた以上、それだけのことはしてやらなければなりますまい」

「ああ、そのことか……埒をあけてやれというのだね」

「左様」

「それについては、吾が輩も考えていることがある」

「まさか……」

「うん、多分御想像の通りだ」

石黒忠悳は沈痛な顔をした。長与専斎は衛生局長を辞職する決心らしい。

こんどの官制改革による予算削減で、内務省衛生局長も、勅任官から奏任官に格下げになり、年俸は三千六百円から二千五百円に減額された。

「吾が輩は、金のことをとやかくいうつもりはない。勅任の奏任のといっても、べつになりたくてなったわけではない。しかし、それを不当だと主張した連中が、主張を貫徹して、今ごろ快哉を叫んでいると思うと、そんな椅子におめおめと留まるわけにゆかないのだ」

「私も、お引き留めする勇気がありませんなあ」

「そして、後任に後藤を推薦してやるのだ。これなら、後藤もいやだというまい」

「後藤は救ったけれど、私たちはもっと大きなものを失いました」

石黒は深く頭を垂れた。

得意の時代

後藤新平は思いがけぬ拾い物をすることになった。

三十六の若さで、内務省衛生局長の地位についたのである。

この幸運が、彼を引き立ててくれた長与専斎の引退に原因するものと思えば、やたらに喜んでは申し訳ないが、正直なところ、うれしくないことはない。

ある人の悲しみが、他の人に喜びをもたらすというのも、人生の常であろう。

三年の予定の留学期間を、二年で切り上げて帰らねばならぬのも物たりないが、帰国すれば、権勢と栄光の椅子が待っている。

——おれはどうして、こんなに運がいいのだろう？

須賀川から、名古屋、東京と、飛躍の跡をふりかえって、彼は満足の笑みをもらした。

横浜港へ出迎えた家族の者たちは、新平の顔を見ておどろいた。十年来、後藤新平の旗印のようになっていた虎髯が、きれいにそり落されて、かわりに最近流行のフランス風のスピッツ・バルト（尖り髭）が、鼻下にたくわえられている。

「ずいぶんとハイカラにおなりなさいましたこと。やはり洋行あそばすと、趣味がおよろしくなるのね」

これまで虎髯を嫌がっていた妻の和子が、一段と風采の上った夫にうっとり見とれて、賛成の意を表した。

しかし、新平は苦笑するばかりである。

実はこの髭は、彼の自由なる意志によって立てられたものではなかった。

後藤新平の虎髯は、ドイツ在留日本人の間でも評判が悪く、そり落してしまえと勧告する者が絶えなかったが、彼は頑として応じなかった。

ミュンヘンでの一日、彼はおなじ日本人留学生岩佐新といっしょに、理髪店へいった。

二人ならんで椅子にかけたが、岩佐がふと気づくと、後藤新平はさも心地よさそうに、居眠りをしている。

岩佐は理髪師を片隅へ呼ぶと
「君、あの物すごい髯を、落してしまってくれたまえ」

「本人にことわりなしに、そんなことをしていいんですか、旦那」

「かまわん」

「目をさまして、お怒りになったら、どうします？」

「苦しうない。おれが責任を持つ」

理髪師も茶目気のある男で、ときどき岩佐に目くばせをしながら、手早くそり落してしまった。

新平は目をさましてみると、十年愛育にかかる大事な虎髯が消え失せている。

この髯に惚れてくれた女もすくなくなかったはずと思うと、カッとなって、へたくそなドイツ語で
「本人の許諾を得ずして勝手なことをするとは、何事であるか！　契約違反である。人権蹂躙で

ある。ジー　ジント　バルバーリッシュ（貴様は野蛮である）」

たけり狂ったが、あとの祭であった。

　いかにも洋行帰りらしく、新型のスピッツ・バルトをピンとさせた後藤新平は、二年ぶりで内務省へ登庁した。出発の時は一介の技師であったが、こんどは衛生局長である。

　彼は野望に燃えていた。

　ヨーロッパのすぐれた衛生制度を見て来た彼にとって、この日本は未開の原野である。なすべき事は山ほどあった。

「我をして五年もこの職にあらしめば、日本帝国の瘴気を一掃して、真に健康なる楽天地たらしめよう」

　こう揚言して、彼は会う人ごとに、その抱負と計画を説いた。

　彼の構想は夢のように大きく、その鼻息は当るべかざる勢であったけれど、根底にはいつも、精密な調査と計算があった。

　彼は、衛生行政の根本方針を確立するには、各地の実態に通ずる必要があるといって、機会さえあれば視察旅行に出た。

　後年彼は、どのような地位についても、そこに巨大な調査機関を作って、調査マニアと呼ばれたが、そのきざしは早く衛生局長時代から現われていた。

　あるとき、彼は新潟県方面へ視察旅行に出かけ、長岡に一泊することになった。

　長岡には、思い出がある。

　十年前のことであった。内務省衛生局へ入ったばかりの彼は、新潟、長野、群馬の三県に出張旅行に出かけた。

当時新平は二十七歳の准奏任御用掛にすぎなかったけれど、官尊民卑の風の残っている各地では、東京の官員様というので、思いがけない歓待を受けた。彼は今さらのように、内務省官吏の権力の絶大なることを知った。

しかし、越後の長岡の旅館だけは、様子がちがっていた。

この旅館の女将は、土地でも聞えた女丈夫であったが、虎髯はやした新平を、ややもすると小僧あつかいする風があった。

新平の不服そうな様子を見てとった女将は、ひややかに
「この長岡には、御一新のころ、河井継之助様という、とびきり偉い方が出ていらっしゃいます。それにくらべれば、東京のお役人様などといって、おひげばかり立派なのを生やしていらっしゃっても、中身は吹けば飛ぶようなもので、これぞという人物は見当りません」

言い方が憎らしいので
「おかみ、……吾が輩はまだ若いから、お前さんから何といわれても、一言もない。しかし、十年先、二十年先に、おれがどんな男になるか、誰がわかるだろう」

「お若い方は、皆さんそうおっしゃいます。しかし、そういう大きな口をおききになった方で、十年先に、立派になっていらっしゃった方はありませんでした」

「おかみ、その言葉を忘れるな」

「ええ、ええ、忘れませんとも。あなた様が河井様より立派な方になられましたら、このおかみは、畳に頭をこすりつけて、平あやまりにあやまりましょう」

新平は、こんども、その宿に泊ることになった。

汽車は越後平野へ入った。

長岡が近づくにつれて、後藤新平の胸には一つの思いつきが浮かんだ。

それは、十年前に彼を小僧あつかいした旅館の女将に、不意討ちを食わせることである。

そんな子供らしいいたずらは止せと、心の隅でささやく声もするが、新平は一度思いつくと、自分を押さえることができなかった。

衒気といわれてもいい。嫌味といわれてもいい。

ともかく新平は、あの生意気な女将に、鼻をあかせてみたくてたまらない。

彼は随行の属官を呼ぶと
「吾が輩はちょっと用事を思い出したから、長岡の一つ手前の駅でおりる。用をたしてから、次の汽車で長岡へゆくから、君たちは一足先に行ってくれたまえ」

「私たちも、お供いたしましょうか」

「かまわんかまわん、あまり人に知られたくない用だ」

男ぶりがよくて、至るところに艶聞の多い局長のことだから、どこにどんな秘密を持っていないともかぎらない。なまじ忠義ぶって、あとについてゆくと、かえって迷惑をかけることになるかも知れぬ。

それにしても、越後くんだりまで触手をのばしていようとは、さすがに発展家の名にそむかず、規模広大なことだと、属官を勘ちがいして感心しながら
「それでは、失礼いたしまして、一足お先に参っております」

新平は長岡の一つ手前でおりると、駅前から人力車に乗り、汽車の後を追うようにして、長岡の町へ走らせた。

彼は一軒の茶店にあがると、古びてよれよれになった浴衣に着かえ、毛皮商から二三枚の毛皮を求めると、それを肩にかけて、ふらりと町へ出た。

どう見ても、山奥の村から毛皮の行商に来た青年である。

彼はその姿で、旅館の玄関に立つと、できるだけ間の抜けた作り声で
「今夜、泊めてくんないかね」

宿では、もうそろそろ内務省の局長さん御一行がお見えのころだというので、万事ぬかりのないように、準備に忙殺されている。

そこへ、見るからに阿呆面をした、山出しの行商人が来たので、番頭は無愛想に
「おあいにく様、今日は部屋がいっぱいだよ」

「なんとかしてもらえねえだかね……どんな部屋でもいいだが」

「今日はね、東京からえらいお役人様がいらっしゃるから、ほかのお客はお泊めできないんだ」

「弱ったな……ほかに行くあてはねえし……なんとかひとつ……」

あまりしつこいので、宿では根負けがして
「それじゃ、まあ、あがりな」

しぶしぶ案内されたのは、階段の下の、昼でも薄ぐらい一室であった。

新平はゴロリと横になると、後生大事に持っていた毛皮を枕に、高いびきで昼寝をはじめた。

長岡の駅では、出迎えの県庁の役人、県会議員、地元の有志などが大さわぎをしていた。

後藤衛生局長が着かないのである。

「どうなさったのだろう？　お話が長びいて、もう一汽車次のにされたのだろうか」

「いったいどこへ行くといっておいででした？」

聞かれても、属官は
「さあ……ただ、用事があるとおっしゃるばかりでした。あまり立ち入ってお聞きするのも、どうかと思いまして……」

「もしかしたら、時間が中途半端なので、汽車でなく、人力車でいらして、そのまま宿へお入りなのではないか」

誰かが言ったので、さっそく旅館へ人をやって、聞かせても、そういう様子はない。

宿をおまちがえになったのではないかと、ほかの宿も聞かせてみたが、それらしい方はお見えになっていませんという返事である。

県庁の役人たちは、もう一度旅館へやって来た。

「局長さんはまだお見えでないか」

「まだでございますが……」

「人ちがいではあるまいね。それらしい客もなかったか」

「こちらも商売でございます。そんな偉い方を、お見そこないすることはございません。ほかには、薄ぎたない毛皮屋を一人泊めたきりでございます」

「フーム……その男にちょっと会わせてくれ」

「あんな男に会って、どうなさいます」

「まあ、いいから、連れてゆけ」

番頭は役人を案内して、新平の部屋へ来ると
「モシモシ、県庁のお役人様が、あんたに会いたいと言っておられるが……」

新平はゴロ寝をしたまま、うるさそうに
「わしは、お役人なんかに用はない」

「向うさまは、ぜひ会いたいと言っておられるけれど」

「わしはいやだ……わしはねむたい……寝かせておいてくれ」

しびれを切らした役人が、ずかずかと部屋へ入ってみると、身なりこそ汚いが、顔はまぎれもなく、写真で知っている後藤衛生局長である。

「これは、局長さん、こんなところにいらしては困ります」

「ほかにあいた部屋がないというじゃないか」

「ご冗談で……どうぞ二階へおいで下さい」

「番頭、県庁の方があああおっしゃるのだが、行ってもいいかね」

やっと二階の部屋へ通ると、女将が挨拶に来て
「あんなわるさをなさるものじゃございません」

新平は顔をつき出して
「おかみ、おれに見おぼえがないか」

女将はしばらく考えていたが
「そういえば、いつぞや……まあ、御立派におなりあそばして……おめでとうございます」

いきなり畳にひれふした。

後藤新平と前後して、北里柴三郎も日本へ帰った。

新平の留学期間は二カ年であったが、北里は六年もドイツにいた。

その間に彼は、コッホ博士の弟子として、その数々の研究に協力し、彼自身も破傷風菌の純粋培養に成功して、世界的名声を得た。

しかし、彼はあまり長い間、日本から離れているうちに、故国の医学界から憎まれるような原因を、いくつも作った。

はじめ彼が洋行するとき、先輩の中浜東一郎といっしょであった。その時の予定では、はじめのうち中浜はペッテンコーフェルについて衛生学を学び、北里はコッホについて細菌学を学ぶが、中途からたがいに専攻の部門を交換するということになっていた。

その期限が来て、北里が細菌学をやめて衛生学を学ばねばならぬことになっても、彼は政府の命に従おうとしなかった。

彼はコッホに愛され、細菌学者として、ようやく一家を成しつつあるところである。もっと深く研究を続けて、細菌学の蘊奥をきわめたいというのが、彼の願いであった。

しかし、政府側からみれば、彼を官費で留学させたのは、なにも彼に一流の細菌学者になってもらうためではなかった。細菌学もやれば、衛生学もできる何でも屋に仕立てて、衛生行政の局に当らせるためである。北里は国家に奉仕すべき官吏の職責を忘れて、実用と無関係な学問に没頭するエゴイストに見えた。

たまたまドイツ留学中の軍医森林太郎（鷗外）が、北里に同情して、彼をして研究に専念させることが、結局は国家のためになると説いたため、当局者もようやく北里の希望を認めたが、この時の不愉快な感情は、両者の間にしこりとなって残った。

北里は学問に無理解な故国に失望し、故国は、官吏としての使命を忘れたかにみえる北里を責めた。

そこへ別の出来事が起った。

東京大学の緒方教授が、脚気は伝染病であると考えて、その原因として、脚気菌というものを発表した。

しかし、北里はコッホの命によって、脚気菌について否定的な論文を発表した。このことは東京大学の医者たちの感情を刺戟し、北里は生意気で独善的な男であるという評判を立てられた。

一方、北里はコッホの弟子であるという利点もあって、次第に国際的に有名になっていった。

やがて、コッホが結核治療の新薬としてツベルクリンを発見したという報道は、全世界を震撼した。

結核菌の発見者として有名なコッホが発見した薬であるから、世人の期待が集中したのも無理はない。コッホ自身は、この薬の効果について、きわめて控え目に、多くの疑問を残した形で述べたにすぎないのだが、世間はこれを過大に受け取り、人類が長らく苦しんできた結核から、解放される時が、ついに来たと信じた。

コッホがツベルクリンを発見するにあたって、日本人の北里柴三郎が助手として功績をあげたことは、日本の名声を世界に輝かすものとして、故国の医家たちはよろこんだ。

そこで日本では、北里の帰国とともに、彼を中心とする特別病院と、一大研究機関を設立しようという議が起った。この運動の先頭に立ったのは、まだドイツ留学中の後藤新平と、衛生局長の長与専斎であった。

ところが、この運動は東京大学の大家たちの反対を招いた。後藤たちの構想の中に、この病院をゆくゆくは大学病院と対立するほどの権威あるものにしようという意図がふくまれていたからである。

北里自身も、もとは東京大学の出身で、はじめは、その故に後藤新平を敵視したことがあるくらいである。しかし、彼の傲岸で孤立しやすい性格は、次第に母校に拠る同窓の友人先輩との間に疎隔の感情をかもしだした。

さらに、数年にわたる北里の在外生活は、彼を一種の国際人に仕立てあげると同時に、同窓生に対する連帯意識を稀薄ならしめた。

故国にいる同窓生は、彼の世界的名声を嫉妬し羨望するとともに、長与、後藤などの俗吏の口車に乗って、古い仲間に弓を引くような病院を主宰したがる独善的気質を憎んだ。

新しい病院を作ろうとしている長与、後藤、北里たちは、いずれも内務省衛生局に籍を置く人たちである。反目はしだいに大学と衛生局の派閥抗争の性質をおびて来た。

そのころ政府は議会から予算を削減され、留学生の期限を切り上げさせて、帰国を要求するのやむなきに至った。

北里はもうすこしドイツにいたかった。彼がコッホと共に従事しているツベルクリンの研究は、やっと端緒についたばかりである。せめて、この目鼻がつくまで、ドイツにいたい。しかし金がなくては、どうすることもできない。

コッホが心配して、彼を研究所の有給助手に採用する方法を講じたが、成功しなかった。

コッホはさらに、時の駐独公使西園寺公望に事情を訴えて、特別に北里の留学延期の許可が得られないものかと、相談した。

西園寺は早速本国政府に交渉したが、規則は曲げられないという回答を得たのみだった。

結局、故国の長与専斎が奔走して、宮内大臣を動かし、御手許金を千円下賜されるように手続きしてくれた。北里はようやく、あと一年留学することが可能になった。

ちょうどそのころ、東京大学教授宇野朗、佐々木政吉、助教授山際勝三郎の三人がそろってベルリンへやって来た。彼等の目的は、コッホについて、ツベルクリンの研究をすることであった。

北里は三人をコッホのところへつれて行った。しかしコッホは不機嫌であった。

彼は北里たちを応接室へ通すと
「どういう用件でいらっしゃいました？」

「私たちは、先生について、細菌学の研究をいたしたいと思って、参りました。よろしく御指導のほど、お願いいたします」

「期間は？」

「一年か、二年くらい……先生の御都合で、適当に伸縮しても結構です」

「それは私の都合よりも、あなた方の都合で決する問題でしょう。もしも、一年や二年で研究が終らないで、五年も六年もかかるようだったら、あなた方は滞独を延期することができますか」

「さあ、それは……私たちは命令で、留学期間を限られています。それに、細菌学のほかにも、学びたいことがありますし……」

コッホは皮肉に笑って
「日本の紳士諸君。あなた方の同国人なる北里君は、五年前にマルセイユに上陸すると、まっすぐに私のところへやって来て、そのままここを動かず、細菌学の研究に没頭しています。中途で衛生学の方へ転ぜよという命令を受けたそうですが、それもことわって、細菌学に専念していです」
「……」
「この間日本政府は、北里君を留学させる費用が出せなくなったから、早く帰国せよといって来ましたが、同君は、研究なかばにして帰国できないといって、特に貴国の皇帝から個人的な援助を仰いで、滞在をのばしました。私にはわかりません、北里君をこれ以上留学させる費用のない貴国政府が、どうして、新しく三人の人をヨーロッパへ派遣する費用を持っているのか……」
三人は困惑したさまで、顔を見合わせていたが、中の一人が
「わたしたちにも、くわしい理由はわかりません。ただ、北里さんは内務省から派遣されていますし、私たちは大学から派遣されたものです。所属がちがうと、金の出所もちがいます。研究の主題も、目的もちがいますから……」
「しかし、私からみると、入れ替り立ち替りやってくる日本人の諸君に、同じことを、少しずつ、何回も教えることになります。そんなことをするより、私は一人の北里君に、何年も腰をすえて、みっちり研究をしてほしい。それが本人のためでもあるし、私の研究にも役立ちます。おそらく日本の学界にとっても、細菌学を少しずつかじった、中途半端の学者を何人も持つよりも、深く究めた北里君ひとりを持つほうが、幸福なのではないかと思いますが……」

「おっしゃる通りかもしれません。しかし、北里さんは衛生技師です。その職責は衛生制度を研究することにあり、細菌学者たることではありません」

「私にとっては、北里君は偉大なる細菌学者であるというのみです。私は北里君に、もっと深く細菌学を研究してほしい。いつ何どきいなくなるかわからない諸君に、新しく初歩から指導してあげる気になれません」

三人は失望して去った。

三人の留学生がコッホに拒否されたことを、日本の大学では、北里柴三郎の中傷によるものと考えて、憤慨した。

北里は毎日コッホと顔を合わせている。北里が三人のことを、コッホにうまく取りなしてくれさえすれば、彼もむげに拒否することはなかったろうに……。

北里が三人に対してあまり好意的な態度をとらなかったことは事実である。北里の性格には、そんなところがあった。彼は必要以上に人に突っかかるのである。

ちょうどこのころ、コッホのツベルクリン研究が、一つの障壁につき当った。ツベルクリンの薬効のあまり顕著でないことが、だんだんはっきりしてきたのである。

はじめコッホがこの新薬を発表したとき、彼の数々の業績に眩惑されつつあった世間は、彼がふたたび巨弾をはなったものと解釈したのであったが、こんどはすこし、前ぶれが大きすぎたようである。

ツベルクリンの薬効のはっきりしないことは、コッホならびに彼の協力者北里柴三郎の声望をいくらか傷つけた。

コッホと北里とにいい感情を持てない大学派にとっては、好機会であった。彼等は長与専斎や後藤新平が北里を中心にして設立しようと計画している一大病院と、伝染病研究機関の案にケチをつけ、反対運動をはじめた。

計画は停頓した。

大学派と内務省衛生局との対立が、ようやく露骨になってきた。

一年延期した留学期限もいよいよ切れて、まだドイツに充分未練を残しながら、北里柴三郎が帰国したのは、こういうときであった。さっそく医科大学長の大沢謙二がたずねて来て

「無事御帰朝、おめでとう。貴君の輝かしい業績は、日本人の名を世界に揚げたもので、われわれにとって誇らしい限りです。さっそくですが、ひとつ最新の知識をひっさげて、大学の講壇に立ち、後進を指導してくださいませんか」

「御厚意はありがたいですが、私は大学の諸先生と、うまく折れ合ってゆけそうもありません。私はこのたび帰国の途次、英国のケンブリッジ大学に立ち寄りましたところ、ぜひ同地に留まって、講義をしてくれと懇請されました。また、米国に渡り、ペンシルベニア大学に参りましたところ、ここでも医学部の教授になってくれと乞われました。しかし、私は、自分は日本政府より派遣されたものであって、殊に最後の一年は、おそれ多くも、天皇陛下の御手許金を頂戴しながら勉学したものであるから、自分の考えで勝手に行動することはできないと、ことわりました」

「なるほど……」

「しかるに、故国の大学では、教授諸君が私のことを誹謗し、私の友人たちが私のために設立しようとしてくれている研究所を、よってたかって妨害しておられると聞きました。私はそういう

人たちと席を同じくすることを、いさぎよしとしません」

大沢学長は失望して去った。

しかし、北里柴三郎は帰国早々から、さびしい思いをしなければならなかった。

六年ぶりで帰った日本に、居心地のいい場所を見出すことができないのである。

東京大学から講義に来てくれという懇望をポンと蹴とばしたときは、胸のすくような思いをしたが、だからといって、ほかに適当な働き場所があるわけでもなかった。

はじめの予定では、彼は帰国すると同時に、彼のために設立される病院と研究機関の長におさまるはずであった。

しかし、この問題は、大学側の反対で、一向に進展しないのである。そんなものができては、ただでさえ偉くなり、思い上っている北里を、ますます増長させることになるだろう。

一時よすぎたツベルクリンの評判が、落ち目になったことも反対側にいい口実を与えた。そういうアテにならない薬を、もっともらしく吹聴してあるく男だから、信用できないというのである。

大学がだめ、研究所がだめということになると、彼の居るべき場所は一つしかない。元の古巣の内務省衛生局である。

彼は帰国して半年目に、月給八十円の衛生技師を拝命した。それは彼のような世界的学者に、かならずしもふさわしい地位ではなかった。彼は時おり、コッホの研究所にいたころが一番よかったと、なつかしく思い起した。

ある日、長与専斎が大阪の緒方塾で同窓の福沢諭吉の家を訪ねた。

長与は第一議会のあとの行政改革で、衛生局長の地位を後藤新平に譲って、官界を退いてのち、中央衛生会長として、医学会ににらみをきかせていた。

世間話のうちに、ふと福沢が

「ところで、長与君、ひと頃ツベルクリンというものが、えらい評判だったが、最近はあまりうわさを聞かないようだね。あれは一体、どういうことになったのかな」

「あれはね、一時すこし騒ぎすぎたことは事実だな。その反動で、このごろはあれを、まったく無益有害のもののように言う者が多いが、それもすこし極端だと思うよ。あれは、世間によくある新薬とか特効薬とかいう、怪しげなものとちがって、ちゃんと筋の通ったものなのだ。ただ、コッホが発表を急ぎすぎて、充分に薬効をたしかめなかったのと、世間の期待が大きすぎたのとで、反対者に揚げ足を取られたという形だな」

「信頼できるものなんだね?」

「僕はそう思うね。大体あれは、コッホが自分で発見した結核菌を、数年にわたって研究しつくした結果の産物で、理論的にも納得できる性質のものだ。なお今後とも研究を続ければ、きっとすばらしい成功がかち得られると信ずるよ」

「なんとかいう日本人が、コッホの手伝いをしたとかいうことだったね」

「北里柴三郎というのだ。勉強家なんだが、人づきあいが悪くて、よく喧嘩する男だよ……」

福沢に問われるままに、長与は北里柴三郎の人となりを説明した。

「あの男は外国で偉くなりすぎたために、かえって日本で受け入れられなくなってしまったのだ。北里にもいけない点があるだろうが、根本は、大学の連中の狭量によるところが多いといっていいだろう。今日わが国に、コッホの研究所やパストゥール研究所に準ずる伝染病研究機関が必要なことは、わかりきっているし、それをちゃんと運営してゆける男は、北里以外にないということも、わかっているのに、大学の連中は何のかのと、ケチをつけているのだ」

「その北里とかいう人は、いま何をしているかね」

「念願の伝染病研究が続けられないから、やむをえず内務省の衛生技師をしている。あんなことをあまりながくさせておくと、せっかくの学問が錆びついてしまいはしないかと、一同で心配しているのだが……」

福沢はうなずきながら聞いていたが
「なるほど、そういう世界的な学者を遊ばせておくのは、国家にとって大きな損失だといわねばなるまい。聞けば、北里とかいう人は、国立の研究所を作ろうとして、反対を受けているようだが、それはどうしても、国立でなければならぬものだろうか」

「そんなことはない。学問の研究には、国家と私人の別があろうはずはない。ただ、相当大きな規模の研究になると、民間の費用ではまかないきれなくなるからね」

「どうだろう……その仕事、わしに援助させてくれないだろうか」

「……」

長与専斎は目をみはった。

「こういう事業は、もちろん国家から充分の予算を取ってやったほうがいいのだろうが、君の言うように、反対者のために停頓しているとすれば、誰かが力になってあげねばなるまい。さいわい僕は、芝公園地内に、多少の土地を持っている。ここを提供して、ささやかな研究室を建ててあげてもいい」

「そう願えれば、こんなありがたい事はない」

「そのほか、実験に使用する機械器具とか、薬品類とか、いろんなものが必要だろう。それらを全部まかなってあげることができるかどうか、わからないが、最初は不自由を我慢してもらっているうちに、ぽつぽつ何とかしてさしあげることができるかもしれない」

「さっそく北里に話してみよう。どんなに喜ぶか知れないぞ」

「君から話してもらって、北里氏が承諾のようなら、僕も一度御本人に会って、くわしい相談をしたいものだ」

北里柴三郎にとっては、望外のよろこびであった。

さっそく建築に取りかかることになり、一月のちには二階建て六室、建て坪三十数坪の本屋や、付属の動物小屋が竣工した。

実業家の森村市左衛門がこれを聞いて、千円を贈り、なお数人の者が、金品を寄付した。

こうして、日本で最初の伝染病研究所は成った。

伝染病研究所は出来上ったものの、規模も小さく、施設も貧弱で、ここで充分の研究をなしとげることはむずかしかった。

いわばそれは、研究に一つの礎石を置いたことにはなるが、どこまでも礎石にすぎなかった。

内務省衛生局に拠る長与専斎、石黒忠悳、後藤新平らは、伝染病研究という事業はやはり公的機関によって運営されるべきだと痛感し、北里の研究所を内務省の外郭団体たる大日本私立衛生会に引き継がせることを計画した。

彼等はまず、この研究所の出資者福沢諭吉に相談した。福沢は言下に
「私はこの研究所を、自分の私有物と思ってはいない。北里君が研究を続けられなくて、困っておられると聞いたから、御援助申し上げようと思っただけです。もし、私立衛生会という大きな組織でこれを引き受けて、北里君をして心おきなく研究に専念させてくださるなら、私としては何も言うことはありません」

といって、地所建て物、その他施設の一切を、無償で私立衛生会へ貸与することを申し出た。伝染病研究所は正式に大日本私立衛生会の事業となった。

一方、東京大学では、伝染病の学問的研究はどこまでも大学の責任においておこなわれるべきものであると主張し、文部省の伝染病研究所設置案を議会へ提出した。

この間における後藤新平の活躍は目ざましかった。

彼は関係各方面を奔走して、大学側の非を説き、また衆議院に議席を持つ医者長谷川泰などと連繫をとって、大学の研究所設置案を否決させると同時に、別に「伝染病研究所補助費」の建議案を提出して、満場一致で通過させた。

これによって、伝染病研究所は国庫から毎年一万五千円の補助を受け、なお建築費二万円で、芝愛宕下町にある内務省用地に、新しく所屋を建てることになった。それは最初福沢諭吉によって建てられた芝公園地内の所屋とは、くらべ物にならぬくらい壮麗なものになるはずであった。大学側は敗退し、衛生局側は凱歌をあげた。

ところが、思わぬところから支障が起った。

伝染病に対して盲目的な恐怖心をいだく地元住民が、設置反対運動に立ったのである。彼等は

猛毒をもつ細菌が、上下水道を通じて伝播され、一般民を危険におとしいれるといって騒いだ。研究所が設置されると、人々はおそれて近づかず、土地の繁栄をさまたげることになろうという者もあった。

彼等は演説会をひらき、各方面に陳情し、新聞に投書などして、反対の気勢をあげた。演説会には、末松謙澄、末広鉄腸などの名士が出席して、反対の趣旨を述べた。芝公園地内の従来からの研究所や、衛生会関係者へ、脅迫文を送ったり石を投げたりする者が絶えなかった。

反対側の猛運動にもかかわらず、伝染病研究所の建築工事はどんどん進められた。

ある日、金杉英五郎が北里柴三郎をつれて、内務省の衛生局長室に、後藤新平を訪ねた。金杉は新平と同じころにドイツへ留学していた医者である。

金杉は新平の顔を見るやいなや

「北里君が外国へ行きたいといって諾かないのだ」

新平がおどろいて

「どうしたのです」

「僕は日本にいるのが、つくづくいやになったよ、僕はコッホ先生のもとへ帰って、もう一度細菌学の研究に専念したいのだ。日本は学問の育つ土地ではない」

金杉が

「だからこそ、われわれは戦っているのではないか。日本をすこしでも住みよい国にして、君などが安心して学問に打ち込むことのできる条件を作るために……」

「僕はあきらめた……匙を投げたよ。日本は野蛮未開の国だ。暗黒の国だ。僕はコッホ先生の研究室がなつかしい。あすこには、自由と探究の精神がある……」

「君がコッホのもとで学んできた、その自由と探究の精神を、日本にも植えつけてほしいというのが、僕たちの願いなのだ。君が彼の地へ去れば、日本は永久に暗黒のまま放置されることになるだろう」

後藤新平が口をはさんで
「どうしたというのだね」

金杉英五郎は苦笑して
「君に北里君を説得してもらおうと思って、つれて来ながら、自分でしゃべってしまった。実は、伝染病研究所に対する反対運動がはげしくて、いつまでたっても実現しないから、北里君はドイツへ去るというのだ」

北里が
「ドイツと限ったことはない。イギリスの大学でも、アメリカの大学でも、僕に来てほしいといっている」

「それが君の悪い癖だ。それを言うから、君は故国の学者たちに憎まれるのだ。君は日本人だ。日本の学問の発達のために尽すべきではないか」

「その日本が、僕に何をしてくれたか……理不尽な反対と妨害ばかりではないか」

「君はわれわれがいることを忘れたか。日本じゅうが君を敵にしても、われわれは君の味方になって、戦うつもりでいる。それなのに、君は海外へ逃れ去ろうとするのか」

「敵の力があまりにも強すぎる……」

北里は沈鬱につぶやいた。

たしかに、研究所反対の運動は日増しにはげしくなった。彼等は多数の名士を味方に引き入れて、気勢をあげていた。

後藤新平は
「けしからんのは、伝染病研究所が実際にはすこしも危険でないと、よく知りながら、世間の風潮に迎合して、反対論をとなえる学者が多いことだ。伝染病研究所は、伝染病を研究する所にすぎなくて、病毒を製造する所でも、バラまく所でもないことは、赤ん坊にでもわかるはずだ」

北里は
「日本の民衆は、黒船渡来のころから、少しも進歩していないとしか思えない。彼等は伝染病という名前におびえるだけで、その実体を知ろうとせず、それを研究する施設まで危険視している」

「たしかにそうだ。神風連が電線の下を通るとき、扇子を頭の上にかざしたといって、人は笑うけれど、今日伝染病研究所に反対する連中だって、おなじことを繰り返している」

新平が言うと、金杉英五郎が
「大学の連中なんか、伝染病研究所はすこしも危険でないと、民衆を説いてくれたらよさそうなものなのに、かえって暗に彼等を扇動するような様子がみえるのは、どうしたものだ」

「彼等は、研究所がわれわれの手によって成ることを喜ばないからさ」

「しかし、それでは将来、彼等が自分で研究所を持ちたいと思ったとき、困るだろう」

「なあに、その時はその時で、何とかなると、彼等は思っている。御一新のときの攘夷派のようなものさ。彼等は本心では、攘夷なんて不可能だと承知していたくせに、幕府を窮地に陥れるために、騒ぎまわっていたのだ」

北里が

「だから、僕は日本につくづく愛想が尽きたのだ。僕は、こういう国を祖国と呼ばねばならないことを恥じる」

「にもかかわらず、君にとって祖国はこの日本しかないのだ。われわれは君に、切に自重を願わずにはいられない」

後藤新平と金杉英五郎は北里柴三郎をさまざまに慰留した。

金杉と北里が帰ったあと、新平は腹心の属官を呼んで

「君にひとつ、頼みたいことがある」

「何でしょうか」

「これは絶対秘密なのだが、守ってくれるだろうか」

「うかがってみないと、何とも申し上げられませんが、たいていの事ならば……」

「今夜ひそかに、伝染病研究所建設の工事現場へいって、そこにある立て札に墨をぬって来てほしいのだ」

「どうしてそんなことを……気でも狂われましたか」

「いや、後藤新平、まだ気はたしかだ。かまわんから、わしの言う通りにしてくれたまえ」

何しろ局長の命令なので、属官は納得のゆかぬままに、いわれた通りにした。

翌朝、立て札に墨のぬられてあるのを発見した地元民は、大騒ぎをしたが、研究所反対の運動はそのころから下火になった。

地元民は、墨をぬったのは、反対派の急先鋒と信じて、その手段を選ばぬやり方に反感をいだき、運動から脱落しはじめたのであるが、真の犯人は後藤新平であった。

伝染病研究所はまもなく成り、北里がその所長となった。

洋行から帰って、一年ばかりの間が、後藤新平のもっとも得意の時代であった。

三十六歳の肉体にあふれる若々しい活力と、ヨーロッパの最新知識を学んできたという自負をもって、内務省衛生局長の地位についた彼は、あらゆる難問題に精力的に立ち向った。

しかし、後藤新平の得意の時代は、ながく続かなかった。

衛生局長となって一年とたたない明治二十六年十月二十五日、彼の麻布東町二十四番地の邸は家宅捜索を受け、ついで三十日、第二回の家宅捜索があり、十一月十六日には、神田中猿楽町の街路を歩行中、拘引され、鍛冶橋監獄に収監された。

彼は当時天下を騒がせた相馬事件に関係していたのである。

忠臣か姦臣か

春の午後である。

なま暖かい空気が、ものうく、あたりによどんでいる。

広い庭を見はらす縁側へ碁盤を持ち出して、二人の男が碁を打っている。

庭は手入れがよく行き届いていて、きれいに掃き清められている。

築山に植えられた一本の桜が満開で、そのままの形をさかさに、泉水に映している。

ときどき鯉がはねると、水中の桜の影がゆらゆらと揺れるが、しばらくすると、元へもどってしまう。

碁を打っている二人は主従らしい。主人は若く、家来は中年である。

主人は癇癖が強いらしく、額のあたりに青筋が浮いている。

「時に、鹿児島の戦争は、その後どうなったかな」

「されば、新聞紙の伝える所によりますと、熊本城はなかなか落ちませぬばかりか、中央からの援軍が続々と到着いたしまして、西郷方はようやく敗色が見えて来たとかいうことでございます」

「左様か。それはけっこうなことだ。官軍が熊本城をささえ切れぬということになると、勝ちに乗じた鹿児島勢は、東京をめざして殺到するであろう。そうなったら、天下はふたたび大乱におちいるであろう」

「ほんに、危いところでございますな。ところで、殿、こんどは殿の番です。その黒もひとつ、熊本城のように、何とか囲みを切りぬけて御覧じませ」

「ハッハッハ……熊本の心配をしているうちに、こちらの熊本城があぶなくなってきた……こう参るか」

「それでは囲みは破れますまい」

「何を、これしき……時に、惜しいのは西郷隆盛という男だのう。今どきあれほどの人物は、どこにも見当らぬというのに、むざむざ刑場の露と消えさせるか、戦場に屍をさらさせねばならぬとは……」

「まったくでございます。生命が惜しくないというのが、あの男の口癖なそうですが、本人は惜しくなくとも、国家のために惜しんでもらいたいものですな」

「あッ……そこに来るのか……ちょっと待て」

「いえ、待ちませぬ」

「待てといったら、待て！」

「待ちませぬ。一体、殿は待ったが多すぎます。見ぐるしいことですから、お慎しみください」

この際、言っておくという調子である。

「おのれ、主の命にそむくか」

「碁には主も家来もございませぬ」

見る見る、額の青筋がふくれ上って

「言わせておけば、憎き雑言！　臣下の分際で、無礼であろう」

「殿！　敢て申し上げまする。下賤の者とちがって、高貴のお方は、勝敗にとらわれず、すべていさぎよく遊ばされることが肝要かと存じます」

「ええい、つべこべ申すな」

主人はやにわに立ち上ると、長押から大身の槍を取り下し、りゅうりゅうとしごいて、突いてかかったので、相手はびっくり仰天、わずかに穂先を避けて
「助けてくれ……殿には御乱心あそばしたぞ……」

大声で救いを求めながら、逃げまどった。

あちこちの部屋から、大勢の者が駆けつけて、主人を取り押え、ようやく事なきを得たが、元相馬藩主発狂のうわさは、たちまち世間へ広まった。

相馬誠胤は、もと奥州中村藩（いまの福島県）六万石の藩主であった。彼は嘉永五年八月五日をもって生まれ、慶応元年、父充胤隠居のあとを受けて、家を継いだが、明治の新政とともに、華族に列せられ、東京外桜田の邸に移り住んだ。

明治四年、十九歳の誠胤は福沢諭吉の慶應義塾に入り、まもなく湯島の共慣義塾に転じ、八年、ふたたび慶應義塾に入ったが、このころから彼の精神は錯乱の兆候がみえた。

隠居した父充胤公はこれを憂えて、医者の診察を乞うたり、箱根、熱海、日光などの保養地に遊ばせたりしたが、はかばかしく恢復しなかった。

ついに明治十年、碁の勝負の争いから、家扶富田深造を槍で突き殺そうとしたのである。

そこで充胤は親族の織田信敏、北条氏恭らと相談の上、誠胤を座敷牢に閉じこめることにした。

座敷牢は、八畳の一室を、二寸五分の鉄棒をもって、四方から囲み、中央に六寸角の木材を横につらぬいて、全面積を二分し、二尺八寸四方の入り口には、厳重な鉄の錠をおろすように作られていた。

誠胤公監禁の報を聞いて、疑惑の念を起したのは、もと相馬藩士錦織剛清であった。彼はかねてから、相馬家の内情について、いろいろと怪しむべき点を聞き知っていたのである。

錦織に主家の秘密を教えたのは、同藩士多田部純太郎であった。彼はもと東京府一等属であったが、病を得て郷里中村に帰り、療養につとめたけれど、病状は悪化するばかりで、もはや絶望と見えたとき、同藩の相馬靭負および錦織の両名を枕もとへ呼んで、後の事をたのんだ。

「御両所にぜひとも知っていただきたいことがあります。私なきあと、おそらく相馬家の秘密を知る者は、この世にいなくなるであろう。相馬家は悪人の手中におさめられ、おいたわしくも、若殿誠胤公は、いつまでも座敷牢の苦しみをおなめにならねばなりますまい」

「私どもの洩れ承ったところでは、若殿様には、御病気のため、一室に閉じ籠められておいでになるということでしたが……」

「さあ……世間へは、そのように伝えられていますが、内実は、そんなものではない。すべては、大殿様の側室、おりうの方と、家令、家扶どもが結託してつくり上げたこしらえ事です」

「そりゃまた、何のために?」

「相馬家には、莫大な財産がありますから……」

多田部純太郎は続けて
「相馬藩は、御両所も御承知の通り、かつては財政困難をきわめましたが、数代前の藩公が二宮尊徳翁を迎えて、経済の建て直しをなされてからは、年々に裕福になられ、ただ今では、あまた華族のうちでも指折りの財産家になられました。悪人共はそこに目をつけて、横領をたくらんでいるのです」

「それは聞き捨てならぬことだ。して、そのたくらみの仔細は？」

錦織剛清が膝を乗り出すと、

「まず第一に、大殿様の側室おりうの方には、順胤様という一子があることに、御注意願いたい。この方は若殿様誠胤公にとって、腹違いの弟御に当らせられるわけです。もし誠胤公の御身の上に万一のことがあれば、相馬家の家督をお継ぎになるのは、この方です。家令の志賀直道や、家扶の富田深造が、誠胤様を御乱心と申し立てて、監禁し奉った理由は、これにておわかりと思います」

「それは、おそろしいことだ……」

「まだ、奇怪なことがございます。御両所には、誠胤様の奥方京子夫人が、夫婦の交りをすることのかなわぬお身体であることを御存じですか」

「えっ？　何といわれる……夫婦の交りができぬというと……」

「チト申しにくいことですが、お身体の一部に、欠陥がおありです。医学の方の言葉では、アトレジア・ワギナと申すそうですが……」

「洋語でいわれても、わからん」

「日本語の言葉で申しますと、先天性膣閉鎖症というのだそうです。何万人に一人という、珍しい症例だということで……」

「ふうむ……それで、今日にいたるまで、お子様がお出来にならぬというわけか……」

「いつまで待てばとて、お出来になるわけはありません。そして悪人どもは、そのことを百も承知で、わざと誠胤公にこの奥方を配したのです……」

「ホホウ……」

「はじめ悪人共はこのお方のお身体に欠陥のあることを知りつつ、縁談をすすめ、お見合いの席には、わざとこのお方の御姉上を出して、誠胤公の御承諾を得ました。御婚礼の当日、公はお嫁様がお見合いの時のお姫様とちがうことにお気付きになられたばかりでなく、お身体に異状あることも御承知になりましたが、これを言い立てれば、奥方様の恥になるとお考え遊ばして、誰にも告げず、おんみずからの胸ひとつにおおさめになったのです」

「さてさて、思いもよらぬ事を聞くものだ」

「おいたわしいのは、若殿誠胤公です。御夫婦の交りもあそばされず、奥方の秘密を人に洩らすこともなさらいでは、御胸につもる御鬱気の晴れる折もございません。殿はしだいに逆上の気味になり遊ばして、荒々しいお言葉やお振舞いが目立つようになりましたが、これこそ悪人ばらの思う壺と申すものです」

「ウーム」

二人は拳を握りしめた。

多田部純太郎は、なお続けて
「そのほかにも、奇々怪々の事がたくさんあります」

「まだありますか？　それはどんなことで？」

「たとえば、家令は大殿様の側妾のおりうの方と密通しております。また、彼等は若殿誠胤公をたくみにそそのかして、遊興の場へおつれ申し上げ、一方、芸者共に言いふくめて、殿が女にお迷いあそばし、御身をお持ち崩しになるよう、腕によりをかけてたぶらかし奉れと申しつけております」

「それはけしからんことだ。その段々をうけたまわりたい」

「くわしく申し上ぐるとなれば、夜を徹しても尽きませぬ。さいわいここに、私がかねてより事の仔細を書きしるしました覚え書きがございます。これを御一読くだされば、悪人共のおそろしき謀計の数々が、おわかりになるかも知れませぬ」

彼は枕もとに積まれた諸書の間から、一冊の帳面を取り出すと、錦織らに手渡した。それは半紙数十枚と思われる分量に、毛筆の細字で、何かこまごまと書きしるされた写本で、表紙には達筆で「相馬の伏魔殿」と題名が書かれてある。

「多田部氏、これは本当のことですね」

「私の調べましたところでは、まったく事実です。こうして悪人どもの策謀は着々と効を奏し、ついには殿様御乱心と称して、座敷牢に押し込め奉るにいたりました。私は相馬家に代々恩顧を受けたる旧臣の一人として、打ち捨てて置かれぬ一大事と思い、たびたびお邸に推参して家令家扶に面会を求め、詰問しましたが、彼等は言を左右にして、いっかな泥を吐こうといたしませ ん」

「ふうむ」

「ある日のこと、私は役所を早引けいたしまして、またもや相馬邸に押しかけましたところ、家従の木村という男が、その日に限ってにこやかに応待しましたが、やがて懇親のためとて、ある酒楼に案内されました。珍しきこともあるものよと、なかば不審に思いながら、饗応にあずかりましたが、その夜半からにわかに腹痛をおぼえまして、七顛八倒の苦しみ……」

「ふむ」

「なんとか命は取り止めましたが、それからというもの、何となく心地すぐれず、日に日に衰えゆくばかりです。まもなく私は官を退き、こうして故郷に帰って療養につとめておりますが、行く末永からぬ身と、覚悟はきめております。私一人の命はさして惜しいとも思いませぬが、ただ、相馬の御家のことが心がかりで……」

「よろしい。お家のことは、われわれ二人で引き受けました。御安心下されい」

錦織はきっぱりと言った。

相馬家の非違を正すという大事業を思い立った錦織は、相馬靭負と共同でするつもりであったが、靭負は熱意が不足しているようにも見えたので、独力で遂行することにした。

彼はまず、郷里中村の家をたたんで、東京へ出ると、外桜田の相馬邸内に潜入する計画を立てた。

さいわい、伝手があって、彼は邸内に居住する家扶青田綱三の家に寄寓することができた。

彼は日夜、探究の目を光らせたが、秘密はたやすくつかめそうもなかった。

家扶の住居は相馬家の中にあるとはいっても、広い邸内の一隅にかたよって建てられており、主人一家の住む一郭とは区切られていた。

何事によらず、内部の事情の外へ洩れることをおそれるかのような家従たちの態度は、錦織の目には、いよいよ奇怪に写った。

一方、たえず四辺を探索し、秘密をかぎ出そうとするような錦織の怪しい素振りは、周囲の疑惑を呼び起し、警戒はいよいよきびしくなった。

ある日、錦織は思い切って、青田綱三にぶつかってみた。

「こうして殿様のお邸の中にお世話になっていながら、一度もお目通りへ出たことがないのは、心残りです。なんとか拝謁をお許しいただけないものでしょうか」

「殿様には、ただいま御病気で、御保養中ですから、どなたにもお会いにならないでしょう」

「お目通りへ出ることのお許しがなくば、せめてよそながら、遠目にでも拝したいのですが……」

青田は疑わしそうに錦織の顔を見つめていたが
「それは、なおさら禁ぜられています。どうも近ごろは、根も葉もない作りごとを言いふらしてあるく者が多いでな……」

錦織は、いよいよ自分の意図が見破られたと思った。

二三日して、青田綱三は錦織を呼ぶと
「失礼ながら、こうして毎日お見受けするところ、貴君はまだ将来の方針を立てておられないようですね。人は何らかの道で、世のため人のために尽すとともに、自分自身の生活の基礎を固めねばなりますまい」

「いささか、考えるところもあるのですが、いまは申し上ぐる時期でないように思います」

「そういうお気持ちなら、しいて聞こうとも思いません。しかし、もし、何か商売の道にでも進もうとされるなら、資金を出してさしあげてもよろしい。官途にでもつくつもりなら、どこかへお世話してもよろしい。必要なときは、遠慮なく申し出てください」

いよいよ買収の手がのびて来たらしい。

錦織は、これ以上この邸内に留まるべきではないと思い定めた。

相馬邸を飛び出した錦織剛清は、神田小川町に閑居を定め、むかし習いおぼえた画工の職に、ささやかな生計を立てながら、いかにすれば主家の災厄を救うことができようかと、さまざまに心を砕いた。

大事を決行するに当って、何をおいても必要なことは、まず主君誠胤公の実状を知ることである。

誠胤公が発狂されたというも、座敷牢に閉じ込められ給うたというも、世間のうわさにすぎない。

反対に、家令家扶たちが、主君乱心と称して、監禁し奉ったというのも、一片の疑惑にすぎない。

誠胤公が、まこと邸内の座敷牢に閉じこめられておわしますかどうか、そして、公が本当の御病気かどうかを確かめることが、まず大切である。

そう思って、錦織は相馬邸内にいるうちに、ずいぶんと気をつけて、探索したが、ついにわからなかった。

最後には、自分の意図を怪しまれて、飛び出したが、あれはすこし早まったのではなかったろうか。邸内でさえわからなかった誠胤公の実状が、邸外からでは、なおわかるはずがないではないか、と後悔された。

しかし、窮すれば通ずという。

錦織剛清の胸に、ふと一案が浮かんだ。

旧相馬藩士に木幡利英という者があった。たまたま医術によって身を立てようと志して、順天堂に見習医師として勤務していたが、錦織はこの男を利用して、相馬家の内情を探ろうとしたのである。

彼は駒込吉祥寺のあたりに住む木幡を訪ねると、これまでのいきさつをくわしく告げて、助力を乞うた。

「いや、大体お話はわかりました。要するに、私は誠胤公に拝謁して、御病状をたしかめてくればいいのでしょう」

「おお、君はわかってくれましたか」

「私はべつに、誠胤公がお気の毒だからとか、臣下としての義務だからという理由で、お目にかかろうというのではありません。ただ、医者として、患者に対して若干の好奇心、あるいは研究心をそそられただけです。それから、権力の交替にも、多少の興味がないではありません。ともかく、やってみましょう」

木幡はどうやら、錦織の意図を呑み込んだようである。

二三日のち、木幡は神田小川町なる錦織剛清の家を訪れて
「殿様に会ってまいりました」

「それはそれは……」

思いがけず、事が早く進んだのに、錦織はよろこんで
「首尾はどうでしたか……殿は御無事でしたか……悪人どもは、よく貴公を殿にお会わせしましたな」

「やはり、私が医学を修めておりますので、療病の上で参考になる意見が、多少とも聞けようかと思ったようです」

「なるほど……」

「まず、奥まったところへ通りますと、母屋からすこし離して新築された、小さな一室の前へ出ました。母屋とは、渡り廊下でつながれています。八畳敷きくらいの広さで、まわり一面に、鉄の柵がめぐらしてあります……」

「ほほう。やはり、多田部氏の言われた通りだ。わしは、この話が本当かどうか、確かめたかったのだが……」

「肩をすぼめて、くぐって入るほどの入り口には、頑丈な鉄の錠がおりていました」

「それも、多田部氏の話の通りだ……して、殿様の御様子は？」

「その、肝腎の点が、私にはよくわからないのです」

「といわれるのは？」

「私は部屋の外に平伏して、うやうやしく御挨拶を申し上げたのち、おそるおそる頭を上げて、部屋の中をうかがいましたが、中は薄暗くて、おまけに鉄柵で囲まれていますから、殿様の御様子がよくわかりません。ただ、お顔の色が大分青ざめて見えました」

「ながい間、一室に監禁されて、日の光に当らなければ、健康な者でも、顔色がわるくなるのは、

当然のことだ……」

　錦織は腹立たしげにつぶやいて
「ほかに、何ぞ、気のついたことはありませんでしたか」

「何しろ、僅かの時間、檻をへだてて拝見しただけで、脈を拝見したわけでもなければ、打診をしたわけでもありませんので、何とも申せません。とりわけ御病気らしい兆候も見受けられませんでしたが……」

「それは、殿が健康でおわしますからだ。御病気でないのに、病気の兆候が拝せられて、たまるものか」

「しかし、錦織さん、精神病にも、いろいろありまして、ふだんは常人と変らないが、ときどき発作を起すと、凶暴性を発揮するという型もあるのです。たまたま私がお目にかかったとき、異常が拝せられなかったからといって、御病気でないとは、医者として、断言できませんよ」

「貴公がお目にかかったとき、異常が拝せられなかったことは、事実ですね」

　錦織はこの一点を強調して、どこまでも誠胤が健康であると、主張したがっているように見えた。

　木幡の実地探査によって、相馬公監禁の確証をつかんだ錦織剛清は、かねての計画を実行に移すべく、活動を開始した。

　明治十一年十一月九日、彼は華族会館に至り、館長東久世通禧に面会を求めた。当時、華族会館長は、華族界の人事、風紀等の監察の任に当り、のちの宮内省宗秩寮のような事務をとっていたのである。

「内密に申し上げたき儀がござります。手前元藩主相馬誠胤は、姦臣どもの陰謀により、瘋癲病との名目にて、座敷牢に幽閉されおりますが、何とぞ殿様のお力にて、お救い出しいただきたく存じます」

「それは、けしからん事を聞くものだ。故なくして主人を幽閉するなど、もってのほかだ」

錦織は至誠を面にあらわして

「悪人どもの目的が、お家横領にあることは、疑いをいれませぬ。不肖私は、微力を尽して彼等を打ちしりぞけんとしておりますが、多勢に無勢、ただ徒手空拳を嘆くばかりでございます」

「ともかく、委細取り調べた上にて、適当な処置を取るであろう。追って何とか沙汰をいたすまで、自宅に控えているように……」

錦織は引き下ったが、彼はそのまま家にぼんやりして、呼び出しを待っているような男ではなかった。

彼は侍従山岡鉄太郎、香川敬三、宮内省大書記官桜井純造らをたずねて、相馬家の内情をくわしく告げ、協力を求めた。

相馬家と関係の深い佐竹義堯、土屋挙質、桜井忠興、太田資英、松平頼策、織田信敏、戸田光則、浅野長勲らに面会を求めたが、太田、織田の両名は面会を拒絶し、面会を承諾した者でも、話は一応聞き置くが、他家の内紛には深入りしたくないという態度を露骨に示した。

このようにして数年は過ぎた。

錦織にとって、前途は多難である。

錦織剛清は相馬の怪事につき、華族諸家や宮内省官吏の間を、熱心に説いてあるいたが、あま

り効果がないと知るや、ふたたび華族会館に館長東久世通禧を訪ねて、何分の処置を乞うた。東久世は

「その件については、さきごろ相馬家の家令、家扶などを呼び寄せて、よくよく言い聞かせておいたが……」

「まだ主人の幽閉はとけておりません」

「それはおかしい……この上は、その方、自分で行って、掛け合ってみたらどうか」

そこで錦織は相馬家へ乗り込んで、家令志賀直道、家扶石川栄昌の両名に面会し、次の建白書を提出した。

第一条　旧主相馬誠胤君ノ監禁ヲ直チニ解キ、御自由ノ御人身ヲ仰ギ候事
第二条　当奥方離別ノコト
第三条　主君御病気ノ爲メ、御別邸ニテ御療養ヲ仰ギ候事
第四条　御身分相当ノ奥方並ニ御愛妾ヲ撰ム事
第五条　是マデ親戚家扶ノ資格ヲモッテ主君ヲ監禁スル事六カ年余、スナワチ、其ノ罪ヲ謝スル事
右五カ条ヲ建白ス。敬拝
明治十六年十二月十日
相馬誠胤旧臣　錦織剛清

家令志賀直道はこの建白書を受け取ると、眉ひとつ動かさず、読み通して

「足下がここ数年来、われわれに不正があると、言い触らしているとは、聞き及んでいたが、こ

のような書面をさし出すほど、血迷っていようとは思わなかった。かかるものに、一々返答の必要を求めない」

「返答の必要を認めないのではなく、返答の言葉に窮するのであろう。諸君は、何故に主君を一室に押し込め奉っているか」

志賀家令は冷然として
「殿が御病気でいらせられるからである。その必要あって、一室にお入り願っている以上、われわれに何の罪があろうか。これらの処置については、御親戚御一統も、承知でいらっしゃるのだ」

「御親戚のかたがたは、くわしい内情を御存知なく、諸君にたぶらかされているに過ぎないのだ」

「足下こそ、実状を知らずして、何を言われるか。この書面でみると、奥方を離別し奉れとあるが、貞淑無比の奥方について、何故にかかる理不尽のことを申すか」

錦織はあざ笑って
「その理由は、諸君の方がよく御存知のはずだ。しいて聞きたくば、主君の御面前で申し上げよう。早々に主君に面謁の手続きを取ってもらいたい」

「殿様は御病中で、誰にもお会いにならない」

「貴様らのような者が、君臣の間を隔てるから、世に不正は絶えないのだ。ぜひ会わせろ」

「かかる無法者には、殿はお会いにならない」

押し問答になったが、夜もふけたので、錦織は一応立ち去った。

しかし錦織は、あくる日もまた、相馬邸に出かけて、同じ要求をくりかえした。
しかし、家令、家扶たちは、前日と同じく頑強に拒絶した。
錦織は憤慨の極、大声でわめきちらし
「あとで吠え面かくな」
と捨て科白を残して引き揚げた。
中一日おいた十二月十三日、東京軽罪裁判所は、次のごとき召喚状を発した。
麹町区内幸町一丁目六番地
相馬誠胤家令　志賀直道
右、他人ヲ監禁シタル事件ニ付キ、訊問ノカドコレアリ候条、明十四日例刻、当裁判所へ出頭致スベキモノナリ。
東京軽罪裁判所検事補　関　義幹
志賀家令が指定の時刻に出頭すると、検事は
「相馬家においては、病気にあらざる当主誠胤を、瘋癲病と称して、監禁せりとの告発があったが、真相はどうか」
と聞いた。志賀直道は
「主人誠胤が精神に異常をきたしましたことは、遺憾ながら真実でありまして、しばしば危険の行為がありますため、やむをえず一室に静養いたさせております。これは、もとより親戚一統合議の上決定しましたことで、華族部長局へも届けずみです」
と答えて、帰宅を許された。

この日、志賀家令の不在中、宮内省からも使が来て、明日、令扶のうち一名出頭せよとの命令を伝えて去った。

翌十五日、家扶青田綱三は宮内省に出頭して、取り調べを受けた。

青田の帰宅に当り、宮内省の属官一名が同行して、相馬邸にいたり、誠胤監禁の実情を調査した。

東京軽罪裁判所の取り調べは、錦織剛清の告発によるものであった。裁判所は志賀家令の取り調べの結果にもとづき、錦織を呼び出して、高圧的に和解を勧告し、訴状を却下した。

宮内省の事情聴取も、錦織の提出した哀願書によるものであった。これには何の返事もなく、錦織は完全に黙殺された。

こうしてこの年は過ぎて、明くる明治十七年の二月十三日、錦織剛清はまたもや相馬邸にあらわれた。

彼のうしろには、筋骨たくましい壮漢が一人、付き従っている。柔道家信田歌之助といって、すこしは名前の知られた男である。

「殿様にお目にかかりたい」

令扶たちは、またかとばかり、冷やかに
「前回にも申したごとく、殿は御病中であるから、だれにもお会いになりませぬ」

錦織は憤然として
「諸君は何故に殿とわが輩との間を隔てるのか。思うに、諸君の悪事の露見することをおそれるからであろう。今日はどうあっても、まかり通る」

錦織剛清が玄関に立ちはだかって、動かないので、家扶の一人が誠胤公の弟順胤に告げた。

「よろしい。自分が会って、よく言い聞かせよう」

順胤が気軽に言ったので、家扶は錦織を一室へ通した。

錦織は元来、順胤とその母のおりうの方を、こんどの陰謀の中心人物と目しているので、敵意のこもった目でジロリと順胤を見たが、さすがに相手は主筋に当る人なので、あまり無礼な態度を取ることもできない。順胤は
「兄上はただいま静養中でいらっしゃるから、面謁させるわけにはまいらぬ。追って沙汰するまで、当家に出入りすることは、ひかえてもらいたい」

「そのおことわりは、たびたびの事で、聞き飽きました。私が殿様に拝謁したいと申しますのは、その御静養の件について、言上したいことがあるからです。今日はぜひお目にかかるつもりです」

「御静養について言上したいとは、どういうことか」

「それは、殿様にお目にかかりまして、直接に申し上げます」

「ともかく、面謁はならぬ」

「そうではございましょうが、是非に……」

「ならぬ。早々に退出いたせ」

「殿にお目にかかるまで、退出いたしませぬ」

そばから家扶が
「錦織氏、若殿様のお言葉ですぞ。退出いたせとおっしゃるに、お言葉に従わぬは、不忠ではな

いか」

錦織はハッタと睨んで
「汝ら何を言うぞ。若殿のお言葉なればこそ、先程から我慢致した。汝等の過言、聞き捨てならぬ。今日はどうあっても、殿にお目にかかって、申し上げることがあるから、まかり通る」

そのまま立って、奥へ進入しようとした。

そうはさせじと、順胤は護身用の鉄棒で、錦織をさえぎろうとしたので、錦織はその棒を奪い取り
「お家に仇なす悪人ども、覚悟いたせ！」

大音声に呼ばわって、順胤をハタと蹴倒し、襖をあけて、奥の間へ突進した。

次の間で待機していた柔道家信田歌之助も、あとに続いた。

「狼藉者だ……皆々、出会え！」

あちこちの部屋から、家令、家扶、その他下働きの男たちが、得物を持って駆けつけ、二人を取り囲んだ。

「ええい、姦臣共！　邪魔立てするな。臣下が主君にお目にかかるに、何の不都合があるか」

錦織と信田はむらがる男たちを、右に投げ、左に倒し、前に押し、打つ手の下をかいくぐりなどして、突き進んだが、多勢に無勢で、ついに折りかさなって押えられ、麴町警察署へ引き渡された。

警察署では二人を一週間の拘留処分にした。

相馬家の家督と財産をめぐって、いまわしい陰謀がくわだてられているという風説は、ようや

く世間にひろまった。

主君の寵妾が、自分の腹を痛めた子に家を継がせるため、悪家老と結託して、殿を病気と称して幽閉するという話は、旧藩時代のお家騒動の筋書きにそっくりなので、世間はあげて錦織に同情した。

錦織剛清は文章の才と絵画の技術をすこしばかり身につけていたので、かつて郷里中村にいたころ、死の床にある多田部純太郎から聞いた相馬家の悪人たちの話を、さらに潤色して、物語に仕組み、挿し絵も自分で書いて、一冊の書物とし、各方面に配布して、自己の忠誠を訴えた。

錦織という男は、風采が堂々として、目に威厳があり、言語動作が重々しく、誠実味がこもっているので、いかにも信頼すべき人物とみえた。

彼が各方面へ配布した相馬家の内幕物語は、あまりにも小説的で、文章や叙述に誇張が多く、真実味に乏しかったので、首をかしげる者もあったけれど、彼が東京軽罪裁判所へ訴えたり、宮内省へ哀願書を提出したりしたという報道が新聞にのると、世間はすこしずつ彼を信用しはじめた。

——火のないところに煙は立たぬということわざもある。具体的事実はまったく、錦織の主張する通りかどうか疑わしいとしても、彼の言うところにも、真実の一片くらいはあるかもしれぬ。

——ともかく、相馬家くらいの財産があり、大世帯ともなると、どのような秘密がひそんでいるか、知れたものではない。錦織の動機に多少不審な点があるとしても、まったく事実無根のことに、彼があれほど熱中し、奔走しようとも思えない。すくなくも相馬家側でも、錦織に何か弱味を握られているのだろう……

世間はこのように判断して、好奇心を燃やした。

錦織が幽閉中の旧主誠胤に面会を強要して、令扶たちにさまたげられ、警察へ突き出されたという報道は、世論を彼に有利な方へ導いた。

――ともかく、錦織は自己の正義を信じてやっているのだ。そして、彼は自らを正しいと信ずる根拠を持っているのであろう。事実については、なお精査すべき余地が残っているとしても、彼の誠忠を疑うわけにはゆかない。

こうして、世間の同情は、ようやく錦織の一身に集まった。

藩政が崩壊して十数年、旧主と旧臣のつながりがようやく薄らいできて、忠誠とか献身とかの観念が乏しくなったことを嘆く昔気質の人たちの間で、錦織剛清は義人の亀鑑としてもてはやされた。

右大臣岩倉具視が錦織をはげまし、馬場辰猪、角田真平、大岡育造らの諸名士が彼に味方しているという事実も、世間の同情を集めるに役立った。

取材余話

一八五七年（安政四年）生まれの後藤新平は、もし現存ならば、数えで百九歳（昭和四十年）の高齢を迎えるはずであるが、作中の彼はまだ三十代の壮年で、これから相馬事件の渦中に飛びこもうとするところである。

後藤新平に関する文献の中で一番信頼できるのは、鶴見祐輔氏の「後藤新平伝」四巻である。私は大いにこの本のおかげをこうむった。

私が鶴見氏にお目にかかりたいと思って、練馬区のお宅に伺ったのは、よく晴れた秋の一日であった。

しかし鶴見氏は近ごろずっと健康をそこねておられて、誰にも会われないとのことで、私は令息の俊輔氏夫妻にお会いするだけで満足せねばならなかった。

鶴見祐輔氏は後藤新平の女婿であるから、俊輔氏は新平の孫に当られるわけである。

後藤新平薨去のとき、俊輔氏は八歳だったというから、直接の記憶はあまりはっきりしておられないが、ポツリポツリと洩らされる意見や感想に、肉親としての愛着と、評論家としての観察が微妙にまざり合っていて、言うに言われぬおもしろさがあった。それらは新平の晩年を述べるあたりに出てくるはずである。

そのとき鶴見氏は、志賀直哉先生の「祖父」という作品を一読するようにすすめられた。

それは私も気になっていた。

読者はすでにお気づきかも知れぬが、錦織剛清によって、お家騒動の張本人として攻撃された相馬家の家令志賀直道は、志賀先生の祖父に当られるのである。

この事件で直道が入獄したとき、志賀先生はまだ十一歳だったが、身も世もあらぬほど悲しかったと、どこかに書いておられたことを、私は記憶していた。私は相馬事件のことを書くときは、志賀先生の作品をぜひ参照しようと思っていたが、それが何という題であったか、うろおぼえであった。鶴見氏はそれを教えてくれたのである。

私は家へ帰ってさっそく「祖父」を読んだ。相馬事件については、錦織剛清自身の書いたもの、後藤新平の立場から書いたもの、第三者の立場から書いたものと、いろいろあるが、志賀先生の「祖父」は、悪人といわれた人の立場から書いたもので、またちがった面白さがある。

読んでいるうちに、私は久しぶりで志賀先生にお目にかかりたくなった。私がよく先生のお宅へうかがったのは、十数年前のことで、そのころ先生は熱海にお住まいであった。

東京へ移られてから、私は一度しかお訪ねしていない。

それからもう三四年たつ。あまり御無沙汰しているので、私はシキイが高くなったような気がして、いつまでもぐずぐずしていた。

私が志賀先生をお訪ねすることを躊躇しているうちに、作品のほうはどんどん進んで、後藤新平が相馬事件に介入しそうになってきた。

私が先生をお訪ねすることをためらったもう一つの理由は、先生の祖父上直道氏のことを、悪く書かねばならないからであった。

これは先生としては不愉快なことであろう。私もつらい。

私は毎日、今日行こうか、明日行こうかと、落ちつきのない日を送った。

ある日、思い切って電話をかけたら、いつもの快活なお声で、すぐ来るようにという御返事であった。

渋谷常磐松のお宅は、この前とすこしも変っていなかった。応接間の前の石畳にまいてある餌をたべに、雀が、ガラス戸のすぐそばまでやってくる。この前うかがったときは、たしか庭の中程までしか来ないといっておられたように思う。してみると、この三四年の間に、雀はだいぶん志賀先生を信用するようになったらしい。私は去年から、窓の外へときどき米粒をまいておくが、私の姿が見えるうちは、雀は絶対近よらない。私がほかの部屋へ行っていると、窓の前で、チャッチャッ大さわぎをしている。

「奴等は、僕がまいてやるのだと思わないで、僕の油断を見すまして、盗んでやるんだという気でいるらしいです」

といううと、先生は

「しかし、彼等は実に用心ぶかいね。ちょっとでも変ったことがあると、パッと逃げるよ」

「僕の人格的魅力は、まだ先生に及ばないらしいです」

「君は規則的にやらないのじゃないかね」

「そういえば、ときどきやるのを忘れます」

こんな話をしていると、相馬事件なんて、殺伐な話を持ち出すのが、いやになる。やっと

「先生のおじい様のことを、悪く書かなきゃならないので、どうも……」

口ごもりながらいうと、気軽に、

「ああ、いいよ……」

それから先生は、いろいろ当時のことを思い出して話してくださったが、中でおもしろいと思ったのは、後日談であった。

昭和のはじめころ、志賀先生は奈良に住んでおられた。

友人の中戸川吉二氏が競馬に凝っていて、ある日、持ち馬が淀で優勝したから、見に来いというので、お子さんたちをつれて行かれた。

厩舎には若い調教師がいたが、その言葉に東北地方のなまりがあるので、先生が、

「君は福島あたりか」

「はい、相馬です」

「ホホウ……」

男は得意そうに
「むかし相馬事件の錦織剛清という男がいましたが、私の祖父になります」

四五十年ぶりで、孫同士が対面したのだが、先生は自分が志賀直道の孫だということは黙っておられたというのである。

狂人と法律

明治十六年の暮近いある日、後藤新平は、ふしぎな人物の来訪を受けた。

来訪者は旧相馬藩士錦織剛清と名乗り
「ぜひとも先生の御助力を仰ぎたい儀がござります」

と言いながら、新平の知人の紹介状をさし出した。

紹介状の主は今村秀栄といって、新平が愛知県病院長をしていたころの事務長である。

新平が板垣退助の手当に岐阜まで出張したとき、その帰りを途中まで出迎えて
「県庁の連中が怒っていますから、御注意ください」

と忠告したのが、この今村事務長であった。彼もまた旧相馬藩士で、そのよしみによって、錦織を紹介してきたものであった。

新平は錦織の、いかにも誠実そうな、何かを深く思いつめているような風貌に興味をおぼえて
「どういう御用件ですか」

「実は、私どもの旧主、相馬誠胤公が、この七年間、瘋癲病者という名目で、座敷牢に閉じこめられておりますが、これは悪人共の陰謀によるものでございまして、まことは主人は、病気ではございません」

「そんなばかなことがあっていいのか……この文明開化の世に、病気でもない者を、七年も牢に

入れておくなんて……」

「あり得ないように思われるかも知れませぬが、事実でございます。そのわけは……」

ここで錦織は、老公の側室おりうの方と、その子順胤をめぐる悪家令たちの陰謀の詳細を語った。

「けしからん。それは君、本当のことなのだろうね」

「本当のことでございます」

「証拠があるか」

「証拠はべつにございませんが、たしかな人の話でございます」

「それはいかん。近代社会においては、何をするにも、何を主張するにも、証拠というものが必要だよ」

「それは、そういうものかも知れませぬ。それで、先生のお力添えをいただきたいのです」

「というと?」

「誠胤公が瘋癲でも何でもない健康体であるとは、私ども、確信しておりますが、私どもは医学には素人でございますので、そのほうに御造詣の深くていらっしゃる先生に、無病を証明していただきたいのです」

「君は正直な人らしい。君の言うことは、どうも真実のように思われる。人は色と欲に目がくらむと、何をしでかすか、わからないものだ。しかし、悪人たちをグウの音も出ないほどとっちめるには、はっきりした証拠というものがいる。もうすこし詳しいことを調査したまえ」

「かしこまりました。よく調べて、もう一度伺いますから、その節はよろしくお願いいたします」

　錦織の話で、後藤新平は愛知県病院長在任中の、二三の出来事を思い出した。

　ある日彼は教場で、ドクトル・ローレッツに、法医学に関する質問をしていた。

　すると、事務長の今村秀栄が入って来た。手には一束の書類を持っている。

「院長先生のお判をいただきに参りました」

「しばらく待ってくれたまえ。いま大事のところだ」

　彼は今村をそばに立たせておいて、ローレッツに質問を続けた。質問の内容は、精神病者を監禁する手続きに関することであった。

　そのうち、そばで聞いていた今村事務長が
「ハハア……」

　とか
「なるほど」

　とか、合の手を入れはじめた。

　事務長が講義の内容に関心を示すことは、めったにないことなので、新平は、珍しいこともあるものだと思いながら、なおも質問を続けていると、今村はやがて、いかにも感慨に堪えぬという風で
「ああ……われわれの主君も、このように、正式の手続きによって診察していただけるものならば……」

　と嘆息した。

新平は聞きとがめて
「君の主君が、どうかしたのかね」

「いえ、何でもございません」

「先程から君の様子を見ていると、何か心に悩むことがあるようだが、さしつかえなかったら、打ち明けてくれたまえ。僕にできることならば、力になってあげようではないか」

「いえ、本当に、何でもございません。つまらないことをお耳に入れまして、御心配をおかけしました」

今村はひたすら恐縮して、こそこそと部屋を出ていった。

やがて、今村について、奇怪なうわさが耳に入った。彼は酒に酔った時など、柱にかけてある旧主相馬誠胤の写真の前に頭を垂れて、まるで生ける人にむかって言うごとく
「まことにお痛わしき御身の上にて、何と申し上げようもなき次第に存じまする。このままにお過しなされなば、やがては姦臣どもの手にかかり、あえなき御最期をお遂げにならぬとも限りませぬ。臣今村秀栄、微力を尽してお救い申し上げたくは存じますが、何分にも悪人どもの勢盛んにして、策の施しようがございませぬ。しかし、何とぞしばらくお待ち下さいまし。その内にはかならず正義の味方もふえて、悪人どもを打ち払うべき時が来ると存じます」

綿々とかきくどいたあげくは、床に飾った家宝の刀をすらりと抜きはなち
「おのれ、奸物ども、思い知ったか！　今村秀栄ここにあり！」

と叫びつつ、無二無三に虚空を斬って廻るというのであった。

しかし、そのころの後藤新平には、今村のこういう挙動が何を意味するかわからなかった。

今村事務長の奇怪な言動の謎は、錦織剛清によって、はじめて解けた。

錦織も今村も、旧主のために悪人を除こうとする旧相馬藩士で、今村はかつて傍聴したローレツの法医学の講義を思い出して、後藤新平ならば、その知識を活用して、彼等の味方になってくれるかも知れないと、錦織を紹介したものであった。

新平は相馬藩というものに対して、かねてから特別の感情を抱いていた。

彼はボロ袴にチンバ下駄の須賀川医学校時代、病院長の塩谷退蔵の助手として、相馬藩の斎藤久米之助という学者を往診したことがある。

その時彼は、この斎藤先生の住居がひどいあばら家で、暮しぶりがあまりにもみすぼらしいのに驚いた。

さらに彼は、このあばら家の、押し入れの隅から屋根裏にいたるまで、書物が充満しているので、驚いた。

さらに彼が驚いたことは、このみすぼらしい学者を、周囲の人が下へも置かぬほど、うやうやしくもてなしていることであった。

もうひとつ彼が驚いたことは、駈け出しの助手にすぎぬ新平に、往診料として三円包んでくれたことであった。こんな大金を、彼はもらったことがない。この分では、塩谷院長は十円もらったか、二十円もらったか、見当もつかない。

この斎藤久米之助という人は、二宮尊徳の弟子であった。幕末のころ、相馬藩の財政が窮乏におちいったとき、二宮流の倹約政策をとって、立ち直って以来、二宮尊徳といえば、相馬藩では神様のように尊敬された。そして、尊徳のなくなったのちは、斎藤先生が、尊徳の身代りとして尊敬された。人々の彼に対する態度がうやうやしいのも、当然であった。

したがって、新平がもらった大枚三円の往診料も、おそらく斎藤先生の知らないうちに、藩から支払われたものであろう。それはどう考えてみても、あのあばら家の主には不似合いな金であった。

その時以来後藤新平は、相馬藩といえば、一風変ったところと奥ゆかしく思うようになった。

その相馬藩にお家騒動が起ろうとしている。新平は他人事でないような気がした。

もちろん新平も、これまでに少しは世間の裏表を見て来た男である。一方の言い分だけ聞いて、それを丸呑みに信じてしまうほど単純でもなかった。

また彼は、人の行動を非難するにしろ、弁護するにしろ、それを裏づける証拠というものが必要だということも知っていた。それで彼は錦織剛清にも、人を説得しようとするなら、どこまでも事実に立脚せねばならぬといって、いったん引き取らせた。

翌々日、彼は別の男の来訪を受けた。書生の持って来た名刺には「宮内省大書記官桜井純造」とある。

「相馬家の問題について、お目にかかりたい」

という口上であった。

桜井純造は座敷へ通ると、いかにも宮内官らしく、謹厳な態度で、新平にむかって

「あなたはたしか、安場保和君の女婿でいらっしゃると聞きましたが……」

「左様です。家内が安場の娘になります」

「私はかねてから、安場君とは別懇に願っている者です。それで、安場君に紹介してもらって、

参上しようと思っておりましたところ、今日たまたま所用で、このあたりまで参りましたので、だしぬけで失礼とは存じましたが、ついでにお立ち寄りしました」

「ようこそおいで下さいました」

「ところで、早速ですが、一昨日あたり、錦織剛清という男が相馬家のことで、お伺いしたと思いますが……」

「はあ。何かいろいろと申しておりましたが……」

「あの男の言うことを、あなたはどう御判断に相成りましたか」

「さあ、それが、何ともわからないのです。彼の申し立てることが、あまりにも奇怪なことばかりで、とても白日のもとに、公々然とおこなわれる事とも思えませんし……」

「いかにも……作り話ではないかとおっしゃるのですね。しかし、後藤さん、華族とか、金満家とかいうものは、内情は案外と乱れているものです。不肖私は、宮内官として、宮中の御用を勤めると同時に、華族会館幹事としては、華族諸家の監察の任に当っている者ですが、いやはや、思いのほかの事もありまして、錦織のいうようなことも、全くないとは断言できないのです」

「そういうものでしょうか……」

「もとより私は、相馬家についても、注意を怠っていないつもりです。……そして私の見ましたところでは、錦織の申し立てのようなことも、あるいはなきにしもあらずではないかという気がして参りました」

「ホホウ」

「ただ、どうしてもわからない事がございます。それは、誠胤公の夫人が、錦織のいうように、真に夫婦の交りをすることのかなわぬ不具であるかどうかということ……それから、誠胤公が真に狂気であるかどうかということ……この二点です。この二点さえ明らかとなれば、錦織の申し条の真偽もまた、あきらかになります」

「なるほど……」

「ともかく、私は自己の職責上、真実を知る義務があるわけです。しかし、その方途がありません。まさか、この私が、夫人のところへ参って、あなたのお身体に関するうわさは本当でしょうかと、取り調べるわけにも参りませんでな……」

「たとえ、お聞きになられても、本当のことは申されますまい」

「そこで、あなたをお医者と見込んで、御相談するわけですが、ひとつ、うわさの真偽を確かめる方法はないものでしょうか」

「これは難かしい御注文ですな。しかし、何とか考えてみましょう」

後藤新平はこういうとき、黙ってひっこんでいられない男だった。

翌日、後藤新平は京橋に近い本材木町にある戸塚文海の診療所をおとずれた。

戸塚はもと十五代将軍徳川慶喜の侍医であったが、明治維新ののちは、勝海舟の推薦で、海軍に出仕し、軍医総監になっていた。

診療所は彼が内職に経営していたものである。

そのころ海軍軍医総監といえば、陸軍軍医総監、侍医局長官とならぶ三人の勅任医師の一人で、医官としては最高の地位であった。

新平は椅子二つにテーブル一つという簡素な応接室に通されたが、やがて戸塚は胸をそらして

現われると、悠然と椅子にかけて
「どういう御用でしょうか」
と聞いた。
新平の内務省衛生局長という地位も、格下げになる前は勅任で、相当のものにちがいないが、何しろ新平は異例の若年だったし、医界における閲歴からいっても、戸塚などからみれば、おのずから差がある。戸塚の態度には、そういう相手と自分の地位の比重を自然に反映した、適度の尊大さと、適度の鄭重さがあった。
新平は
「ほかでもございませぬが、閣下は相馬誠胤公の夫人を御診察になったと承りましたが、しかと左様ですか」
すると、今まで泰然と構えていた戸塚文海の態度が、にわかに崩れて
「そ、それを、どうして御存じですか……誰からお聞きになりましたか」
新平は冷やかに
「誰から聞いたのでもよろしいですが、閣下は、ほんとに診察なさったのですか……なさらないのですか」
「貴君はどういうつもりでお聞きになるのか知らないが……実は相馬さんは、私の病家ではないのです。私の病家は、奥さんの実家の戸田さんなのです。戸田さんから頼まれて、診察することになったのですが、元来相馬さんは私の病家ではありません」
「私はなにも、相馬家があなたの病家かどうかとお聞きしているのではありません。あなたが診

察されたかどうかと伺っているのです」

戸塚はしどろもどろになって
「いや、私は誠胤公は診察しませぬ。あれは岩佐純君が診断書を書かされたのですが、岩佐君も多分、実際には診ないで書いたのだと思います……」

後藤新平が戸塚を訪問した目的は、相馬夫人の身体的欠陥の有無を調べることにあったのだが、うろたえた戸塚が、聞かれないことまでしゃべるうちに、誠胤公の診断の内幕まで洩らしてしまった。

もし、戸塚のしゃべったことが本当だとすると、言語道断のことである。

一体、彼等は診断書を書くということを、何と心得ているか。

診断書とは、医師が、自己の学識と良心を賭けて、真実を書き、自己の責任において署名するものではないのか。それなのに……

新平の胸には、怒りがこみ上げてきた。

岩佐純は旧幕時代からの蘭法医であったが、維新ののちは宮内省に出仕して、一等侍医になっていた。医界の元老である。

しかるに、戸塚文海の言うところによると、彼は相馬誠胤を実際に診察しないで、架空の診断書を書いたのだという。

戸塚にしろ、岩佐純にしろ、幕府時代にすでに蘭法を学んだといえば、やはり保守派の圧迫に堪えながら、新しい道を切りひらいた先覚者のはずである。

しかるに、いくら新時代の学問を学んだといっても、頼まれれば平気で架空の診断書を書くようでは、彼等の頭の中味は、依然として黄八丈に黒羽織、あるいは慈姑頭に十徳姿の、昔ながらの幇間医者から一歩も進んでいない。
新平は、ほかに二三、重要と思われる点について質問したのち
「よくわかりました。お忙しいところを、お邪魔申しました。ところで、念のために伺っておきますが、今おっしゃいましたことは、全部真実でしょうな」
「もちろんです」
きっぱり答えたが、一瞬、おびえたような色を目に浮べて
「どうして、そんなことをお聞きになるのです？」
「万一、後日裁判所でこの問題について証言なさらねばならなくなったとき、今とちがったことをおっしゃられては、困ります」
「裁判といわれると……近ごろ相馬家の内情について、とかくのうわさがありますが、もしやそれに関連したことではないでしょうか」
「あるいはそうかも知れません」
戸塚文海は腰を折って、一礼すると
「どうか、お願いですから、穏便にしてください。事を荒立てないでください。騒ぎが大きくなると、いろいろ困る人が出て来ますから」
と哀願した。はじめの尊大な態度は、跡形もない。
新平は
「私も、好んで事を大きくするつもりはありません。第一、私は相馬家に対しても、ほかの人た

ちに対しても、恩も恨みもない人間です。私はただ、ある人に頼まれて真実を知ろうとしているだけです。真実を知った結果がどういうことになるか、一がいに予測できませんが、いずれにしろ、今あなたのおっしゃったことが、事実と相違しているといろいろ困った事態が生じます」

「私の申しましたことは、全部本当です。ですけれど、どうぞ、なるべく穏便な御処置を願います」

海軍軍医総監という地位を忘れ、先ほどの傲然とした態度を忘れて、一介の町医者に帰ったかのように、ぺこぺこお辞儀ばかりしている戸塚を尻目にかけて、新平は表へ出た。

新平には、すべてが明白になったような気がした。何もかも錦織剛清のいう通りである。

彼は闘志の身内に湧き起るのをおぼえた。

翌日、後藤新平は九段の靖国神社のほとりに住む宮内省大書記官桜井純造を訪ねた。

「御依頼の件を、大体調べて参りました」

桜井は喜んで
「それはそれは、ありがとうございました。して、どのような結果でしたか」

「まことにけしからん話です。戸塚軍医総監は、相馬誠胤を、実際に診ないで、架空の診断書を書いたと申しております」

「左様なことが、できるものでしょうか」

「いや、古い医者にはよくあることです。患家から頼まれれば、ことわり切れないのでしょう」

「それでは、故なくして監禁された当人が可哀想ではありませんか」

「仰せの通り、恐るべき野蛮行為です。人権蹂躙もまた甚だしいといわねばなりません」

「してみると、錦織君の言うような、お家乗っ取りの陰謀も、まんざら根も葉もないことではありませんな」

「おそらく、彼の言うことは真実でしょう。誠胤夫人の身体に欠陥があることも、事実のようですから」

「ホホウ、そうでしたか」

「これも、肝腎の戸塚文海氏が、どこまで診察したものやら、しないものやら、チトあいまいなふしもありますが、正常な身体でないとだけは、確言していました」

「いやはや、ますますもって奇々怪々のことですな」

「私はかかる不正と不合理を見のがすわけにゆきません。私は断乎、戦います」

「錦織君たちが、百万の味方を得たように喜ぶでしょう」

「私は相馬家に、恩も怨みもあるわけではありません。従って、私は相馬家のために戦うつもりはありません。私の目的は、日本から暗黒と不義を一掃して、明るい秩序を打ち立てることにあります。それがもし錦織たちの目ざす所と合致するものならば、敢えて錦織と協力することを拒むものではありません」

「いずれにせよ、あなたの御尽力を得ることができまして、満足です。一度錦織君にもお会いいただきまして、とくと方策を練りましょう」

こうして後藤新平は相馬家のために立つことになった。

彼は改めて錦織剛清に来訪を求め、事件のいきさつを詳しく聴取した結果、問題の根本は、精神病者を監禁する法規の不備なことにあるという結論に達した。

西洋の社会においては、精神病者を監禁するには、厳密なる科学試験と、医者の責任ある証明が必要である。新平はこのことを、司馬凌海の塾で彼の「裁判医学」翻訳の口述筆記をしながら、門前の小僧式に学んだ。また彼はドクトル・ローレッツからも教わって、よく知っている。

しかるに、わが国では、かかる当然のことが実行されていない。まず必要なことは、規則を確立することである……。

相馬誠胤の救出を決意した後藤新平は、狂人の監禁に関して、これまでにどのような法規が出されているかを調べてみた。

最初は明治十一年である。この年の五月、警視庁は、瘋癲人を鎖錮しようとする者は、親族連署の上、区戸長の奥印を受け、医師の診断書を添えて、願い出るべしという布告を出している。

しかるに二年後の十三年には、どういうわけか、警視庁は右の布告を改正して、区戸長の奥印を受けるに及ばずとし、医師の診断書を添えよという条件も削った。これでは精神病者を監禁するには、親族からの願書だけでたりることになり、時代に逆行する措置といわねばならない。

もっとも、相馬誠胤がはじめて監禁されたときは、古い布告に従って、診断書は添えられているが、この診断書は、戸塚文海の言うところによれば、ニセ物である。

——ともかく、何もかもでたらめだ。こういう状態を正さなければ真に明るい社会を作り上げることはできない。

後藤新平は警視庁に出かけると、かねて顔見知りの大警視佐和正に面会を求めて、正しい取り締り令を公布されたいと述べた。

佐和大警視は庁内きっての手腕家という評判が高かったが、彼の頭はどこまでも実務で固められていて、新しい医学、あるいは科学に対する理解力を全く欠いていたから、新平がいくら熱心に説いても、ただ儀礼的に相槌を打つばかりで、本気で耳を傾けようという様子はまったく見えなかった。

医学のことは、やはり医者でなければわからないと考え直した新平は、こんどは警視庁警察医長の長谷川泰を訪ねた。

新平はのちに長谷川泰と親しくなったが、相馬事件のころは、まだそれほど懇意でもなかった。長谷川は司馬凌海と同じころの松本良順門下だというから、新平にとっては大先輩に当るわけである。それほど心安く口のきける相手ではない。

しかし、長谷川はさすがに医者であった。彼は新平の趣旨に大賛成で、その実現に尽力することを約束するとともに、わざわざ彼を警視総監の部屋までつれていって、直接陳情させた。

長谷川泰が、わざわざ後藤新平を、大迫警視総監に会わせてくれたことは、新平にとってありがたいことには相違なかったが、総監に対する長谷川の態度を見ると、失望しないわけにはゆかなかった。

長谷川泰といえば、医者仲間では豪傑で通っていて、気に入らないことがあると、誰にでもどなりつける癖は、彼のきたない鳥打帽やよれよれの小倉袴とともに、誰知らぬ者はないのだが、その長谷川が、警視総監の前へ出ると、まるで猫の前へ出た鼠のように意気地がなくなってしまうのである。

新平は何となく、岩倉具視のところで会った宮内省侍医伊東方成のことを思い出した。洋服に靴をはいているから、まさか床に膝をついて、にじり寄るというわけにもゆかないが、遠くの方

から最敬礼に近いお辞儀をして、

「恐れながら、総監閣下に御紹介申し上げまする……」

わざわざ大時代な口上の、一句切りごとに息を深く吸ったり吐いたりして、ひたすら恐懼おくあたわざるごとき様は、伊東とまったく同じである。

新平は同じ医者仲間であるだけに、義憤のようなものをおぼえて、失礼にならない程度に、わざと無造作な態度で、総監に言いたいだけのことを言うと、さっさと引き揚げた。

長谷川の警視総監に対する態度を見て後藤新平は、これではとても彼をあてにすることはできないと、見きわめをつけると、自分で直接ぶつかってみることにして、毎日警視庁へ出向き、精神病者監禁に関する完全な法律の必要を説いた。

大迫総監や佐和大警視も、はじめは彼の言うことをなかなか理解しようとしなかったが、次第に彼の熱に動かされて、明治十七年一月十八日、ようやく次の布達を発した。

警視庁甲第三号

明治十一年五月第三十八号、同十三年三月甲第十六号布達、左ノ通リ改正ス。瘋癲人看護ノ為メ私宅ニ於イテ鎖錮セントスルモノハ、ソノ事由ヲ詳記シ、最近ノ親族二名以上連署ノ上、医師ノ診断書ヲ添ヘ、所轄警察署ヘ願出テ認可ヲ受ケ、解鎖ノ時ハソノ旨届出ヅベシ。モシコレニ違反シタルモノハ、違警罪ノ刑ニ処セラルベシ。

警視総監　大迫貞清代理

警視副総監　綿貫吉直

きわめて簡単なもので、後藤新平は自嘲的にこれを三下り半と呼んだ。

新平の考えていた規則は、こんな簡単なものではなかった。欧米先進国では、もっとこまかな法律ができていて、日本でもそれと同じようなものを作るのが理想なのだが、いま急にそれを望んでも、とてもできるものではない。

何はともあれ、はじめは新平の言うことに耳を傾けようともしなかった頑迷な警察官僚が、こういう三下り半の布達でも、出そうという気になってくれただけでも、格段の進歩といわねばならぬ。

錦織剛清はさきに東京軽罪裁判所へ相馬家家令以下を告発して、和解を勧告され、訴状を却下されたのであったが、後藤新平の尽力で、新たに瘋癲人鎖錮に関する布達が出るやいなや、こんどは警視庁にむかって、私擅監禁の告訴を提出した。

警視庁はこの告訴を取り上げると、ただちに相馬家の家令志賀直道を召喚して、

「訴状によると、その方たちは病気にあらざる主人を、病気と称して、一室に閉じこめておるそうだが……」

「主人誠胤が病気なることは、誰の目にも明らかでござりまして、すでに先年も、親族の連署をもって、華族部長局へお届け済みでござります」

「しかし、このたびは、規則が改正になったことであるから、その趣旨にそって、改めて鎖錮願を出したらよかろう」

「かしこまりました」

志賀直道は邸へ帰ると、さっそく戸塚文海に使を出して、診断書の作成を依頼したが、戸塚は先日後藤新平の訪問を受け、何やら奥歯に物のはさまったような、薄気味わるい質問を、立て続

けに浴びせかけられたばかりであるから、大事を取って
「実際に診ないで、診断書を書くわけにはゆかない」
とことわった。そこで家扶立ち会いの上で診察することになったが、その結果は
「目下のところ、特に瘋癲と認むべき所なし」
であった。
家職たちは狼狽した。
そこで、相馬家では改めて、岩佐純に診断を依頼した。岩佐は宮内省に侍医として出仕するかたわら、相馬家に永年出入りしている医者なので、気軽に診断書を書いた。

相馬誠胤
右ノ者瘋癲症ニカカリ、精神全ク錯乱、時々狂躁危険コレアルニツキ、鎖室ノ上、厚ク療養ヲ相加ヘ然ルベキ旨、指揮ニ及ビ候也
明治十七年二月二十日
日本橋区蛎殻町二丁目二十三番地
岩佐　純

相馬家ではこの診断書を添えて、改めて誠胤の鎖錮願を出した。

麹町区内幸町一丁目六番地
華族　相馬誠胤
右同人儀、去ル明治十年八月初旬ヨリ瘋癲病相発シ、治療致サセ候ヘドモ、次第ニ病勢募リ、

危険ノ所業少ナカラズ、ヤムヲ得ズ鎖錮ノ上、保養致サセタキ旨、同族北条氏恭、親戚織田信敏連署ヲモッテ、明治十二年四月十四日、旧華族部長局へ出願致シ候トコロ、同月十五日、出願ノ通リ許可相成リ、ヨッテ一室ニ鎖錮シ、保養致サセ居リ候。シカルトコロ、本年警視庁甲第三号御布達ノ次第モコレアリ候トコロ、即今ニ至リテモ病勢依然、何分ニモ快方ニ向ヒ難ク候間、従前ノママ鎖錮ノ上、保養致サセタク、コレニヨリテ更ニ別紙診断書相添ヘコノ段願ヒ奉リ候也。

明治十七年二月二十二日

右誠胤隠居　相馬充胤

本所中ノ郷瓦町一番地

華族　親戚　佐竹義堯

麹町警察署御中

相馬家では以上のような鎖錮願を出して、従来通り、誠胤の監禁が続けられるものと、安心していた。

ところが警視庁では、かねて後藤新平の口から、相馬家の内部にいろいろと疑わしい点があると聞かされているので、くわしく実情を調査する意味で、麹町警察署の赤羽友春と警視庁医務所長長谷川泰を派遣した。

両人は誠胤の病室を検分し、志賀家令と青田家扶に誠胤の発病以来の経過を質問した。なお両人は誠胤にむかって、何か一筆、筆跡がほしいと求めたので、誠胤はその場で頼山陽の詩を一首書いて渡した。

しかし翌日、警視庁は前日の長谷川泰のほかに、新たに警察副使大滝新十郎と、東京府癲狂院長中井常次郎の二名を相馬家へ派した。

長谷川泰は令扶にむかって
「誠胤さんの幼少のころの事を知っている人はありませんか」

「大奥様と、お部屋様がご存じです」

「大奥様というのは？」

「大殿様、つまり若殿様の父君の御正室です」

「お部屋様というのは？」

「大殿様の御側室です。おりう様とおっしゃる方です」

「つまり誠胤さんのお母様ですか」

「いえ、若殿様の実の母君は千代さまと申し上げて、べつの方です」

「なんだか、こんぐらがって、よくわからないが、要するに誠胤さんのお父さんの奥さんとお妾さんですね。その方たちに会わせてください」

長谷川泰は二人に会って、いろいろと誠胤の幼時のことを聴取して帰った。

警視庁の調査は前二回で終らず、さらに二月二十六日、大滝、長谷川、中井の三名は相馬家に臨んで、誠胤を診察し、さらに誠胤夫人京子を診察しようとしたが、相馬家では夫人が病臥中との理由で、これを拒んだので、三名は夫人の枕もとで病状を聴取するのみに留めた。

こうして三回にわたる精密な調査の結果、警視庁は「従四位相馬誠胤診断書」なるものを作製した。

……すなわち、相馬誠胤は、以前はともかく、現在のところ、智力の異常は認められない。また、治療上から見ても、久しく一室に幽閉して、その心情を慰めず、運動不足して、新鮮なる空気に欠乏すれば、全身栄養の不良を来し、さらに脳質の栄養も欠損し、たとえ治癒すべき病症でも、かえって悪化するおそれがある。

故に鎖錮すべからざるものである。

明治十七年三月三日

東京府癲狂院長　中井常次郎

警視庁医務所長　長谷川　泰

このように明白な診断書が提出された以上、相馬誠胤を監禁するわけにはゆかなくなる。麴町警察署は、さきに相馬家から提出された鎖錮願に対して、聞き届けるわけにはゆかぬという返事を出した。

ここで相馬誠胤は座敷牢から解放されることになったのである。

この間の事情を、あとから振り返ってみると、後藤新平の書いた筋書の通りに動いているのであった。

すなわち、彼はまず警視庁を説いて、彼のいわゆる三下り半の「瘋癲人鎖錮ニ関スル布達」を作らせ、精神病者を監禁するには医者の診断書を必要とするということを確認させた。

ついで彼は錦織にすすめて、相馬家を相手取り、私擅監禁の告発状を提出せしめ、警視庁はこれに従って相馬家を取り調べた。

相馬家で改めて岩佐純の診断書を添えて鎖錮願を出すと、警視庁は長谷川泰を派遣して、別にくわしく診断させた。表むきは、警視庁が長谷川を派遣した形になっているが、実際には長谷川が起案して、上司にメクラ判を押させ、自分で乗り出していったものである。

そして彼は、岩佐純の通り一遍の診断書が、まったく頼まれて書いたものにすぎないことを立証するかのように、微に入り細をうがった診断書を書いたのである。

すべては後藤新平の策謀によるものであった。

錦織剛清は後藤新平や長谷川泰の協力により、相馬誠胤を監禁から解放することができたので、天を拝し、地に伏して、神の加護を謝した。

三月十二日、彼は早朝に起きて、衣服を改めると、人力車で相馬家に乗り込んで
「若殿様にお目にかかりたい」

と申し入れた。家扶青田綱三が応接に出て
「殿はおいでになりませぬ」

「何を言うか！　若殿にはこのたび警視庁の命令により、自由の御身になられたばかりではないか。このお邸におわさずして、どこにいらっしゃるというのだ」

「若殿様は御病気にて、昨日から御入院です」

「ふうむ、御入院とな……して、病名は？」

青田は目に冷笑をうかべて
「瘋癲病です」

「何だと？　瘋癲病だと？　若殿様の御病状は、一室に閉じ込め奉るほどのことではないという診断が下されたばかりではないか。何故にふたたび監禁申し上げるのだ」

「監禁ではない、入院です」

「何という病院だ？」

「本郷田町の私立瘋癲病院です」

「いよいよもって、けしからん。察するに、汝等は警視庁より若殿の鎖錮を禁ぜられたるにより、このたびは私立病院長をくどき落して、入院の名目のもとに、事実は監禁し奉ったのであろう。この上は我々においても、あくまでも真相を明らかにして、殿をお救い申し上げるばかりだ」

錦織は席を蹴立てて帰ると、その足で後藤新平を訪ねて
「大変です。相馬家では、ふたたび主君を監禁しました」

「そんな馬鹿なことがあるものか。誠胤さんは警視庁の命令によって、解放されたばかりだ」

「ところが家令たちは、こんどは私立瘋癲病院に入院させてしまったのです」

「なるほど、入院とは考えたね。さては、病院長、まるめ込まれたな」

「先生もそうお考えですか。私も聞いた途端に、さように思いましたが……」

「まず、そんなところさ。当今の医者の腐敗もまた、極まれりというべきだ……よろしい。どこまでも戦って、理非を明らかにしようではないか」

はじめのうち、この事件に介入することに躊躇の色を見せていた新平が、いつのまにか当事者よりも熱中して、相馬家と戦端を開始しそうな形勢になってきたので、錦織は感激して
「先生のお味方を得まして、こんな心強いことはございませぬ」

「いや、僕は前にも宮内省の桜井大書記官に申し上げたことだが、なにも貴公や相馬誠胤さんのために一肌脱ごうというのではない。日本の医界の積弊を一掃しようと思うだけなのだ」

「それが、私どもにとってはありがたいのです」

錦織は目を輝かした。そしてただちに本郷田町（現在の東大農学部のあたり）の私立瘋癲病院に出かけて、相馬誠胤に面会を求めた。

病院では、かねて相馬家から、錦織剛清が来ても、絶対に誠胤公に面会させないようにと依頼されているので、これを拒絶した。

錦織はそのまま立ち去ったが、その夜七時ころ、本郷警察署から瘋癲病院長加藤照卿に至急出頭せよという呼び出しである。

代理として、副院長が出頭すると、係官が
「錦織剛清なる者を存じておるか」

「いかなる人物か、くわしくは存じませんが、本日当病院へ参りまして、入院中の相馬誠胤公に面会を求めました。しかし、かねて相馬家からの依頼もありますので、拒絶いたしました」

「面会を許したらどうか」

「それは、私の一存では参りません」

「実は、先程本人が来て、このような願書を差し出した。ちょっと読んで聞かそう。

……相馬誠胤ハ更ニ病人ニコレナキニモカカハラズ、瘋癲ノ名ヲ付シ、私立加藤瘋癲病院へ入院ツカマツリ候儀ハ、家令家扶親戚ト馴レ合ヒ謀リテ、カクノ如キノ次第ニ立チ至リ候ニ相違コレナク……ヨッテ、御手数恐レ入リ候ヘドモ、誠胤ヘ面謁ツカマツリタク候間、何トゾ警察ノ御立合ヒ下サレタク……

こういうわけだから、面会を許したらどうか」

しかし加藤副院長は

「私は院長の代理の者ですから、自分の一存で面会の可否を決定することができません。一旦病院に帰り、院長に報告した上で、とかくの御返事をいたしましょう」

「それでは、院長によろしく伝えるように……面会の時は、本署員を立ち合わさせるから……」

副院長の報告を聞いて、相馬誠胤の看護のため付き添っている家扶石川栄昌は、

「警察にどうしてそんなことを命令する権利があるのだろう。一人の男の気まぐれから出た、でたらめの願書を取り上げ、副院長先生を呼び出して厳達するのみならず、警官を立ち合わせるなど、越権も甚だしいものだ。この調子だと、たとえばゴロツキや壮士のような連中が、ある事ない事を言い立てて、金銭をゆすりに来ても、警察は会ってやれとすすめるつもりだろうか」

「署員を立ち合わさせるといっています」

「それこそ余計なお世話だ。一体、警察はどちらの味方なのだ。聞くところによると、内務省衛生局の技師後藤新平とかいう男が、錦織の味方に引き入れられ、警視庁へ入り浸りになって、総監以下へいろんなことを吹き込んでいるそうだが、人民保護の重責をになう警察が、そんなことで動かされるようでは、世も末だといわねばならぬ」

「錦織は誠胤公の委任状を所持しているとかいっておりました」

「それは不思議だ……かの男は主君にお目通りしたことがないはずではないか」

こう言って憤慨しているところへ、錦織は本郷警察署の書記江橋栄、巡査、探偵係などに付き

添われて現れると、誠胤公に面会を求めた。

石川家扶は
「たびたび申した通り、若殿様に面会は相成りません」

そばから警官が
「本人は誠胤公の委任状を持っていることなれば、取り次ぎくらいしたらどうか」

「それは不思議です。殿様にお目にかかったことのない貴君が、どうして委任状を持っておられるのですか……それは多分ニセ物であろう」

「無礼なことを申すな。ともかく吾が輩は委任状を所持しておる。つべこべいわず、若殿に取り次いでもらいたい」

「その委任状なるものを、ちょっと拝見したい」

「無礼な事を申すな。めったな事で、貴公らに見せられるものではない」

「委任状がニセ物だから、見せられないのであろう」

警官が
「ニセ物か本物か、錦織を誠胤公に会わせれば判明するのではないか。本職はべつにどちらの味方をする者でもないが、その方たちがあまりかたくなに面会を拒むと、かえって不審に思うぞ」

石川家扶はしぶしぶ錦織を取り次いだ。

錦織剛清は翌日、後藤新平のところへ出かけると
「ようやく主君に拝謁することができました」

「それはよかった。しかし、家職どもが、よく面会を許したね」

「本郷警察署員と同道で参りましたから、彼等もその威に圧されたようです。かねて先生から、警視庁方面へ説いていただきましたことが、効を奏したものと思われます。いずれにいたしましても、警察は大変親切にしてくれました。先生のお蔭です」

「して、面会の様子はどうだったかね」

「はい。ようやくお目通りへは出ましたものの、主人の前後左右には家令、家扶ら一味の者が数人、座を占めまして、なかなか近寄ることを許しません。私は遙か末座に平伏しまして、うやうやしく一礼ののち、静かに面をあげて拝しまするに、主人には永年の幽閉のため、痩せ衰え、顔色は蒼白に変じ、目ばかり血走って、異様の光を発しておわします……あまりの痛わしさに、私はしばし言葉もなく、ただはらはらと落涙するのみでした……」

「ウム」

「ややあって私は、かように申しました……

『今さら申し上ぐるも恐れ多き事ながら、わが君には、前後数年にわたる御幽閉、御心労の程いかばかりなりしならんと、剛清深く恐察つかまつりまする。これひとえに、獅子身中の虫とも申すべき悪家令、悪家扶どもの謀計によるものでござりまして……』

と、かように言いかけますと、側近の令扶どもが口々に
『御前！　御前！　錦織は狂人でござる。かようの者の言うことを真にお受けなされますな……』

と騒ぎ立てましたが、主人は憤然として
『黙れ！　汝等は永年にわたり、予をもって発狂せりとなし、邸内に監禁せるのみならず、この

度は錦織をもまた、狂人と呼ぶ……汝等に取りて都合悪しき者は、皆狂人というのか』
と叱咤されましたところ、一同沈黙して、返す言葉もありません。
そこで私はこれなる書き付けを差し出しまして
『剛清は永年孤忠を守り、殿を悪人ばらよりお救い申し上げんと、さまざまに心を砕き居ります
るが、力及ばずして、思うに任せませぬ。よって、これなる委任状をしたため参りましたれば、
御判をいただきたく存じまする』
と願い出ました」
言いながら、錦織は一枚の紙を新平に見せた。それには誠胤の名で次のように書いてあった。
一、旧家来錦織剛清ヲモツテ左ノ権限ノ事ヲ総理致サセ候事
一、家令扶、親族、同族ノ者、我等ヲ発狂人ト名付ケ、暴力ヲモツテ鎖錮致スニ付キ、右告訴
ノ件
一、我等鎖錮セラレ候ウチニ、家令等ホシイママニ我等ノ実印ヲ使用シ、我等ノ名義ヲモツテ、
種々ノ奸策ヲメグラシ候ニツキ、右出訴ノ件
右総代理委任如件
後藤新平は錦織の差し出した委任状を見て
「おや、これは君の筆蹟だね」
「はい、幽閉中の主君に御執筆を願っても、側近にさまたげられて不可能かと思いまして、私が
あらかじめ認め置き、拝謁のとき捺印していただきました」
「拇印だね」

「左様です。主人は令扶どもに向かって、実印を持って参れと申されましたが、もとより彼等は言を左右にして、従いません。そこで私が拇印でもよろしゅうございますと申しまして、捺してもらいました」

「なるほど……」

「そのとき主人が申さるるには
『皆の者は予を狂人じゃと称して、かように禁錮いたしおるが、予は決して狂人ではない。聞くところによると、陸軍軍医総監松本順先生は海内随一の名医ということだが、その方、松本先生をお訪ねして、予の診断を乞い、病気の有無を明らかにしてもらいたいものじゃ』

と、かようでございました。それで私は、一身の及ぶ限り、我が君の御為に尽しますと答えて退出しました」

「それはよかった」

「しかし、松本順先生といえば、今日医界における最高の権威とか承っております。私は一旦は主人に受合いましたものの、果して松本先生が快く御診察下さるか否か、まことに心もとなく思います。もし御承諾がいただけなかったならば、私は不忠の臣ということになります」

「それは、わが輩から頼んであげよう」

新平は事もなげにいった。

「えっ……先生からお願いしていただけますか」

「わが輩も、さほど懇意というわけでもないが、公務の関係で何回かお目にかかって、お顔は存じ上げている」

松本順は旧幕時代の奥医師松本良順、つまり松本塾の若先生で、乱暴者の司馬凌海がたびたび追放になっても、かばってやった恩人であるから、後藤新平はその孫弟子くらいの格に当る。
新平は巻紙を取り出して、さらさらと依頼の手紙をしたためると
「これを持って松本先生のところへ行きたまえ。多分承諾していただけるだろう」
「ありがとうございます」
錦織はさっそく松本順を訪ねると
「狂人でもない主人に狂名を付し、あまつさえ監禁するとは、不都合千万と存じます。ひとつ先生の御眼力にて、悪人共の姦計を見破っていただきたく存じまする」
松本順は司馬凌海のような変物を可愛がるだけあって、根が淡泊で義侠心に富んでいるから
「明治の聖代にあるまじきことだ。大いに取っちめてくれよう」
勢い込んで、錦織といっしょに出かけた。
錦織剛清は松本順を案内して、ふたたび本郷の私立瘋癲病院に現われると、相馬誠胤に面会を求めた。
石川家扶が冷やかに
「面会はかないません」
とつっぱねた。錦織は威丈高になって
「ここにお連れ申したは、陸軍軍医総監松本順閣下であらせらるるぞ。先日、殿様に拝謁いたした折、松本閣下に御診察をお願いするようにと、殿からじきじきの仰せがあったればこそ、わざわざお願いして、お出ましいただいたのだ。面会をおことわりするなど、無礼であろう」

石川は
「私はただ、許可なくして何人にも面会を許してはならぬと、大殿様から命ぜられているだけです。もし是が非でもということでしたら、明日午後二時ごろ、もう一度おいで頂きたい。それまでに上司に伺っておきましょう」
テコでも動かぬ様子に、錦織は
「それでは、明日また参る」
と引き揚げたが、松本順は留まって
「ちょっと院長にお目にかかりたい」
と申し入れ、しばらく別室で院長と密談した。
ややあって、院長が石川家扶を呼び出すと
「いかがでしょうな、松本先生の御診察をお受けになっては……錦織とやらも帰ったことですから、松本先生お一人だけなら、よろしいのではないですかな」
院長はどうやら、松本順の権威と名声を畏敬して、なるべく手ぶらで帰したくない風である。
しかし石川は
「かたくなことを申すようですが、私の一存では御返事できませぬ。いかに総監閣下でも、錦織がつれて来た人に面会を許したとあっては、私の職責が全うできませぬ」
「そうですか……松本先生のような方には、こちらからお願いしても、なかなか診ていただけないというのに、先方から診てあげようとおっしゃるんですがな」
院長はムッとした風で立ち去ったが、まもなく現われると

「まことに申し兼ねますが、当院では患者のお世話を致し兼ねますから、即刻退院の手続きをして、お引取り下さい」

「そりゃまた、どうして……」

「実は昨日、このような脅迫状が参りましてな」

見ると、「敢為志士五名」という匿名の差出人からで、相馬家の陰謀を書き連ねたのち
「足下早ク家令ノ依頼ヲ謝絶シテ誠胤君ヲ相馬邸ニ返サレ候へ。遅々スルトキハ必ラズ剣光ノ眼前ニ閃々タルヲ見ルニ至ラン。後悔スルナカレ」

とある。院長は
「何しろ、こんな脅迫状が来たり、警官帯同で面会強要の者が来たりしては、ほかの患者に与える影響も甚大です。こんな恐ろしい患者ははじめてです。即刻お引取り下さい」

せめて明日までと頼んでも聞かれず、その夜のうちに追い出された。

相馬誠胤が私立瘋癲病院を追い出されてから、わずか四日後の三月二十一日、京子夫人は胸部疾患が悪化して、世をさった。相馬家にとっては、かさねがさねの不幸である。

彼女の病状は、この月に入ってから次第に重くなっていたが、錦織剛清の活動によって、一家の静穏がかき乱され、誠胤の鎖錮解禁、入院、退院と打ち続く騒ぎに巻きこまれたことが、彼女の心痛の種となり、死期を早めたものと想像された。

後藤新平は、この際、死体を解剖して、その不具か否かを確かめておくべきだと警視庁へ進言したが、それはおこなわれなかった。

京子夫人の突然の逝去に、一家一門が悲嘆にくれている折しも、錦織はまたもや相馬邸にあら

われて、弔問の言葉を述べたのち、誠胤に面会を求めたが、固く拒否された。

錦織はただちに宮内省に出頭すると、相馬家の令扶が自分の面会要求をこばむのは、彼等に後暗いところがあるからであろうと述べ、自分の要求を認めるよう説諭してほしいと願った。

宮内省大書記官桜井純造は、最初から相馬家を多少疑惑の目で眺め、後藤新平を自宅に訪ねて、真相究明を依頼した男である。彼には相馬家の令扶たちが、ひたすら秘密主義を守って、主人を錦織に会わせまいとするのが、合点がゆかなかった。おのれに顧みてやましいところがなかったら、誰にでも会わせたらいいではないか……なにをそんなに用心ばかりしているのだ……

彼から宮内少輔香川敬三にむかって、説くところがあったとみえて、香川は志賀家令を呼び出すと
「錦織の要求をいれて、面会させてやったらいかがなものか」

「何しろ、かの男はあることないこと、口から出まかせに言い触らしますので、困ります。主人に会わせれば会わせたで、そのことを種に、何を申すか、知れたものではありません」

「しかし、会わせなければまた、人に知られたくない秘密があるからだという風に疑われるだろう。だいぶ世間でも騒ぎはじめたし、新聞でも大きく書き立てるようになった。この際、あまり厳重に柵をめぐらして、世間の疑惑を深めるよりも、程よく開放したほうがいいと思うが……」

「………」

「そして、彼の言いたいことを、存分に言わせるのだ。また、その時の問答の詳細は、いちいち記録しておいて、あとで当方まで書類として提出してもらいたい。後日のための参考になることもあろう」

「せっかくの仰せですから、そのようにいたしましょう」

志賀家令は、あまり気が進まないながら、諒承して帰った。

四月十四日、錦織は相馬家に現われて、誠胤に面会を求めた。なんとなく勝ち誇ったような顔をしているのは、宮内省から内諭があったことを、知っているのであろう。

彼は奥の一間へ案内された。

錦織剛清は相馬誠胤の目通りへ出ると、うやうやしく平伏して、見舞いの言葉を言上したが、そのまま側に控えている志賀家令以下家職たちの方に向き直り
一、主君に狂名を付し、一室へ監禁するは不法ではないか
一、御実印を詐取し、令扶たちが勝手に押捺せるは不法ではないか
一、主君御監禁中、ほしいままに財産を売買せるは不法ではないか
一、その筋より主君解禁を命ぜられながら、ふたたび私立瘋癲病院へ入院せしめたるは不法ではないか
一、退院後、ふたたび解禁し奉り、狂病なりというは、不法ではないか
等の諸点について面責しはじめた。彼の意図が、誠胤に面会することよりも、彼の面前で家職たちの責任を追及して、立場を失わせることにあることは明らかである。
家職たちは
「そのようなことは、別室へ下って、われわれだけで談じ合えばすむことである。わざわざ殿の御前で論争に及び、いたずらに神経を悩ませ奉るは不敬に当るであろう」
「何を申すか。その方どもの悪謀奸計の最大の被害者は殿なのだ。殿のおわさぬ所で、いくら論

じあったとて、何の益があろう」

やがて錦織は言うだけのことを言うと、かねて用意してきた書類数通を、誠胤の前にさし出して退出した。それらの内容は、彼がこれまでに裁判所、警視庁、宮内省等へ提出した訴状と同じものであった。

五月下旬ころから、誠胤の病状が悪化して、ときどき発作的に荒れ狂った。

かねて麴町署から、公に発作が起ったときは通知するようにとの内達があったので、相馬家から届け出たところ、さっそく赤羽友春署長が出張して来た。

署長が相馬邸に来着したときは、すでに誠胤の発作は鎮静していたが、彼のこわした戸障子、家具などが、まだ散乱したままになっているのを、興味深そうに見て帰った。

なお相馬家では、東京府癲狂院長中井常次郎の診察を乞うたところ、彼は自分の主宰する癲狂院へ入院をすすめた。

中井常次郎はこの三月、警視庁の長谷川泰といっしょに誠胤を診察し、くわしい診断書を作製して「鎖錮すべからざるものである」と結論を下した当人である。わずか三カ月の間にその診断をひるがえしたのは、相馬家の悪人ばらに買収されたのであろうと、世間は囂々と非難した。

なお、この三月の診断書の前に、相馬家から頼まれるままに、ろくろく診察もしないで診断書を書いたといわれる宮内省侍医岩佐純は、まもなくドイツ留学に出発した。

その費用として、相馬家から一千円提供されたといって、世間はいっせいに騒ぎ立てた。錦織の活動はますます激しくなった。

十一月二十一日、錦織は壮士五名を伴って癲狂院に至り、例のごとく相馬誠胤に面会を求めた。

門衛がこれをことわっても、なお執拗に要求してやまないので、警官を呼んで、退去させた。

翌二十二日朝六時、彼等はふたたび現われたところ、門はすでに開けられているが、門衛の姿は見えず、使丁が一二名、中庭を掃除しているきりである。

「それ、今のうちだ」

乱入者は病棟の方へ突進した。

六名の男たちは、病棟の入り口の頑丈な錠を打ちこわして、中へ入ったが、廊下を四間ばかり行くと、また重い扉がしまっていて、押しても引いても、ビクともしない。

多分この中に誠胤子爵が幽閉されているのであろうと、錦織剛清は声をはげまして
「御前、御前……錦織が参りました。お心安くおぼしめせ」

と呼ばわったが、中はシンとして、人の気配がない。

この扉も打ち破って進もうとしていると、病院の守衛、看護人、事務員などが出て来て、乱闘になった。

双方入り乱れて争っているところへ、急を聞いて駆けつけた警官が割って入り、たちまち錦織らは取り押えられ、本郷警察署へ引致された。

それぞれ負傷しているので、警察ではまず医員の手当を受けたが、中で傷の重いのは松浦武三郎という男で、頭を三針ほど縫った。

錦織は一面の打撲傷で、全身紫色にはれ上っているけれど、傷らしいものはない。

ほかの男たちは、かすり傷程度である。

一通り手当がすむと、一同留置場に入れられ、一週間後に鍛冶橋監獄へ移された。

錦織は未決監につながれること一年四カ月、足掛け三年後に判決があって、重禁錮一カ月、罰金二円を宣告された。

彼の罪状は、家宅侵入罪のほかに、私書偽造罪にも該当していた。私書偽造というのは、彼がさきに方々へ持ち廻っていた相馬誠胤からの委任状なるものが、本人のあずかり知らぬニセ物であることが、裁判の進行中に判明したのである。

乱入した男たちのうち、松浦武三郎と恵沢正利の二人が禁錮二十日に処せられた。

残りの三名は無罪放免となった。

しかし、有罪の三名はもちろん、無罪の三名も、判決までの一年四カ月、未決監にほうりこまれていたことは事実である。

いくら審理に手間取るからといって、こんな長期間の未決はめずらしい。錦織は至急審判の請願書を出すこと、八十余回に及んだが、ついに効果がなかった。彼は裁判官に好意を持たれていないと思わざるを得なかった。

錦織が獄につながれている一年あまりの間に、相馬子爵家の事情にも変化があった。

東京軽罪裁判所では、錦織がしきりに、相馬誠胤が健康なるにもかかわらず監禁されていると主張するので、その実否をたしかめるため、東京大学にたのんで、誠胤の病状を鑑定してもらうことになった。

そこで同大学では、外人教師ドクトル・スクリッパと、日本人教授三宅秀、原田豊の三名がこれに当ることとなり、四カ月にわたって、くわしく診断した結果、誠胤はたしかに精神障害にかかっているに相違ないが、近来はやや快方にむかっているから、適当な治療をほどこせば、なおる見込みは充分あると発表した。

この鑑定にしたがって、相馬家では誠胤を退院させた。

しかし、誠胤はまだ完全に健康を回復したといえる状態ではなかったので、何時発作が起るかわからぬという不安もあり、やはり一室に監禁同様にしておかねばならなかった。

明治十九年になると、誠胤子爵の発作がまた激しくなったので、一月、ふたたび癲狂院へ入れることになった。

錦織剛清が足かけ三年、実際には一年四カ月の獄中生活を終えて、世間へ出てみると、相馬誠胤はふたたび東京府立癲狂院に監禁されていた。

おまけに相馬家では、誠胤の弟順胤を相続人に指定しようという方針で、令扶たちが親戚や宮内省方面の諒解を求めて、運動の最中である。

順胤は充胤の側室おりうの方の腹を痛めた子で、錦織は志賀家令と密通の結果生まれたものと断言している。その人を誠胤の相続人にしようというのは、かねてから錦織が予言していたお家横領の陰謀が、着々として実行に移されつつあることを物語るものである。

錦織は太政大臣三条実美公に上書して、相馬家の危機を訴え、なおみずから三条邸へ伺候して謁見を求め、旧主のために特別の尽力を乞うた。

三条公は、今の立場上ただちに表立って錦織を助けることはできぬが、ひそかに心がけて汝のために尽すこともあろうと慰めた。錦織は百万の味方を得た心地で、人々に吹聴してあるいた。

相馬誠胤がふたたび入院してから三カ月後の四月下旬、これまで本郷にあった東京府癲狂院は、巣鴨に移されることになった。場所は現在の小石川高校、理研などのある一郭である。癲狂院はのち東京府立巣鴨病院と名を改め、大正八年、府下松沢村へ移されるまで、この地にあった。その間、巣鴨という言葉は精神病の別名になった。

四月二十日は移転の当日である。大世帯だから、院内の混乱、喧騒はその極に達した。たまたまその日は、誠胤の気分がやや静穏のように見えたので、家令志賀直道ほか二名の家扶は、引っ越しのごたごたを避けるため、誠胤にすすめて、上野公園へ散歩に出かけた。散り残った桜の花をながめながら、山内を一巡したのち、鶯谷の伊香保温泉で汗と埃を流し、それより精養軒へ入って、昼食を取ろうとするとき、突然誠胤は眩暈を起し、昏倒した。引っ越し最中の病院から、あわてて医員が駈けつけて、応急手当をほどこし、発作のおさまったところで、駕籠をやとって誠胤をのせ、引っ越し先の新病院へつれていった。

新病院は、病室も新築で、木の香が高く、さっぱりしていたけれど、一般庶民の患者を収容する目的で作られているため、造作、調度その他すべて粗悪で、とても貴人の住むに堪えるものではなかった。

そこで、相馬家では協議の結果、構内に別に自費で閑雅清潔な一屋を建て、誠胤をそこに住まわせようという案を作り、当局の許可を得た。もちろん、誠胤が入院中は相馬家の所有だけれど、退院あるいは死亡によって、不要になったときは病院へ寄付するという条件つきである。

八月七日、八畳、十畳の二間続きに、押入れ、水屋なども付属した上等の普請の一棟が落成し、誠胤はそこへ移された。

人間盗難

錦織剛清は出獄ののち、下谷金杉のあたりに小さな家を借りて住んでいた。

家の持ち主は、九段坂に写真館を経営する写真師鈴木真一で、彼は錦織の熱烈な支持者であった。

相馬子爵家の人たちにとっては、錦織は恐ろしい人間であったが、彼の誠忠に感激して、讃美と声援を惜しまない人も、決してすくなくなかった。

錦織が相馬家を相手取って訴訟を起したり、癲狂院へ乱入したりするごとに、義人としての彼の評判は高くなり、味方はふえた。

明治維新以来二十年、旧藩主と藩臣のつながりがようやく薄れ、忠義とか情誼とかいう言葉が忘れられつつあることを惜しむ人たちの間では、錦織はいつまでも昔気質を保持する、頼もしい男であった。

近くに住む米屋の長谷川明高も、彼の後援者の一人であった。

彼は江戸のころから俠客の仲間に入って、弱きを助け、強きをくじくのを本分としている男であったが、米代の催促にたびたび錦織の家におもむくうちに、相馬家の秘密を聞いて、義狹心を起し、彼に力を貸そうと誓った。

錦織といっしょに癲狂院へ乱入して、いっしょに獄に繫がれた恵沢正利は、錦織の言うところに嘘が多く、金の点でも曖昧なことがすくなくないので、彼の動機を疑って、何度か手を切ろうとした。

たとえば錦織は仲間にむかって、相馬誠胤から委任状をもらっているといっていたが、その委任状に押された拇印は、錦織自身のものであったことが、裁判の結果あきらかになった。

また、錦織の話によると、相馬家の親戚である元広島藩主浅野侯爵家が、ひそかに錦織に同情して、援助を約束してくれているから、彼等が入獄しても、家族は生活に困らないだろうということであった。

しかし、彼等の入獄中、家族の者が浅野家へ頼っていっても、そういう約束をしたおぼえがないといって、追い返された。

これらについて錦織は、委任状の拇印はたしかに自分のものだが、これはいずれ誠胤子爵から本当のものをもらうまで、世間の信用を繋ぐ必要があるから、やむを得ずしたことだと弁解した。

敵をあざむく為には、味方をあざむくことも、時には必要であり、大事を成し遂げるためには、術策も用いる必要があるというのが、錦織の言い分である。

また浅野家は、たしかに錦織に援助を約束してくれたけれど、これは世間へは内密のことだから、玄関から大きな声で頼みにいっても、知らないといわれるにきまっている。

そのように説明されれば、それもそうかも知れないという気がしてくる。

それに恵沢にしてみれば、錦織とここまで深くつきあったのに、ここで別れれば、世間の物笑いになるばかりである。

また、錦織はときどき嘘をつくこともあるけれど、それらは些細なことである。相馬家の危機を救うという大目的達成のあかつきには、笑い話にすぎなくなるだろう……

恵沢正利はそう思い返して、錦織のためにまたもや骨を折るのであった。

錦織剛清は、もう一度癲狂院を襲って、相馬誠胤を盗み出す計画を立てると、九段の写真師鈴木真一から、軍資金として二百円借りて来た。

錦織に対して、すこし熱のさめかかっていた恵沢正利は、この金を見ると、もう一度錦織のために働いてもいいという気になった。

侠客で米屋の長谷川明高も、錦織が本当にやる気でいると知って、一肌ぬごうと誓った。

前回の失敗の原因は、何といっても、癲狂院内部の事情に暗かったことにある。

誠胤子爵の監禁されている部屋がどこかも知らず、飛びこんでから、どこだどこだと騒ぎ廻ったとて、おいそれと盗み出せるものではない。

しかし、癲狂院は巣鴨へ引っ越したばかりで、これまでよりもっと様子がわからなくなった。

聞くところによると、誠胤子爵の病室は独立の一棟で、院内では特に相馬室と呼ばれているそうだが、それがどこにあって、どんな風な構造になっているか、確かめる必要がある。

錦織たちはまず、癲狂院の事務員北川某ほか一名を買収して、院内のくわしい事情を教えてもらった。

錦織たちはなお慎重を期して、相馬誠胤の付添看護人中田太一郎をも丸めこんで、時々内部の様子を報告させた。

そうこうしているうちに、明治十九年も暮れて、二十年になった。

あらゆる手筈がととのったが、たった一つ問題がある。盗み出した誠胤を、どこにかくまうかである。

「内務省衛生局の後藤さんのお邸にお願いしてみたらどうかな」

錦織が言うと、鈴木写真師が
「うん、あすこは舅さんの安場さん一家の同居で、敷地が広いから、一人や二人かくまっても、外からはなかなか様子がわからない。それに、主人公が内務省のお役人だから、たとえ発覚しそうになっても、警察だってすぐには手が出せないだろう」

「ただ、問題は、後藤さんが引き受けて下さるかどうかだ。お役人というものは、責任問題になることを恐れて、こういう時、なかなか乗り出して来ないものだ」

「しかし、後藤さんという人は、ちょっと変ってるからな……頼みようによっては、引き受けてくれないものでもあるまい」

「ひとつ、あっしが行ってみやしょうか」

俠客の長谷川明高が買って出た。錦織が手を打って
「おお、あんたが行ってくれれば、これに越したことはない。後藤さんは、何しろ威勢のいいことが大好きだからな」

長谷川は麻布材木町の後藤新平の家へ乗り込んで、計画の内容をくわしく説明した。

「フーム、なかなか思い切ったことを考えたね。愉快々々……」

新平は乗り気になったが
「内務省官吏としての立場からいえば、僕は君たちの挙に、表向きは賛成できない。表向きはだよ……」

意味ありげに笑ってみせて
「しかし、相馬家では、せっかく僕が警視庁を説いて作らせた瘋癲人鎖錮に関する規則を無視して、相かわらず子爵の監禁を続ける以上、こちらとしても、非常手段に出るのは、やむを得んだろうな」

「そこで先生、お願いがございます。もしも、あっしたちが首尾よく相馬の殿様をつれ出して来たら、先生のお邸にかくまって、診察していただけますでしょうか」

「それは君、聞き方が悪いよ。これからひとつ国法を破って罪を犯すつもりだから、怪我をしたら療治してくれといわれても、僕は、大いにやりたまえとは言えないよ。しかし、僕の知らないうちに、君たちが勝手に罪を犯して、さあ何とかしてくれと飛び込んで来たら、僕が知らぬ顔をしていられると思うかね」

「いや、なるほど……よくわかりました。やっぱり先生は、なかなか話せる方だ。それじゃ、あっしたちは安心して仕事にかかりますから、よろしくお願い致します」

「わしは知らん……知らんと言っとるのに」

口とは反対に、目は笑っていた。

錦織たちが相馬誠胤盗み出しの準備をととのえているうちに、明治十九年は暮れた。

明くれば二十年の一月である。

もう何どきでも取り掛かれるように、手筈は全部そろったが、ここに問題は、誠胤の警衛に当る人物である。

相馬家では、誠胤の身辺の警衛のため、毎日交替で家扶を一人ずつ癲狂院に宿直させていたが、人によって、その勤めぶりに差があった。

ある者は誠胤のそばを寸時も離れず、番犬のように注意ぶかく警固したが、ある者はのんびり構えて、適当に息抜きをした。錦織たちが事を挙げるには、なるべくのんびりした男の当番のときがいい。

家扶たちの中で、富田深造は特別に碁が好きであった。彼の碁好きは、誠胤と対局中に怒らせて、危うく槍で突き殺されそうになって以来、伝説的に有名である。

錦織たちは、富田の宿直の時をねらって、一月三十一日の夜に定めた。

その前日の夜ふけに、俠客あがりの長谷川明高が、ふたたび後藤新平を訪ねた。

「いよいよ明晩、やることにしました」

「そうか……勝手にやるがいい。僕は知らん」

「先生のような、御身分のある方は、御存じないほうが、ようございます。私どもで勝手にやりますから」

「おもしろいだろうね……」

新平はうらやましそうである。子供の時から乱暴者で通っている後藤新平のことだから、こういう事があると、じっとしていられないのである。

「ところで、先生。お宅の裏口はどこにありますか」

「うちには裏口はない」

長谷川は何か言いたそうにしたが、新平が取りつく島もない顔をしているので、そのまま帰っていった。

あくる日、新平は写真師の鈴木真一を呼ぶと、

「長谷川という男も、ばかな奴だ。裏口はどこだと聞くから、そんなものはないといったら、困った顔をして、帰っていったよ。あいつは、何か運びこむのは、裏口に限ると思っているらしい……こけが女房の腰巻を質に入れるんじゃあるまいし、なにもコソコソすることはないんだ。表門が八文字にあいているはずだと、そう伝えてくれたまえ」

後藤の言葉はそのまま長谷川に伝えられた。

その日の夕、五時、一同は本郷東片町の牛肉店三河屋の二階に勢揃えした。

顔ぶれは、錦織剛清、恵沢正利、長谷川明高、瘋狂院の北川事務員、ほか二名で、合計六名である。

北川はふだん瘋狂院の中に居住しているが、この日の集りのため、わざわざ出て来たものである。

彼は院内の手配等、すべて異常がないこと、富田家扶もすでに出勤して、相馬誠胤の次の間にひかえていることを報告した。

一同は義士の打ち入りという気分で、酒と牛鍋で腹をこしらえ、気勢をあげたが、北川事務員はいそいで瘋狂院へ引き返した。

北川事務員は瘋狂院へ帰るとすぐ、相馬室に現われて、富田家扶に
「どうです、一局……」

碁を打つ手つきをしてみせた。

退屈していた富田はよろこんで、隣室の相馬誠胤の気配をうかがいながら、小声で

「やりましょう。すぐ行きます」

と応じた。

富田深造が碁を打ちにいっている間、相馬室に残っているのは、主人の誠胤と、付添人の中田太一郎の二人であった。

かねて錦織一派に買収されている中田は、そろそろ合図があるころだと、心待ちしていると、雨戸を小さくたたく音が聞えた。

中田はつと立ち上ると、誠胤の部屋の戸をあけて
「御前様。おやすみ遊ばす前に、お小用にいらっしゃいませ」

とすすめた。

誠胤が中田の言うことを素直に聞いて、用をたしていると、突然、中田が外からけたたましく戸をたたいて
「御前様！　大変なことが起りました。お身の上にかかわる一大事です。一刻も早く、ここをお逃げにならないと、危険です」

せき立てられるままに、わけもわからずおろおろして、便所から出ると、廊下の雨戸が一枚あいていて、中田がそこから脱出せよと手招きしている。

出ようとすると、くらやみでよくわからないが、一人の男が自分に背を向けて立っている。中田が
「早く早く！　その男の背にお乗りください。安全な場所へおつれすると申しております。ここは危険です。どうぞ、一刻も早く……」

中田がうしろから突き飛ばすようにするので、誠胤はそのまま男の背に負われた。男は錦織剛清であった。

彼は年来の宿望をようやく達した嬉しさに、宙を飛ぶようにして走りたいのだが、ふだん口ばかり達者でも、力業をしない身には、いくら病人でも、人間一人の身体は重すぎるとみえて、足がふらついて、一向に進まない。

もう一人の若者が代りに背負って、ようやく裏門の外まで運び出し、折よく通りかかった人力車を呼び止めると、誠胤を乗せ、錦織が相乗りして
「九段だ……大急ぎでやってくれ」

一散に走らせた。

長谷川と恵沢はあとに残って、しばらく院内の様子に聞き耳を立てたが、誰もまだ誠胤のいなくなったことに気がつかないらしい。シンと静まり返っている。

彼等は安心して、めいめい車を拾うと、これも九段へ向った。

人力車は、幌を深くおろすと、寒風を衝いて夜の町をひた走った。

九段坂下の俎橋のたもとまで来ると、錦織は車をとめて、誠胤とともに、一旦おりて、別の車に乗り換え、坂上の鈴木写真館へ走らせた。追手をまく計略であることはいうまでもない。

鈴木家では、ただならぬ高貴の客の来臨というので、家じゅう総出で、うやうやしく二階の座敷へ招じると、誠胤を金屛風の前に坐らせ、金蒔絵も美しい膳部を運んでもてなした。

しかし誠胤は青い顔をして、黙りこくっているきりで、せっかくの膳部にも、まったく手をつけようとしない。彼には環境の急激な変化が呑み込めないのである。

一時間ばかりすると、表に車輪と蹄の音がして
「ご用意が出来ました」
と案内があった。
下におりてみると、二頭だての真黒な箱馬車が一台、玄関に横づけになっている。官庁で勅任
馬車といって、勅任官以上の乗る馬車である。
錦織に導かれるままに、まるで操り人形のように乗り込むと、馬車は夜の闇の中へ走りだした。
着いたところは麻布材木町の後藤新平邸であった。約束通り、表門が八の字にひらいている。
馬車は悠々と真中を通って入り、玄関へ乗りつけた。
後藤家の真正面には巡査駐在所があったが、この馬車はまったく怪しまれることなく、その前
を通りすぎることができた。
この邸には、後藤新平とその妻の父安場保和が同居しているが、どちらも重要な地位にある官
吏で、馬車で乗りつける訪問客が絶えないから、警官は畏敬の目をもって見送ることはあっても、
まさかこの馬車の中に、一世を驚倒する人間盗難事件の犯人と贓品がひそんでいようと、思う由
もなかった。
馬車が後藤家へ着くと、主の新平はわざわざ玄関まで出迎えた。
錦織はまるでこわれ物でもあつかうように、誠胤をそっと助けおろすと、息をはずませて
「御診察をお願いにあがりました」
といった。見ると、誠胤はよごれた秩父銘仙の綿入れの寝巻のままである。新平は
「ようこそおいでになりました。御入院のようにうけたまわっていましたが、もはや御退院です

か」

　と挨拶して、二階の座敷へ通し、夜食に餅など焼いて出したが、誠胤は黙りこくっていて、ほとんど手をつけない。

　この際、一同が一番知りたいことは、誠胤が本当の狂人であるかどうかということである。それで、鈴木写真館にいるときから、長谷川や恵沢はそれとなく誠胤の言動を注視しているのだが、行儀作法はいかにも貴族らしく、端然として気品があるし、言葉のはしにも、乱れたところはすこしも見受けられない。

　ただ、何となく顔色がすぐれず、沈鬱に見えるのが、病人らしいといえないこともないが、永年一室に監禁されていれば、誰だってこのようになるだろう。

「ともかく、詳しい診察は明日ということにして、今夜は、お疲れだろうから、おやすみいただいたらどうかね」

　誠胤を床につかせると、一同は階下へおりて、おそくまで笑いさざめいた。

　相馬家が主人の不在に気がついて、上を下への大騒ぎになったのは、そのころである。

　富田家扶が北川事務員との碁に熱中して、思わず時をすごし、ようやく相馬室へ帰ったのは、十時ころであった。

「御前、ただいま帰りました」

　部屋の外から声をかけても返事がないのは、もう寝まれたのだろうと思ったけれど、ふしぎなことに、付添看護人中田太一郎の姿が見えず、雨戸が一枚あけ放たれたままになっている。

「これはおかしい……もしや……」

ランプの光でよくよく誠胤の部屋をのぞいてみると、床は藻抜けの殻で、主人の姿はどこにも見えない。

「すわ事だ。錦織の仕業だ」

富田は動顚して、事務所へ駆けつけ、急を知らせるとともに、内幸町の相馬邸へ人を走らせた。本邸では、志賀家令以下、一同色を失って、取りあえず青田家扶ほか両三名を病院へ急派し、なお警察へ捜索願いを出した。

しかし、警察だけをあてにしているわけにゆかない。

夜道ではあり、極寒の候でもあり、まだそう遠くへは行くまい。東京の外へ出られては厄介だから、まず出口を押えようと、千住口、上野駅、王子駅、新橋駅の四カ所へ、それぞれ令扶二三名ずつを急派して、見張りに当らせた。

相馬家で大さわぎをしているうちに、誠胤子爵は錦織その他に付き添われて、後藤新平邸に一夜をあかした。

早朝、新平は誠胤の部屋へ現われると、朝の挨拶をしたのち、診察に取り掛った。しかし、この日は昨日に引き続いて、誠胤としてはめずらしく気分の落ち着いた日であったから、外から見たところ、取り立てて病人らしいところはなかった。

しいて言えば、眉のあたりと眼瞼がたえずピクピク痙攣し、また何か考え事をするとき、視線はもの憂げに一点を見つめる癖がある。これは精神病者の特長であるが、この程度の症状では、わざわざ鉄窓の中に監禁するにも当らないだろうというのが、新平の判断であった。

七時ごろ、有名な代言人の角田真平が、人力車で乗りつけた。彼は改進党にその人ありといわれる人物で、気骨をもって知られ、島田三郎や大岡育造とも親交があった。

角田は竹冷という号で俳句を作り、また古俳書の蒐集でも有名で、今日も研究家の間に尊重されている竹冷文庫は彼が努力して集めたものである。

角田真平はかねてから相馬家の内紛の顚末を聞いて痛憤し、錦織に同情していた一人であるが、錦織の同情者の代表的な三人、後藤新平、鈴木真一、角田真平の名前にそれぞれシンという音の一字があるところから、世間では彼等を相馬事件の三シンと呼んだ。

角田が来ると、後藤新平は一同に彼を紹介し、改めて協力を誓いあったが、まもなく彼は
「諸君、そろそろ八時になります。僕はこれから役所へ出勤しなければならない。ついでに警視庁へも顔を出して、誠胤さんと錦織君の身柄の問題について、警視総監と談判してくるつもりです。しかし、本日はなるべく早く帰宅するつもりですから、しばらくの間お待ち下さい」

言い置いて、家を出た。

後藤新平は内務省へ出勤して、その日の重要な事務を手早く片づけると、急用があるからといって早退し、その足で警視庁へむかった。

「総監に取り次いでもらいたい」

警視総監は福島事件で有名な三島通庸である。

「ただいま熱海へお出掛けです」

「それでは代理の人に……」

通されたのは大警視村上楯朝の部屋であった。彼は三島総監の片腕といわれ、庁内第一の切れ者である。

「どういう御用件で？」

「聞くところによると、例の相馬子爵が、昨夜癲狂院から姿をくらましたそうですね」

村上大警視の目がキラリと光って
「貴官はどうしてそれを御存じです？」

相馬誠胤の失踪がわかったのは、昨夜おそくである。まだいくらも時間がたっていないのに、もう知っているとは？

「私はわけがあって、知っています。警視庁は全力をあげて捜査に狂奔しておられるようですが……どうですか、何か手掛りがありましたか」

あざ笑うような調子である。村上大警視は虚勢を張って
「大体のメドはついています。一味の顔ぶれも、およそ、わかっています。一網打尽にするのは、時間の問題ですな」

言いながら、ジロリと新平の顔をながめた。お前も縛る予定に入っているぞといわんばかりである。新平は
「ところで、ひとつお伺いしますが……今もし相馬子爵がここへ出頭して、自分の病気が、真に監禁されねばならぬほどのものかどうか、医学界の権威に診断を仰いでもらいたいと願い出たら、当庁ではお許しになりますか。……ただしその際、診断を依頼する医者は、相馬家の令扶の味方でもなければ、錦織の味方でもない、中立の人物であることが条件ですが……」

「そういう質問には、答えられません。相馬子爵が姿を消したについては、当方の調べによると、何人かの徒党があって、癲狂院へ潜入し、相馬子爵を盗み出した上、いやがるのを無理矢理に人

力車にのせて、九段下まで連れ去ったということまで判明している。その者共が犯人です」

「よくわかりました」

「本郷富士前町の車夫某が自白しています。なお、この蔓を先へたぐってゆけば、犯人共はいずれ皆あげられるでしょう。われわれの任務は、犯人を検挙し、相馬子爵をふたたび癲狂院に収容することにあります。誠胤子爵の診断は、やりたければ誰か、勝手にやればよろしい。われわれの知ったことではありません」

「ずいぶん杓子定規な話ですね。警視庁は非番の巡査まで召集して、東京全市に非常線を張っているようですが、それほどまでに、相馬家の悪人共に尽す必要がありますか」

「われわれはなにも、相馬家に奉仕するために、誠胤子爵の行方をさがしているのではありません。子爵は狂人であって、癲狂院に収容さるべき人である。その人が囲みを破って外へ出たから、われわれは取り押えねばならないのです。また、子爵を盗み出すことに協力した者共は、国法を破ったのである。故に我々は逮捕しようとしているのです」

　村上大警視の論理は整然としているが、彼はこの論理の前提として、相馬誠胤が狂人であるという事実を、疑いをいれる余地がないものと認めている。

　そして、新平たちの目的は、この事実そのものをくつがえすことにあるのだ。

　新平は皮肉な微笑と共に
「相馬子爵が現在どこにいるか、あなたはご存じですか」

「それがわかっていたら、われわれがこんなに大騒ぎをするはずがないじゃないですか」

「帝都治安の大任を担う警視庁にあるまじきことですな……よくもオメオメとその職に安んじて

おられるものだ」

「もちろん、責任は痛感しています。だからこそ、部下を督励して、百方探索の手を伸ばしているのだ。そして、万一発見できなかった時の覚悟は、もちろんできています」

村上大警視は胸をたたいて見せた。内ポケットに辞表が入っているという意味らしい。

「どうです、相馬子爵のありかを教えましょうか」

新平がだしぬけに言ったので、村上はのけぞらんばかりに驚いた。

「なに？　貴官は子爵のいる所を知っているといわれるのか」

「もちろん、知っています」

「どこだ、それは……」

「私の家です」

「なんだと……それは本当ですか」

「うそを言ったって、仕様がないでしょう」

「けしからん……貴公が盗み出したのか」

「人聞きの悪いことを、言わないで下さい。私は盗み出したりしやしません。本人がフラリと飛び込んで来たのです」

「そんな馬鹿なことが、あるものか。きっと何人かで共謀したにちがいない」

「いや、飛び込んで来たのです。だから、私はかくまってやったにすぎません」

「いずれにしろ、すぐにこちらへ引き渡してもらいたい」

「いやです。私は彼を保護してやる義務がある。諺にも、窮鳥懐に入れば、猟師もこれを助けるということではありませんか」

「そんな文句は、本庁には通用しない。いやだというなら、職権をもって逮捕する」

「逮捕するなら、今すぐでも、してみるがいい。……いいですか。相馬誠胤のありかを教えてあげたのは、小生ですぞ。その小生を逮捕したら、世間は何というだろう。村上大警視は、自分の手柄にするために、わざわざ相馬子爵のありかを教えに来てくれたものを縛ったというでしょう」

新平はせせら笑って
「私はいつまでも相馬子爵を拙宅にあずかっているつもりではありません。いつかは警視庁へ引き渡してもいいと思っています。だからこそ、こうしてわざわざ、あなたに報告に来たんです」

新平が言うと、村上大警視は
「それならば、一刻も早く引き渡して下さい」

「しかし、相馬子爵は本来無病なのに、悪人どもの奸計によって監禁されているという疑いがあります。彼を癲狂院から連れ出した連中の目的は、おそらくその真偽をたしかめることにあるのでしょう。したがって、いまあなたの要求に答えて、子爵を引き渡しても、そのまま癲狂院へ送り返されるのでは、何のためにこういう騒ぎを起したか、わからなくなってしまいます。その点の保証が得られさえすれば、何どきでも引き渡しますがね」

「そんなことは警視庁の権限外だ。私たちの任務は、ただ癲狂院を破った者を逮捕することだけです」

「それでは、どうぞ御随意に……あなたの部下の警官諸君が、どれほどの働きをするか拝見するには、いい機会かも知れませんな」

新平はこう言い残して、警視庁を引き揚げると、麻布材木町の邸へ帰って、一同に報告した。

代言人の角田真平が
「それは、えらい事をやったね。警視庁はよくその場で君を拘引しなかったな」

「あまり手荒なことをして、あばれ出されると、かえって厄介だと思ったのだろう」

「しかし、おそかれ早かれ、踏み込んで来ると思わねばなるまい」

「ひとつ、裏をかいて、誠胤さんをどこかへ逃がそうか」

「相手は国家権力を背景にしている警視庁だ。外国へでも高飛びさせせないかぎり、早晩つかまるだろう」

「いずれはつかまるにしても、どこまで逃がすことができるか、やってみようじゃないか。警視庁はたった今、僕の報告で、誠胤さんの所在を知ったばかりだ。まもなく、この家のまわりには、十重二十重に警戒網が張りめぐらされるだろう。脱出させるなら、今のうちだ」

「人騒がせな男だ」

「なあに、事を起したからには、徹底的にやるさ。生半可はつまらん」

さっそく、昨夜の勅任馬車が用意され、誠胤と錦織、恵沢らが乗り込むと、二三名の若者を先に走らせ、車輪の音も高く門外へ走り出した。

後藤家門前の駐在所へは、まだ本庁から手配が届いていないとみえて、馬車は怪しまれることなく通過した。

なお市内の主要な停車場、盛り場、各辻、その他およそ人の通行するところには、相馬家の家従や警視庁の探偵たちが目を光らせて警戒線を張っていたが、金色燦爛たる飾りのついた二頭立ての黒塗り馬車が通り過ぎると、いずれの大官の通行かと、彼等はうやうやしく見送ったが、まさかこの中に、昨夜以来帝都を騒がせた、問題の人物がひそんでいようと、疑う者もなかった。後藤新平の姿がドアの向うに消えるやいなや、村上大警視は立って、部下の警部を呼ぼうとした。一刻も早く、警官の一隊を後藤邸へ派遣して、相馬誠胤を救い出させる手配をするためである。

しかし

——待てよ。

つぶやくと、彼はふたたび椅子に腰をおろして、考えはじめた。

今すぐ先方に乗り込んで、相馬子爵を連れもどすのは、いとたやすいことだが、それでは相手の術策に乗るようなものではないか。

捜索の対象は華族であり、そのかくまわれている邸の主は、内務省の奏任技師である。更にそのうしろには、福岡県知事安場保和がひかえている。へたをすると、手のつけられない騒ぎが持ち上るだろう。

相馬誠胤ほどの大物を盗み出した上、ひた隠しにでもするどころか、白昼公然と警視庁へ乗り込んで、手前方にあずかっておりますと報告するやり方は、もちろん、第二、第三に打つ手を考えた上でのことにちがいない。

後藤のいう所では、誠胤は無病なるにも拘らず監禁されたのだという。それが真実ならば、癲狂院を破ったの破らぬのということは小事にすぎない。その背後にひそむ大犯罪を忘れて、重箱の隅をほじくってもはじまらない。

それに、後藤新平ほどの男が、自分があずかっていると公言する以上、逃げも隠れもさせる気がないことは明らかである。魚は大海へ逃げたのでなく、見張り付きの水槽の中に放たれているにすぎないのだ。

――ここはひとつ、あわてて手をつけないで、しばらく泳がせておこう。

彼はこう決心すると、必要が生じたら、何どきでも動き出せる準備だけはととのえておいて、しばらく様子を見ることにした。

事件はまもなく内務大臣山縣有朋の耳にも入った。自分の膝下から、飛んだ男を出したというので、山縣はカンカンに怒ったが、膝下であるだけに、彼は縄つきを出したくなかった。

官吏の中からこういう種類の犯罪人を出すことは、対外的にも感心した話ではない。明治二十年という年は、条約改正を前にひかえて、日本は欧米諸国にむかって、できるだけ内輪のボロをかくしていなければならぬ時期に当っていたが、こういう問題が世間に公表されると、

――日本は法治国だというけれど、官吏が先に立って、法律を破っているではないか。こういう野蛮国の法廷を、われわれは信頼することができない。

こういって、握りつぶされるおそれがあった。

ことに、当時のフランス公使から、外務省へむかって、相馬事件の詳細を知りたいという手紙が来たばかりのところであった。外務省も後藤に手をつけることを欲しなかった。

相馬家では、誠胤の失踪を知ると同時に、百方へ手分けして行方を捜した。

まず最初に、九段下まで人力車に乗せたという車夫があらわれたが、それから先の足どりがわ

からない。上野、王子、千住方面へ見張りに出した男たちからは、何の報告もない。

失踪の翌々日、二月二日になって、ようやく、麻布材木町の後藤新平方に幽閉されているらしいと、密告する者があった。

相馬家では、ただちに後藤邸へ人をやって、主人を引き渡していただきたいと談判させたが、壮士風の男が玄関に立ちはだかって
「当家には、左様な人はお見えになりません」

というばかりである。

翌三日、やせて目の鋭い男が相馬家を訪れると「弁護士　角田真平」という名刺を出して、家令志賀直道に面会を求め、

「小生は御当家の御主人相馬誠胤子爵から、左の件を委託されましたので、返答を承りたい。
一、会計整理の件
二、家令家扶免職の件
三、誠胤子爵を監禁より解放する件」
といって、誠胤の委任状を見せた。署名の筆蹟は誠胤の自筆である。

志賀は一同にはかった上、後刻返答すると告げて
「貴下は主人の委任状をお持ちの上は、現在のありかをも御存じでしょう。ぜひ教えて頂きたい」

「それは絶対秘密です。今頃は百里も遠方にいらっしゃるでしょう」

あざ笑って去った。

もはや東京市中には居られないかもしれないと、相馬家では、群馬県磯部、箱根湯本、塔ノ沢などの湯治場へ人をやって捜させたが、どこにも手掛りがない。

六日ばかりも経って、ようやく、大体の足どりをつかむことができた。それによると、子爵は失踪の翌日、粗末な馬車に乗せられて、麻布の後藤邸を出発、品川から東海道筋を川崎まで下って、同所の会津屋旅館に一泊した。夜は芸者など呼んで、盛大な宴会をもよおしたらしい。

その翌日は人力車で小田原までゆき、幸町の仲松という旅宿に投じた。

次の日は駕籠で熱海までゆき、泉沢兵之助方へ投宿した。

熱海には二三日逗留したが、その間毎晩欠かさず女を呼んで、酒宴をひらき、飲めや歌えの大騒ぎをした。昼は舟を仕立てて、舟遊びをした。

二月六日、一行は熱海を出発して、さらに西へ向った。彼等の最終の目的は京都に上って、同地に滞在中の総理大臣伊藤博文に面謁し、相馬家の実情を訴えることにあるらしいが、六日の夜は修善寺で泊る予定だといっていたという。

相馬家では、もはや一刻も猶予できぬと、家令志賀直道、家従石川栄昌の二人を西下させることにした。

彼等は夜の十一時三十分、人力車で出発した。

二人は夜のほのぼのと明けるころ、神奈川駅に到着すると、ただちに馬車に乗り換えて、なおも西へ向った。

小田原から先は箱根八里の山道になる。車は通らないので、二人は山駕籠をやとった。

三島についたのは、夕方の五時である。二人はただちに三島署に出頭すると、署長に会って、錦織ら一行の取り押え方を依頼した。

署長もかねがね警視庁からの通達で、事件の大体を呑み込んでいたから、勢い込んで
「よろしい。さっそくやりましょう。小官もお供します」

と、人力車を命じた。

静岡の町へ入ったのは、明け方の五時である。

さっそく警察へ飛び込んで、様子を聞くと、一行は昨夜井筒屋という旅館に泊ったということである。

なお静岡署では、三島からの手配に従って、一行の出発を差し留めてあるというので、志賀、石川の両名は、ようやく安堵の息をついた。

五時といえば、まだ人びとの起き出さない時間である。二人はわざと錦織たちの泊っている井筒屋に乗り込むと、表二階に部屋を占め、まず風呂に入って、一昨夜来の汗と埃を流し、朝食をとりながら、これから先の手筈を相談した。

まもなく錦織たちにも、表二階の客が志賀、石川だとわかった。

たまたま、まるであつらえたように、静岡には誠胤の叔父に当る小栗尚蔵が住んでいた。大政奉還ののち、この地に隠棲する徳川慶喜公の家令を勤めているのである。

志賀、石川は小栗を訪ねて、これまでの事情をくわしく述べ、誠胤引取りに出馬を乞うた。

九時ころ、静岡署の警部が三名の巡査をつれて、錦織たちの部屋に入ると、

「相馬子爵を引き渡されたい」

と要求した。錦織は声を励まして

「殿はわれわれがお守り申し上げている。貴官たちが口を出すべき筋合いではない」

「本職たちは、詳しい事情を何も聞いていない。ただ、三島署からの手配によって、子爵の身柄を引取りに来ただけである」

「いや、向うの部屋にいる家令どもの指し金に相違ない。わが輩が先方へいって、直接に談判してくる」

錦織は警官を残して、部屋を出ると、出会い頭に、小栗尚蔵を先に立てて、志賀、石川がこちらへやってくるのと、パッタリ会った。志賀家令が
「控えろ、錦織。このお方は、小栗様と仰せられて、御前の叔父上におわしますぞ」

と叫んだので、錦織は思わず威に打たれて、叩頭した。

小栗尚蔵は錦織たちの部屋に入ると、まず床の間にすえられたまま呆然としている誠胤に一礼したのち、錦織にむかって
「聞けば、足下は元来相馬家の家臣だそうだが、最近の仕打ちは甚だよろしくない。癲狂院を打ち破って、誠胤君を連れ出すなど、もってのほかである。誠胤君はただ今から、われわれにおいてお引取りするから、左様心得よ。その方は、すみやかに東京へ帰ってよろしい」

と申し渡した。錦織はふだんに似ず、しおれ返って、ただうなずくばかりであった。

志賀、石川の二人は、さらに東京から一足おくれて駈けつけた家扶富田廉平と共に、主人を護衛して、帰京することになったが、なお途中の警戒のため、巡査二名の付添いを依頼し、ただちに出発した。

その夜は蒲原泊りである。

一風呂あびたのち、夕食の膳にむかいながら、志賀直道は
「殿、錦織めに委任状を書いておやりになりましたか」

「いや、そんなものは書かぬ」

「でも、錦織の代理の角田という代言人が、持って参りました」

「それはふしぎだ。角田というのは、瘦せた人であろう」

「左様です。有名な代言人で、国会が開かれたら、議員に選ばれるだろうといわれる男です」

「自分が後藤新平の家に泊った翌るの朝、その角田という人がたずねて来て、何かむずかしい法律の話をしおったが、よく気に留めても聞かなんだ」

「その時、委任状をお書きになりませんでしたか」

「そんなものを書いたおぼえはないが、ただ、宮内省へ旅行届を出すから、姓名を記せと言うので、それは書いた」

「その旅行届の字句は、何とありましたか」

「何も書いてない、ただの白紙であった」

「ハハア、それです。そうして、白紙に御署名をお願いして、あとで勝手な文句を書き入れたにちがいない」

「自分はいやだと言うて、固く拒んだのだが、あまりしつこく頼むのでな……」

弁解するような口調である。

「いや、わかりました。角田がその委任状をもって、何やかやと言いに参りますが、当方では相手にしないつもりでおります。ところで、御旅行中、ほかに何ぞ御不審なことでもございません

でしたか」

「いや、別になかった。錦織はじめ、たいそうねんごろにもてなしてくれてな、毎晩のように女どもを呼んで、宴会をもよおした」

「ハハア。そういう金を、連中はどうして持っているのだろう」

「なんでも、京橋あたりに住む平林とかいう男が、ときどき現われて、金のことは心配するなと、皆に渡しておるようであった」

「なるほど、そういうわけですか」

「熱海の宿では、夕飯のあとで、盲人を呼んで、先代萩の浄瑠璃を語らせた。曲が終ったら、錦織が、お家のことも、すこぶるこの話に似ているとお考えになりませぬかと申したので、自分はカッとなって、さんざんに打擲したらしい……」

「どのようになさいました？」

「発作時のことで、よくおぼえておらんが、なぐったり、蹴ったり、裸にして、戸外へ突き出したりしたらしい」

「それは錦織め、とんだ災難でしたな」

「何しろ錦織は、それ以来、自分をおそれて、しばらくは近寄ろうとせなんだ」

相馬誠胤は二月十日、東京に帰着すると、ふたたび小石川の癲狂院へ入れられた。

相馬家の人たちはホッと胸をなでおろしたが、誠胤自身は、おもしろい休暇旅行がたった十日でおしまいになったことを、すこしばかり残り惜しく思った。錦織とその仲間が、善人なのか悪人なのか、彼にはよくわからなかったが、ともかく彼等はみな彼に対して親切で、下へも置かぬもてなしをしたことは事実である。

五日ばかり過ぎたある朝、改進党の論客として有名な島田三郎の主宰する「毎日新聞」（今日の毎日新聞とは別）は、付録として裏表全二ページにわたる特集記事「相馬家紛擾の顚末」をのせた。

その見出しには「寄書」としるし、文末に「相馬旧臣錦織剛清泣血手記」とあるので、錦織の投稿のように見えたが、なおくわしく事情を知る者は、おそらくこれは、毎日新聞の社長兼主筆として名声の高い島田三郎の筆に成るものであろうとうわさした。

その理由の一つは、文章がキビキビして、力がこもっており、ふだん錦織の書くものとはまったく違う点である。

もう一つの理由は、錦織援助者の三シンの一人角田真平と島田三郎とが、特別に親しい関係にあったからである。せっかく誠胤子爵を癲狂院から奪い出しながら、ふたたび奪い返された錦織が、広く天下の世論に訴えて相馬家の非を鳴らそうと、角田真平を通じて島田三郎に働きかけたものと見ても、まず間違いないところであろう。

この文章の内容は、ほぼこれまで錦織が各方面へむかって説き歩いた通りのものであるが、従来少数の関係者にしか知られなかった相馬家の内紛は、ここではじめてひろく一般世間の関心を呼び、相馬事件は重大な社会問題として論議されることになった。

世間はどちらかというと、錦織一派に同情し、相馬家に反感を持った。

錦織の説くところは、芝居の伊達騒動や加賀騒動にそっくりなので、大名の家には何かしら陰謀や罪悪が伏在するものと考えがちの民衆は、相馬家の秘密が錦織によっていちいちあばかれてゆくのに、正義感を燃やした。

さらに、彼等が癲狂院の囲みを破って、主君を救い出したという段にいたっては、まるで物語にある忠臣義士の快挙をそのままに見るようなので、世間は熱狂して拍手をおくった。

錦織の「相馬家紛擾の顚末」は「毎日新聞」に全文がのせられたばかりでなく、なお都下の各新聞社にも送られ、また各省大臣、次官、その他の高官等にも寄贈されたので、世間はいよいよ湧き立った。

こうして、打つだけの手を打ってから、錦織は東京軽罪裁判所へ自首して出た。相馬家の陰謀はそれとして、癲狂院侵犯の罪にはいさぎよく服しようというのである。

このことは錦織をいかにも義人らしく見せ、世間の同情を集めるのに役立った。

錦織の巧妙な作戦によって、相馬家の内紛に対する世間の注意はますます高められ、都下の各新聞は競ってその記事をのせたが、その多くは、錦織側からの投書や談話にもとづくものであったから、彼等に有利なことが多く、相馬家は疑惑に包まれることになった。

そこで相馬家では、十七日、旧臣のなかのおもだった者二十九名を召集して、これまでの事情を説明し、錦織に対する反駁の声明書を発表することを相談したが、賛成十四名、不賛成十五名の両派に分れて、決しなかった。

このような騒ぎの最中に、誠胤の父充胤が急死した。二月十九日朝のことである。

充胤はすでに高齢で、隠居の身でありながら、当主誠胤の狂病のため、後見人の役を引き受け、志賀家令以下を指揮して奮闘していたのであるが、錦織一派の癲狂院侵入、誠胤奪取、奪還等の騒ぎに、心身ともに疲労しつくし、ついに倒れたのであった。

充胤の急逝が、あたかも紛擾のさなかであったため、相馬家に同情する者もすくなくなかったが、それより多いのは、またもや奇怪な陰謀がおこなわれたのではないかと疑う者であった。

もはや相馬家は、疑惑の黒雲に深く包まれてしまった形である。

錦織剛清の瘋狂院侵入、誠胤子爵奪去事件に関する公判は、三月八日、東京軽罪裁判所でひらかれた。弁護人は大岡育造、証人は志賀直道であったが、大岡弁護人はなお、角田真平を証人に請求した。

この時大岡と志賀の間に取り交された問答の主な点は、次の通りであった。

大岡「誠胤子の幽閉されていた瘋狂院内の一室、いわゆる相馬室なるものは、屍室に近いところで、人の忌み嫌う場所と聞いているが、わざわざかかる所を選んだのは、誠胤子に不快の念を催さしめて、病状を悪化させる意図ではなかったか」

志賀「屍室は相馬室より後に築造されたもので、しかも、近いとはいっても、十四五間も離れている。主君に不快を与えるためというのは、邪推にすぎない」

大岡「相馬家の財産は、現在何程ありや」

志賀「凡そ十四五万円くらいのものであろう」

大岡「右の財産を取り扱った者は誰か」

志賀「誠胤子の父君充胤公であったが、先月死去されてより後は、四名の宗族委員と二名の親族委員の合議によることとなった」

大岡「令扶等は金円を取り扱うことがないか」

志賀「充胤公御在世のうちは、公の指揮を受けて取り扱った。現在は宗、親族委員の指揮による」
（ここで錦織は風呂敷包をひらいて、綿フランネルの単衣と秩父縞の綿入れ一枚を出して、大岡に渡した）
大岡「被告錦織の言うところによると、先日静岡において、誠胤子爵を奪還せられし時、子は別れを惜しんで、これらの衣服を彼に賜わったということであるが、これらは誠胤子が癲狂院において、着用されたものに相違ないか」
志賀「いかに家令の職にありといえども、衣服の末までは、あずかり知らない」
大岡「この衣服はすこぶる粗末である。平素誠胤子爵にかかる粗服を着せしめているのか」
志賀「相馬家は元来六万石の小国であるが、一時窮乏甚だしかったとき、二宮尊徳先生の高教を仰ぎ、上下節倹を尽して、ようやく苦境を脱出した。以来、衣服は木綿を着するが定法となっているから、子爵といえども、綿フランネルを用いられることは怪しむにたりない」
大岡「すこぶる薄着のようであるが、主公を冷遇するものといわれても、仕方あるまい」
志賀「錦織らが侵入したとき、子はすでに就寝の準備をしておられた模様である。夜具の中では、薄着でも決して寒気を感じないはずである」
三日後の三月十一日、錦織は重禁錮一カ月を言い渡され、石川島監獄に移された。
錦織が一カ月の刑期を終えて出獄すると、彼の潔白を信ずる後藤新平、角田真平、島田三郎ほか十数名は、向島の料亭八百松楼に彼を招いて、慰労宴を張った。
席上錦織は、出席者の望みに答えて、その得意とする画技を揮い、花鳥、山水等の画を描いたが、好評であった。

相馬誠胤は静岡から連れもどされると、ふたたび癲狂院へ入れられたが、まもなくその父充胤公危篤の知らせにより、急ぎ退院させられて、内幸町の自邸へ帰った。

充胤が息を引き取ったのは、誠胤の退院の当日であった。

充胤歿後の葬式や後始末のため、ごたごたが続く間、誠胤は自邸に留まっていたが、この病人をこれからどうするかが、相馬家にとって悩みの種であった。

誠胤をもう一度癲狂院へ入れるのが一番簡単だが、錦織の毎日新聞投書以来、世間では誠胤が無病なるにもかかわらず監禁されていると信ずる者が多く、ゴウゴウたる非難が絶えないので、なるべくならば別の方法を取りたいところである。

そこで親族会議を開いた結果、さし当り必要なのは、誠胤子の病気がどの程度のものなのか、名医の鑑定によって確認することであるということに決した。

これまでも誠胤子の病症については、たびたび医者の鑑定を仰ぎ、その都度診断書も書いてもらっているが、錦織一派は、相馬家が医者を買収して、勝手な診断書を書かせたと主張している。ことに内務省技師の後藤新平などは、自身医者で、医界の裏面に通じており、医者がいかに情実に動かされやすく、診断に手心を加えがちなものかを承知しているだけに、錦織の言うことをまるまる信じ、相馬家を疑っている。

こういう疑惑を解くには、やはり世間で権威とされている機関の責任ある証言を求める以外ないであろう……このように意見一致した親族会議では、改めて誠胤の診断を東京大学医学部へ依頼することにした。

誠胤子は三月十日、医科大学附属本郷第一医院に入院し、四月十九日までおよそ五週間にわたってくわしく診察を受けた。

診断書に添えて、退院後の心得として、
一、病勢の進んだ時のほか、癲狂院に入れる必要はない。
二、居室は平常の構造、快適なのがいい。
三、監禁してはいけない。
その他、飲食物、医薬、運動、入浴、睡眠その他についてのこまかな注意十四カ条が指示された。

相馬家では誠胤を退院させると、自邸の一室で静養させることになった。

第二段の構え

明治二十年から後の数年間は、相馬家にとって、平穏無事に過ぎた。

誠胤子爵の病気は、全快したわけではなかったが、特に悪化もせず、発作の起ることもめったにないので、監禁の必要もなく、彼は自邸の一室で静かに療養の日々をすごすことができた。それはふつうの健康人の生活とほとんど変らなかった。

まもなく相馬家では、侯爵浅野長勲に後見人となることを依頼した。長勲侯は旧藩時代、広島藩四十二万石の太守で、同族中の最長老として尊敬されている。彼が後見人となることには、誰一人異論をさしはさむ者もなかった。

相馬誠胤が監禁されることなく、普通人の生活をし、その家政が浅野侯の後見によって運営されているかぎり、錦織剛清にとって、相馬家のやり方を非難する口実はなくなったわけである。

彼はしばらく相馬家に姿を現わさず、令扶たちはその怒声、罵声を聞いて不愉快の感情を刺戟されずにすんだ。

自宅療養中の誠胤と側女しげとの間には二十二年八月、一子秀胤が生まれたが、庶子として届けられ、すこやかに成育した。

錦織はしばらく相馬家に現われなかったとはいえ、将来にむかって、何かの計画をいだいているとみえて、いそがしそうに各方面の人を訪問し、根気よく何か説いて廻っているようであった。

彼が相馬家へしばらく姿を現わさないのは、相馬家攻略をあきらめたのではなくて、ひとたびこれを離れて遠巻きにし、やがて以前にまさる力をもって、じりじりと包囲の環をちぢめてゆこうという意図のように思われた。

相馬家の後見人は、浅野侯が辞任し、誠胤の弟順胤に定められた。

続いて志賀直道が辞任を願い出た。

彼は家令の地位にあること十八年、すでに六十をいくつか越えているので、とっくに引退して、後進に道を譲るつもりであったが、錦織との紛争に巻きこまれて、責任上引くに引けないでいたところ、この一二年、錦織からの攻撃がいくらか緩和し、平穏な日々が続いたので、辞意を表明したのである。

順胤は深く彼を惜しみ、わざわざ自宅まで訪ねて留任を懇望したが、その決意は動かなかったので、やむを得ず願いを許し、後任には泉田胤正を起用した。

そして明治二十三年は、ほかに大した事件も起らず、相馬家にとってはおだやかに過ぎた。

後藤新平がドイツ留学の途に上ったのは、この年の四月である。

彼は相馬家の問題について、錦織の言うところを、ことごとく信用したわけではなかった。錦織に山師的な性質や、ホラ吹き的、天一坊的性格のあることに気がつかないほど、彼はお人よしではなかった。

しかし同時に、彼は相馬家が、隅から隅まで清潔であろうとも信じなかった。どんなきれいな畳でも、たたけば埃は出るものであり、金色燦爛たる錦でも、人前に出せない裏というものはあるものだ。相馬家ほどの大世帯が、きれい事だけで運営されようなど考えられない——これが社会の下層から身を起し、さまざまの苦労をなめて成長した後藤新平の人生哲学であった。

まもなく新平はドイツへ渡り、相馬家のことは彼の念頭をはなれた。

新しい学問に情熱を燃やす彼にとって、相馬事件は、地球の向う側の薄暗いじめじめした国に起った、じめじめした出来ごとにすぎなかった。

明治二十四年は、はじめから終りまで、錦織と相馬家との訴訟のやり取りのうちに過ぎた。

この年の一月二十六日、錦織は相馬家の旧宗族、親族委員北条氏恭子爵ほか六名の子爵を相手取って、誠胤公瘋癲病全癒届調印の訴えを起した。

この訴えの意味は、平たく言えば次のようである。

すなわち、今から四年前の明治二十年に、以上の七子爵は連名で、宮内省へ誠胤公が瘋癲病を発したという届けを出しているが、現在誠胤は病気がなおったという届けを出すべきだというのである。

このような訴権もあり得るものだということに、普通の人間はなかなか気がつかない。しかし錦織には、当時「悶着引受所」という名前で売り出した宮地茂平という者が参謀としてついていて、その男の考案したものであった。

これに対して七子爵は、局外者の錦織にこのような訴訟を起す権利はないと主張して争った。

東京地方裁判所は七子爵に有利な判決を下したが、錦織は屈せず控訴し、さらに大審院まで上告したところ、錦織の方には、四年前に巣鴨癲狂院より誠胤子爵奪去のとき、後藤新平邸で署名させた委任状があるから、ともかく彼の相馬家総代理人として訴訟を起す権利を認めるとの判決がおりた。

この判決は、厳密に言うと、彼の相馬家総代理人としての権利を認めたものでなく、ただ彼の持っている誠胤よりの委任状（それが効力あるものか無効のものかは別として）にもとづいて本人同様、訴訟を起しても、訴訟法においては差支えないという法理を決定しただけのものであったが、錦織はあたかも、相馬家の総代理人としての自分の権利が認められたかのように新聞広告をし、また世間へも吹聴してあるいた。

錦織の勝訴によって、世間の彼に与える信用は倍加した。新聞は筆をそろえて彼の義挙を讃美し、相馬家を非難したので、もともと平将門以来、相馬といえば不吉の先入観をいだいている民衆は、ますます熱狂の度を加えた。

錦織を激励する詩歌や投書は新聞社に殺到し、五円、十円と軍資金を贈る者も絶えない。

錦織は今や時代の英雄であった。

錦織剛清はこの情勢に乗じて、九月二日、彼の同情者の一人、塚本信次郎を訪ねて、二千円の借金を申し込んだ。

二千円といえば大金である。さすがに塚本は躊躇したが、錦織はいかにも自信ありげに
「実は近日中に、相馬邸へ乗り込んで、家令、家扶どもを免職にし、あらゆる権利を我が手におさめる計画です。すでに準備は完了している。これを御覧下さい」

言いながら、懐中から折り畳んだ奉書紙数枚を取り出した。

あけてみると、家令泉田胤正、家扶青田綱三以下数名の免職状である。

「この通り、悪人共はすべて追放されることになっています。かくして相馬家の改革が成ったならば、もちろんあなたにも充分のお礼はするつもりです」

塚本は納得して、二千百円を貸した。

事実、三日後の九月五日、錦織は相馬家へ乗り込んでいった。

彼はまず相馬家の旧臣井戸川忠ほか七名の同志とともに、新橋に出かけると、そのあたりに客待ちしている人力車五十台を呼び集めて

「お前たちも、世間の評判で聞いているだろうが、これから相馬子爵家の改革という大仕事に取り掛かるのだ。ひとつ、景気よくやってくれ」

と演説すると、四斗樽の鏡を抜いてガブ飲みさせ、酔いの廻ったところで、一台ごとに紙の小旗を立てさせて、行列勇ましく内幸町の相馬邸へと向った。

錦織の言うところでは、この五十台の人力車は、家財家具を運び出すためでなく、免職になった令扶の家族たちを、即刻退去させるためのものであったが、同時に、世間へむかって錦織らの壮挙を示威する役割も果した。

なお彼はカスガイ五十本を用意していたが、これは令扶たちを放逐したのち、門や扉を閉鎖して、ふたたび彼等の侵入することのできないようにするためであった。

しかし相馬家でも、錦織の来襲はたびたびのことで、馴れているから、やすやすと屈するものではない。門を固くとざして、家扶石川栄昌が応待に出た。

「お見受けするところ、錦織氏のほかに、当家の旧臣といっては、井戸川氏だけで、あとは相馬家と縁もゆかりもない人々のようですが、そういう人の申し分は聞き入れるわけにゆきません」

「黙れ！　わが輩は誠胤子より総代理人を委任されておる。さすれば、わが輩と行動を共にする人は、すべてこれ、誠胤子の御意志を代行する者である。諸君にツベコベ言う権利はない。わが輩は相馬家総代理人としての資格において、家令家扶一同の職を免ずる。早々に当屋敷を退散すべし」

威丈高に言いながら、奉書紙に書いた辞令を渡そうとしたが、石川は相手にしない。

錦織はなおも悪口雑言の限りを尽したが、所轄署の巡査が来て説諭したので、やむをえず引き揚げた。

錦織剛清が相馬家襲撃に当って、人力車を狩り集め、車夫に酒を飲ませた費用が、その三日前に塚本信次郎から借りた二千百円の中から出たことは、あきらかであった。

錦織が方々から金を借りるに当って、相馬家総代理人と称して信用させていることを知った相馬家では、各新聞に次のような広告を出した。

子爵相馬誠胤名義マタハ総代理人ト偽称シ、金策ヲ為ス者コレアル趣ニ候トコロ、右ハ当家ニオイテ一切関係コレナク、コノ段広告ス

二十四年九月　相馬誠胤家扶

一方錦織剛清は十一月十四日、相馬家令扶を相手取って、相馬家の会計精算請求の訴訟を起し、財産及び帳簿など一切を差し押えた。

差押えは相馬家からの異議申立てによって、まもなく解除されたけれど、相馬家はこれによって、いかにも内部に不正が行われているかのような印象を世間に与え、面目を失った。

錦織剛清がこのように執拗に相馬家に攻撃を加えるのは、彼の手もとに相馬誠胤の委任状があ

るからである。しかし誠胤自身の言うところによると、彼は委任状に署名したおぼえはないという。そこで相馬家では錦織を相手取って、十一月十七日、私書偽造の告訴を提起した。

翌明治二十五年一月二十九日、予審が終結して、錦織は免訴になった。委任状はたしかに誠胤から被告錦織に渡されたものである以上、偽造でないことは明らかであるというのである。

錦織側は凱歌をあげた。

これより先、錦織はふたたび相馬家の財産差押えをもくろんで、後見人順胤を相手取り、精算請求の訴えを起した。

相馬家ではただちに異議の申立てを行った。

一月十六日、差押えは解除された。

錦織はただちに解除不服の控訴を提出した。

控訴院はこれを受理し、二月十三日、十六日、二十日と公判をおこなった。

傍聴席は毎回満員であった。

錦織の活動がますます精力的かつ熱狂的になるにつれて、相馬家の紛擾はますます社会の注目を集めるようになったからである。

裁判の形勢は大体において相馬家に有利と見えた。

第二回の公判において、立会検事石渡敏一は、剛清の持ち歩く委任状は瘋癲病で無能力の者の書いたもの故、無効であると主張した。

二月二十日は判決申渡しの日である。おそらく錦織の敗訴になることと思っていると、突然錦織側から、証人として相馬誠胤の出廷を要求した。

裁判官はこれを許し、三月三日に誠胤を出廷させるべき旨を命じた。
問題の人物がはじめて法廷に姿を現わすというので、世間の好奇心はあおられた。
しかし、その日の来る前に、突然誠胤の死が伝えられた。

新しい攻撃

相馬誠胤がなくなったのは、二月二十二日である。

この年の一月ころから、彼は衰弱の気味であったが、二月中ころから容態が悪化し、看護の甲斐なく、息を引き取った。

相馬家では、葬式の前に麹町警察署へ、遺骸臨検願というものを出した。

ふつうは、そんな事をする必要がないのだが、誠胤の死因について、あらぬ疑いをいだく者があるといけないから、通常の病死であることを確認してもらうためである。

事実、誠胤のなくなったのは、彼が証人として法廷に出ることに決定した直後であった。相馬家が彼を公衆の前に出すことをいやがって、一服盛ったのかもしれぬという考えは、誰の頭にも浮かぶところである。

夜八時ころ、警視庁から四五名の一行が来て、死体を点検した。

その時死体を動かしたところ、口の中から血が流れ出たので、臨検医はこれを瓶に入れて持ち帰った。

あくる日の朝早く、警視庁から人が来て、死体を解剖したらどうかと勧告した。

しかし、旧時代の人ばかりで、まだ解剖ということに馴れていない令扶たちは、

「いかに後日の証拠のためとは申せ、尊き御遺体に刃を加えることは、臣下の身として忍びざる

ところです」

といって、ことわった。

警視庁はそのまま埋葬を許した。

誠胤の葬儀は、二十九日午後と決定され、各方面へ案内された。

ところが、その日の朝早く、麴町区裁判所から執達吏があらわれて、葬儀の中止を命じた。錦織剛清からの仮処分申請によるものである。

相馬家では、もっとも厳粛かつしめやかにおこなわるべき葬儀に、泥をかけるようなことをする錦織を、八つ裂きにしても足りないほど憎んだが、仮処分申請は法律によって国民に認められている権利であるから、どうすることもできない。

相馬家では別に異議申立ての訴訟を起し、仮処分取り消しの判決が下ったのは、三月一日であった。

このために葬儀は予定より二日おくれて、三月二日に執行され、死体は青山墓地に埋葬された。

相馬家から見れば、仮処分取り消しの判決は必然なのに、それを見越して、わざわざ埋葬中止を申し立てる錦織の行為は、いやがらせ以外の何物でもなかった。

誠胤の死後、家督は弟の順胤が相続した。この事は世間の疑惑を深めるに充分であった。

誠胤はすでに側女東明しげの生んだ一子秀胤がある。本来ならば、この子が相続すべきなのに、それをさし置いて順胤が継ぐというのは、かねて錦織がやかましく言っていた相馬家横領の陰謀が、そのまま実現したことを証拠立てるものではないか。世間は誠胤の毒殺を信じた。

後藤新平が二カ年のドイツ留学から帰って来たのは、相馬誠胤がなくなってから四カ月ばかりたった明治二十五年の六月であった。

錦織剛清はさっそく麻布材木町の家へ訪ねてゆくと
「先生、無事御帰朝おめでとうございます」

「ありがとう。君もお元気のようで、何よりだ」

「お髭の工合が、大分変りましたな」

「誰に会っても、まずそれをいわれるので、閉口しているよ……実は僕は、好んでこれに変えたわけではない。散髪屋で眠りこけているうちに、職人がいたずらにやってしまったのだ」

「毛唐の職人には、ずいぶんひどい奴がいるものですな……でも、先生、いかにも新帰朝の紳士らしく、上品で、なかなかお似合いになりますよ」

錦織はお世辞を言っておいてから、頃合いを見はからって
「時に先生、例の相馬家のことですが……」

「ウムウム、その後どうなったかね。僕もすっかり忘れていたが……なんでも、誠胤さんが死んだんだって?」

「はア、それがまことに怪しいなくなられ方でして、……どうも令扶どもに毒を盛られたのではないかと思います」

「毒殺なんて、口で言うほど簡単にできるものでもないが……臨終に立ち合った医者は誰だね」

「青山博士、榊博士、ベルツ博士……」

「なんだ、みんな大学派の医者ばかりじゃないか」

新平は吐き出すように言った。ドイツにいる間に、北里柴三郎を中心とする生物学研究所設置

の問題で、大学派といがみ合って来た新平は、大学と聞くだけで胸がムカムカするのである。

「中井常次郎も立ち合ったようです」

錦織が付け足すと
「フム、巣鴨癲狂院の院長だね。彼奴の診断によって、誠胤さんは癲狂院に監禁されたのだ……どうせ一つ穴のムジナだ」

「巣鴨といえば、あの時は面白かったですなあ」

「君が誠胤さんを盗み出した時のことか……痛快だったね。錦織剛清が一躍天下に勇名をとどろかしたのは、あの時以来だ」

「先生だって、警視庁を手玉に取って、ずいぶん男を上げましたぜ」

「ハッハッハ……何といったって、あの時は君が立て役者だったよ」

二人はしばらく思い出話に花を咲かせたが、やがて錦織は
「どうです、先生、あの連中を毒殺の嫌疑で訴えてやりましょうか」

「それは駄目だ」

新平は一言のもとに反対した。

「相手は医者だよ、君。たとえ毒殺したって、証拠を残さないくらいの用意はしている。このごろの毒殺は有機質のものが多いから、しばらくすると分解してしまうのだ。たとえ死体を発掘してみたって、毒物が検出できるものか」

錦織剛清はせっかくの発案を、後藤新平に一蹴されて、ガッカリしたが
「しかし、先生、私はどうしても、このまま指をくわえて引っ込んでいる気になれません。なん

とかして悪人どもをこらしめて、相馬家の安泰をはからねば……」

「君の熱心には感服するよ。忠義狂とでもいうのだろう」

「先生、私はひとつ、思い切って、秀胤君を守り立てて、相馬家の家督争いをしてみようかと思います」

「守り立てるといったって、本人は相馬邸の中にいるじゃないか」

「先方の油断をみて、盗み出せばいいでしょう」

「なるほど、また例の手を用いようというのか。よくよく人間を盗み出すことの好きな男だ」

「もともと不正は先方にあるのです。盗み出すのは、それに対抗するための、やむをえぬ手段にすぎないのです」

「よし、わかった。それが君の終始一貫した考え方だ……ところで、盗み出した坊っちゃんはどうするかね」

「先生のところにあずかっていただけませんか」

「また僕に押しつけるのか。君は何でもかんでも、盗み出しちゃ、僕のところへかつぎこむつもりかね」

笑いながら、彼は承諾した。

話はきまったが、そのあとが問題である。錦織は
「先生がお引受け下さったら、こんな心強いことはありませんが、いつまでもお願いするわけにゆきますまい。この前のこともありますし、すぐに警察が目をつけるでしょう」

「それもそうだね」

「私は若君を、物心がおつきになるまで、相馬家の目の届かないところで御養育申しあげようと思います」

「物心がつくまでといって、一体何年くらいのつもりだい」

「かれこれ十年はかかりましょうか」

「そんなに永く……」

新平はあっけに取られた。

錦織は悠然と
「私はその間に、若君にむかって、父君が悪人ばらに毒殺され給うたことと、若君こそ相馬家の主君たるべき御方であるということを、繰り返しお教え申し上げるつもりです。やがて若君御成人の暁には、私は若君を奉じて、悪人ばらを討滅することでしょう」

「ずいぶん気の永い話だが、それには、すこし遠方で育てた方がいいだろうな」

「相馬家から、すぐ奪い返しに来られるような所では困ります」

「大阪に、ちょっと心当りがあるんだが……」

大阪には、新平が名古屋の県立病院長時代に目をかけてやった菅野虎太という男が開業していた。新平から事情を打ち明けた手紙がゆくと、菅野はさっそく承知して、秀胤を引き取るため、その妻を上京させた。

錦織は腕っ節の強い車夫をやとって、相馬家の近所に張り込ませ、自分もあたりをうろうろして、秀胤の外出の隙をねらって奪取しようとしたが、相馬家でもその気配を察して、警戒厳重をきわめたので、なかなか実行に移せなかった。

そのうちに、後藤新平はすこしずつ冷静を取り戻した。

考えてみると、彼の今やろうとしていることは、危険きわまりないことである。世間はやんやと拍手喝采するだろうが、それだけではすまない。それは明らかに国法に触れることなのだ。五年前、癲狂院から誠胤子爵を盗み出したときも、そうだった。すんでの事に、手がうしろへ廻るところだったが、条約改正やら何やら、ふしぎな偶然が幸いして、助かったのだった。

こんどまたやったら、ただではすむまい。

新平は錦織を呼びつけると、計画の中止をすすめた。錦織は
「先生に御迷惑はかけません。罪は全部私が引き受けます」

といって、なおも相馬家の隙をうかがった。しかし、相馬家はますます警戒を厳重にするばかりなので、錦織もついに計画を放棄せざるを得なくなった。

このころ相馬家へむかって、貸金三万円の返済を要求する者があった。聞いてみると、総代理人と自称する錦織剛清に貸したというのである。相馬家では錦織と無関係の旨説明して、ことわった。

相馬誠胤がなくなってから、一年半ばかりたち、世間がようやく錦織と相馬家との争いを忘れかけたころ、ふたたび問題が起った。

一旦消えたように見えた火が、またメラメラと燃え上ったのである。

明治二十六年七月十九日の「自由新聞」は匿名の筆者からの一通の投書をのせた。

それは「自訴状」と題して、相馬家の怪事をくわしく暴露したものであった。

その筆者が何者であるか、世人は等しく知りたがったが、ついにわからなかった。

ただ、この告白が世間に与えた衝撃は、きわめて激しいものであった。これまで相馬家について、漠然とした疑惑の形でうわさされていたことが、すべて明らかな事実として語られているからである。

人名はすべて、実在の人であり、授受された金額も、いちいち正確に挙げられ、事柄はすべて、順序を追うて、具体的に述べられている。それらは単なる想像や虚構と思えないほど、真実味を帯びていた。

この自訴状の日付けは六月二十七日であるが、実際に自由新聞に発表されたのは、二十日ばかり後の七月十九日であった。

そして、それと同時に錦織剛清は、相馬順胤、同人実母西山りう、相馬家家令泉田胤正、家扶青田綱三、石川栄昌、遠藤吉方、前家令志賀直道、医師中井常次郎の八名を、相馬誠胤謀殺のかどで、東京地方裁判所へ告発した。

相馬順胤ら八名の告発状は七月十七日に提出された。

その内容は次の通りであった。

(一) 相馬誠胤の死亡は明治二十五年二月二十二日午前七時として届けが出されているが、同人は同日午後五時半まで存命したこと、妾東明しげ女の証言によって明らかである。これは被告らが誠胤を毒殺せんとし、同日朝までには死去すべしと推定して、あらかじめ死亡届を作製しておいたことを証するものである。

(二) 誠胤の死去については、診断書に病死とだけ記されていて、吐血した事実は書かれてないが、誠胤は死去の際、はげしく吐血したことはもちろん、全身紫色を呈して、甚だしく苦悶したことは、東明しげのよく知るところである。
(三) 誠胤の吐血は死体臨検に出張した警視庁係官ならびに麴町署長がビンに採取して持ち帰ったから、これを分析してみれば、毒性は明らかである。
(四) 誠胤が臨終に際し苦悶の折、妾東明しげにむかって、その生む所の長男秀胤をして相馬家を相続せしめよと遺言し、なおそのことを錦織剛清へも伝言せよと命じたことは、しげの熟知するところである。
(五) 被告人等は誠胤を埋葬するに当り、地底四十尺のところに埋めた。通常は七尺ないし十尺の所に埋めるものであるが、このように深く掘ったのは、毒殺の証拠を消すためである。
(六) 故誠胤の長男秀胤を癲狂病と称して、これを虐待し、あるいは殴殺せんとする模様であるから、適当の保護を加えられたい。
(七) 故誠胤の実父充胤の死去(明治二十一年)の有様、ならびに誠胤の妻京子の死因、ならびに誠胤が京子を妻に迎えた時の事情は、それぞれ被告人たちの共謀を推知させるものがある。今これをくわしく記さないが、医師戸塚文海ならびに内務省衛生局長後藤新平のよく知る処である。
何とぞ被告人等を相当の処分に付していただきたい。(明治二十六年七月十七日)
東京地方裁判所では評議の結果、翌十八日、右の告発を却下したが、錦織はさらにその翌日、東京控訴院へ同じ告発状を提出した。
控訴院でも、ほぼ却下の意向であったが、政府筋の某高官からの忠告によって、受理することに決した。
高官の意見は次のようであった。

相馬事件は今や一家の私事でなく、社会問題となっている。世間の大多数は、告発状に述べられたような毒殺、ならびに医師、裁判官、警察官への贈賄の事実を信じ、上流階級、官界、法曹界、医学界への疑惑と不信の声は囂々と巷にあふれている。

来るべき議会において取り上げられ、政争の具に供せられる可能性も多い。

この際徹底的に究明して、正邪を明らかにし、もって社会不安を取り除くべきだというのであった。

錦織の告発が受理されると、十日おくれて七月二十七日、相馬家では逆に、錦織を誣告罪で告訴した。

都下の新聞各紙はこのことを大々的に報道した。

世論の大部分は錦織支持であった。

自由党も、陰に陽に錦織を支持した。

相馬家の陰謀を自白した、差出人不明の自訴状を最初にのせたのが、自由党の機関紙自由新聞であったことに、注目する必要がある。

自由党にとっては、この事件は政府の信用と権威を失墜させる絶好の機会であった。陰謀に加担したと伝えられる人はすべて、華族であり、高級官吏であり、大学教授である。上流階級が民衆の前で面目を失うことは、そのまま権力機構の弱体化を意味し、自由党の党勢伸長に役立つはずである。

錦織を義人と仰ぐ人たちが庶民階級に多かったことも、これと無関係ではない。

錦織が癲狂院乱入、誠胤奪取などのとき、しばしば手足に使ったのは、人力車夫であった。

その他、侠客あがり、幕末剣客のなれの果て、壮士、柔道家などがいつも彼のまわりにゴロゴロして、酒をあおりながら気焔をあげていた。

自由党の領袖たちが、どの程度まで相馬家の有罪と錦織の潔白を信じていたか、わからない。ただ、彼等は相馬家の有罪を信ずるふりをして、その非を鳴らすほうが、自党に有利なことを知っていた。彼等は民衆の無知に乗じて、その上流階級に対する嫉妬心と猜疑心を刺戟し、反政府熱を燃え上らせさえすればよかったのである。

七月十九日、自訴状の全文をのせた時の自由新聞の論調は激越をきわめた。いわく
「血あらん者は見よ。骨あらん者は見よ。熱き涙はハラハラと滴るべし……事は一華族の私事のみ。しかれども、その関連するところは、九地の隅より九天の青霄に及ぶまで、怪しき黄色の足跡こそ縦横狼籍、落花微塵に踏み飛ばされけるぞ憐れなり」

ところが、自由新聞ならびに自由党にとって、困ったことが起った。まもなく相馬家が錦織を誣告罪で告訴したとき、その代理人を引き受けたのが、ほかならぬ自由党の副首領格の星亨だったのである。

星亨は、その僅か数日前に、自由党事務所で錦織の相馬事件に関する談話を聞いたばかりであった。しかるに一転して、いまや令扶側の代理人になったのである。

はじめ激越なる名文をもって天下に呼号した自由新聞は、ひっこみがつかなくなり、急に調子を落して、物笑いになった。

東京弁護士会は、一方の機密を探ったのち、反対側に立つのは、失徳の行為であるといって、会長大井憲太郎の名で、星亨を非難する声明書を発表した。

しかし、星は信ずる所があるらしい。

数年前の誠胤子爵奪去のとき、錦織の味方だった弁護士角田真平や島田三郎や大岡育造が、こんどは姿を現わさないのに、注目する必要がある。彼等はどうやら、錦織の正体を見抜いたようである。

八月一日、東京地方裁判所では、相馬順胤以下八名に出頭を命じ、厳重な取り調べをおこなった。

取り調べは朝の九時から午後二時まで続き、四時、一同は帰宅を許された。

この事を聞き伝えた在京の旧相馬藩士は、取る物も取り敢えず、相馬邸に馳せ参じて、旧主に見舞いを言上した。

彼等は協議の結果、連名の声明書を発表して、錦織の誤りを衝き、主家の潔白を立証しようとした。

声明書は八月四日前後の諸新聞にのせられたが、ごく一部の人士を除いては、世人の相馬家に対する疑惑と反感を拭い去ることができなかった。

八月九日、東京地方裁判所予審判事岡田晴橋は相馬邸に出張し、家宅捜索をおこなった。

捜索は厳重を極め、まず邸内事務室よりはじまって、順胤公居室、夫人居室、その他使用人の居室にまで及んで、残るところもなかった。

さらに午後からは、青田綱三その他、邸内居住の家職たちの家も、隅々まで調べられ、帳簿、書類はいちいち点検を受けた。土蔵、板倉はもとより、炭置き小屋までも見のがされなかった。

相馬家に検察の手がのびたと聞くと、旧藩士たちは続々馳せ参じたが、門はピタリととざされ、警戒厳重をきわめて、一人たりとも通行を許されなかったので、彼等はただ心配げにたたずんで、中の気配に耳を傾けるばかりであった。

野次馬もたくさん集まってきた。

家宅捜索は、夕暮れになっても終らなかった。

あたりが暗くなっても、主家の安否を憂慮する旧藩士は立ち去ろうとせず、錦織派の壮士や野次馬も、あちこちにむらがって気勢をあげるので、騒然たる空気はあたりに満ちた。

相馬家は高張り提灯を出して立てならべ、警戒の巡査もそれぞれ提灯をかざして、ものものしく歩き廻った。

捜索の終了したのは、午前一時すぎである。

岡田判事は改めて青田綱三、石川栄昌、遠藤吉方、ならびに順胤公の実母西山りうの四名に拘引状を執行すると、そのまま連行した。

警戒が解かれ、門がひらかれたのは、午前二時である。

待ち兼ねた旧藩士たちは、どっと走り入ると、順胤公に拝謁し、目に涙をうかべて、相馬家に降りかかった悲運を嘆きあった。

同じ日に、前家令志賀直道と癲狂院長中井常次郎の家宅も捜索を受け、中井はそのまま拘引された。

志賀直道が拘引されたのは、三日おくれた十三日である。

後年の作家志賀直哉は直道の孫で、その時十一歳であった。その作品「祖父」によると、この日の出来事は、その生涯ではじめての悲しい記憶であった。

「ある朝、早く刑事が二人来て、祖父を裏口から連れて行つた。間もなく、矢張り裏口から祖父を訪ねて来た男があり、留守だといふと、『あさうですか』と自分の名もいはず帰つて行つた。私は直ぐ、物見といつてゐた裏門の傍の往来に面した六畳に駈けて行き、窓から見てゐると、その男は待たせた俥に乗りながら、『六本木』といつた。それを祖母にいふと、祖母は可恐い顔をして『それは錦織が様子を見に寄越したのだ』と云つた」

その祖母にとって、錦織は八つ裂きにしてもあきたりない男であった。

そのころ、後年のブロマイドのように、一流の政治家、人気役者、力士、芸者の写真を絵ハガキにして売り出すことが流行したが、錦織剛清もその一人として取り上げられた。

彼はそれほどの名士だったのである。

ある日、直哉少年は祖母から、錦織の絵ハガキを一枚買って来ることを命ぜられた。芝の日蔭町を入ったところに一軒の絵ハガキ屋があった。直哉少年がそこから買って帰ると、祖母はそれを縁側へ持ち出して、五寸釘を打ちはじめたので、凄惨な思いがしたという。

九月八日、東京地方裁判所は相馬誠胤の墓を発掘して、死体を解剖に付することになった。現場の青山墓地へは、憲兵大尉のひきいる兵士約二十名と、赤坂警察署長のひきいる巡査三十五名が、早朝から出張して、ものものしい警戒体制をしいた。

発掘を命ぜられたのは、警視庁の消防夫から選抜された二十名である。

相馬家からは、令扶二名をかぎって立ち会うことを許された。

発掘は午前七時から開始された。

まず碑石が取り除かれ、墓穴の土が掘り起された。

墓穴の内側は、深さ一丈四尺であった。自訴状には四丈とあったが、実際はその三分の一である。

棺の周囲は高さ二尺三寸の煉瓦壁で囲まれ、隙間は石灰で埋められていたが、棺の中からにじみ出る黄色の汁のため、石灰はまだらに変色していた。

檜の棺の蓋を取ると、異臭が鼻をつき、死後半歳を経て、腐爛と崩壊の過程にある誠胤の死体が現われた。

相馬家の二人の立会人は、顔をおおって嗚咽した。

判検事も顔をそむけた。

解剖を委嘱されたのは、陸軍二等軍医正江口襄ほか、海軍軍医、内務省技師など数名である。

(江口軍医正はのちの作家江口渙氏の父君に当る)

午後四時半、各医官は墓穴の中へおりた。

執刀は江口軍医正である。

胃、腸、肝臓、胆嚢、脾臓、膵臓、腎臓、膀胱、脳、その他、あらゆる部分が切り刻まれ、小片とされて、それぞれ茶筒大のガラス瓶におさめられた。

死体の周囲に流れていた液汁や、顔面をおおっていた綿や布片も採取された。

解剖がまったく終ったのは、午後七時である。そろそろ秋の気配のたちこめるころで、ひぐらしの声も絶え、暮色はようやくあたりを包んだ。

係官一同が引き揚げたのは、八時すぎである。彼等は途中万一の変事を心配して、制服ならびに私服の憲兵、巡査などに護衛させながら、証拠品のガラス瓶を、内務省衛生試験所へ運びこんだ。

あとには、解剖のすんだ誠胤公の死体が、棺のまま残された。

相馬家の立会人の急な思いつきで、本邸へ使が出され、東明しげが取るものも取りあえず駆けつけると、公の変りはてた姿に対面し、よよと泣き崩れた。

相馬家では、旧臣一同で誠胤の墓の周囲を守り、なお警視庁から巡査二十名の派遣を求めて、終夜警戒に当ったが、夜が明けると、簡単な仏事とともに、ふたたび遺骸を土に埋めた。

相馬誠胤の死体発掘ならびに解剖の報道は、世間の耳目を震駭した。

もともと錦織びいきの素朴な民衆にとって、相馬家は伏魔殿であり、妖怪の巣であり、将門の怨霊の支配するところであったが、死体発掘と解剖という怪事は、まさしくそれを立証するものであった。

錦織剛清の人気は絶頂に達した。今日の言葉でいえば、ブームが到来したのである。

彼の義気に感動した有志によって、演説会が計画され、その出席を求めてきた。

東京はもとより、横浜、静岡、桐生、足利、熊谷……いたる所の演説会は、この孤忠の義人を一目だけでも見ようとする群衆で、ハチ切れそうな盛況であった。

演説会は、金集めの目的のものもすくなくなかった。

いずれにしろ、錦織が出るといえば、人が集まるので、主催者は損をしなかった。

新聞も競って相馬事件を記事にした。錦織を正とし、相馬家の令扶を邪とする論調が多く、そのため相馬家に関係のある人たちは肩身の狭い思いをした。

前家令志賀直道が拘引されたあと、家族は主人の潔白を信じながらも、不安の毎日を送った。

当時十一歳の少年直哉の記憶によると、志賀家の近所に俥宿があったが、そこに集まる車夫たちは錦織びいきとみえて、志賀家の人が通ると、聞えよがしに錦織をほめそやし、相馬家を罵るので、のちには避けて通るようになった。

新聞は、事実の報道のほかに、相馬騒動を種にした読み物を連載した。

それらは元来作り事であるから、実在のいかなる人物とも無関係であると、断り書きがしてあったが、誰が見ても相馬一族、令扶、錦織にまぎらわしい人物が登場し、万事芝居仕立てに書かれていた。

「相馬騒動見立て鏡」という刷り物が売り出され、主要人物が芝居の役ならびに役者に見立てられていた。それはたとえば、「先代萩」では次のようである。

錦織剛清――伊達安芸（市川団十郎）
相馬誠胤――足利頼兼公（坂東家橘）
相馬秀胤――鶴千代君（尾上丑之助）
東明しげ――乳人政岡（坂東秀調）
青田綱三――仁木弾正（市川左団次）
志賀直道――刑部鬼貫（片岡市蔵）

十月に入ると、浅草公園第六区で相馬騒動の菊人形が興行された。これも芝居仕立てで

一、令扶、側室密通の場
一、錦織が岩倉右大臣に面会の場
一、瘋狂院へ四百十名の壮士乱入の場（わずか数名の壮士が四百名にふえている）

一、誠胤公毒殺の場
一、青山墓地遺体発掘の場
等から成っていて、満都の人気を集めた。
翌年二月、壮士芝居の川上音二郎一座は相馬騒動を脚色した「又意外」を上演して大当りをとった。
この時、高田実の扮した悪家令志賀直道がとりわけ好評であったが、これまで蔑視されていた新派劇は、この興行ではじめて識者に注目され、川上一座の財政的基礎も確立した。
このとき川上音二郎は二十八歳であった。
面白半分に数え歌を作って、新聞に投書する者もあった。いわく
一つとせ　ひとの驚く大疑獄
天下の耳目は相馬家に
二つとせ　深くたくみし目論見も
今は画餅となりにけり
三つとせ　見知らぬ人まで相馬家の
令扶を憎むぞ道理なる
四つとせ　寄ると触ると相馬談
昼寝の夢をば覚ましける
五つとせ　いつまで悪事の知れざらん
賄路のききめも何かせん

……

百人一首見立ての投書もあった。いわく

人の命のをしくもあるかな　西山　りう

雲がくれにし夜半の月かな　誠胤子

人知れずこそ思ひそめしか　令扶の謀計

今一たびの逢ふ事もがな　入監者の妻子

名こそ流れてなほ聞えけれ　錦織氏の孤忠

世に逢坂の関はゆるさじ　検事の起訴

芭蕉翁発句見立てでは

月はあれど留守の様なり須磨の夏　相馬邸

蛇食ふと聞けば恐ろし雉の声　西山　りう

名月や座にうつくしき顔もなし　収賄者

いなづまや闇の方行く五位の声　順胤子（相馬順胤は従五位であった）

葱白く洗ひ立てたる寒さかな　掛の法官

時代が明治と変って、すでに四半世紀すぎているのに、まだまだ江戸っ子の生き残りがそこいらにうようよしていて、何かといえば洒落や地口や語呂あわせを連発して喜んでいたから、相馬騒動は彼等にとって、暇つぶしにもって来いの材料であった。

書店の店先には、相馬事件をあつかった書物がうず高く積まれた。それらは
相馬内裡妖魔の束帯
走馬毒殺裁判秘録
毒殺余聞相馬の夜嵐
相馬騒動錦の旗揚
明治奇獄相馬顕秘録
こういう題名が示すように、興味本位に書かれたものばかりであった。
錦織にとっては、何もかも思う壺であった。彼は最初から、民衆の素朴な正義感に訴え、世論の力で一気に事を決しようとしていたが、形勢は彼に有利なようにみえたのである。
しかし、死体解剖の結果がわかるころから、雲行きは次第に怪しくなってきた。
解剖の翌月の十月九日、江口軍医正は、相馬誠胤の鼻口流出液を検査した結果、毒物が検出されなかったという鑑定書を発表した。

形勢逆転

それから五日後の十月十四日、人気の絶頂にあって、得意満面のはずの錦織が、悄然として後藤新平の家を訪れた。

彼は元気のない声で、

「先生、こんどは私の負けのようです」

「どうかしたのかね」

「誠胤公の死体解剖の結果は、毒殺の証拠が出て来ないらしいです」

「もう発表があったのかい」

「まだですが、実は警視庁の方へ手を廻して、大体の様子をさぐらせました」

ションボリ肩をすぼめている。永年のつきあいだけれど、新平は錦織のこんな意気地のない顔をはじめて見た。

「だから僕が言っていたじゃないか、毒殺事件は成立せんと……」

「まさか、あれほど大掛りに発掘までやって、徹底的に調べようとは思いませんでした」

新平はキッとして
「それでは何かね、君は当局は解剖までせんだろうと見越して、訴訟を起したのかね」

「そうまで考えたわけでもありませんが、中途で何とか、和解の方法があるかも知れんと思っていました」

「フウム。最近聞くところによると、君は数年前、相馬家の令扶を不法監禁のかどで訴えたときも、その直後に相馬家を訪ねて、一万円貸してほしいと申し込んだということだが、それは本当かね」

「はい」

「どうしてそんなことをする。訴訟の相手に借金を申し込むのは、恐喝ではないか」

「そうではありません。あの時もし、相馬家が金を出したら、私は、それ見ろ、彼等にはうしろ暗いところがあるから、取り引きに応じたのだと、世間へ公表するつもりでした」

「君のいう事は、いちいちもっともらしいが、僕はだんだん信じられなくなった。僕ははじめのうち、人が君のことを何といっても、言う方が軽薄なので、僕だけは君を信じようと思っていた……」

「その点については、重々感謝申しあげております」

「君がいろいろと術策を弄し、ペテン師じみた行為をしても、僕が見捨てようとしなかったのは、君の一片の誠意を信じたからこそだ。さらに、僕は僕なりに、わが国の医界にわだかまる大学尊重の積弊を一掃し、裁判医学を確立しようという夢があった。だからこそ、誠胤さんを巣鴨から盗み出すときなど、敢えて国法を破ることをも辞せず、君に協力したのだ」

「私は今でも、あれは正しかったと信じております」

「僕もそう思わないでもない。瘋癲病者といえども、人間としての権利は尊重されねばならない。誠胤さんのように、時発性といって、ときどき発作が起るけれど、ふだんは冷静な常人としての生活能力ある患者を、家門の名誉とか、体面とか、世間態などにこだわって、監禁するなど、もってのほかだ……僕はそう思って、君と共犯といわれても仕方のないほど、行動を共にした」

「はい」

「しかし、その後の君のやり方を見ていると、いちいち心外なことばかりだ」

後藤新平は続けて
「どうも腑に落ちないのは、君の支持者がしょっちゅう変ることだ。以前は島田三郎や大岡育造なんて連中が、君のために熱心に弁護していたが、僕が洋行から帰ってみると、もう君から離れ去っていて、見向きもしない……」

「それは、あの人たちに相馬家から、買収の手がのびたからです」

「君は自分にとって不利益な人間については、いつもそういう。僕も最初はそう思っていた。しかし、このごろはすこし疑問だと思っている」

「私の不徳のいたす所です。私にいつまでも人を繫ぎ止めておく力がないのです」

「ことわっておくが、僕は君を見棄てようというのではない。匙を投げてしまうのだったら、こんなことを言いはしない。まだ見込みはあると思うからこそ、苦言を呈するのだ」

「ありがとうございます。その御一言が、私にとって百万の味方です。つきましては、私は相馬家令扶を相手に、もう一戦交えようと思いますが……」

「どうしようというのだ？」

「毒殺事件は成り立たないにしても、不法監禁の訴えならば充分成り立つと思います」

新平は不機嫌になって

「訴訟沙汰はもうやめたまえ。瘋癲病者を監禁すべきかいなかは、法律の問題である前に、医学の問題だ。これは今後、われわれ医学者が地道に研究をかさねて解決すべき問題であって、学問的根拠もはっきりしないのに、一片の人道的感傷をもって人権論を振り廻すべきではないかも知れぬ。その点、僕も君の訴訟に肩を入れすぎたことを反省している」

「それでは先生、われわれの主張を貫徹するには、どのような方法によるべきでしょうか」

「僕にもわからん。いずれにしろ、誠心誠意をもって事に当るべきで、確たる証拠もないのに、いたずらに人を中傷したり、訴訟の相手方に借金を申し込んだりしていると、世間が相手にしなくなるよ」

錦織は苦悶の表情で
「しかし、先生。金は実際、必要なのです。何かと働いてくれる壮士たちにも、支払いをしなければなりませんし、家族の者も生計に困っています……」

錦織が相馬事件で飛び廻っているため、彼の留守宅は赤貧洗う如くであるということは、新聞にものって、世間の同情を集めていた（もっとも彼の反対者は、彼が方々から集まった義金で豪遊しているといって非難した）。

「いずれにしろ、今ここにいくらかの金がないと、私は世間に顔向けできなくなります。いっそ青山の先君のお墓の側で、腹を切ろうかと思います」

何ぞといえば腹を切るの、坊主になるのといって、涙をこぼすのは、彼の癖である。新平はまたかと思いながらも、やはり気の毒になって、高利貸から三千円借りる保証に立ってやった。

相馬誠胤の死体解剖の結果、毒殺の証拠を認めずとして、相馬家令扶ら八名が免訴となったのは、十月二十四日である。

彼等は七十五日ぶりで青天白日の身となった。

志賀直道の留守宅でも、いよいよ直道が帰るというので、喜びの声が家じゅうにあふれた。直道が帰ってきたのは、夜おそくである。このとき、十一歳の少年直哉は、変な感動で、人のうしろに隠れていて、祖父の前へ出てゆくことができなかった。

そのうち直道は彼の名を言って
「どこへ行った?」

と言った。皆も気がついて、直哉を祖父の前へ押し出したが、彼はただ、大きな声をあげて泣いてしまった。

局面は一変した。

志賀直道らが釈放されると、同じ日に、錦織剛清は誣告罪で拘引された。

錦織のほかに、彼の内妻トキ、告訴の代理人弁護士岡野寛、その他一味の洋服商山田重兵衛、悶着引受所長宮地茂平、津田官次郎らも拘引された。

ここまで来ると、後藤新平も無事にはすまない。

「いずれ、おれの所へも来るな」

ひそかに覚悟をきめていると、翌二十五日、家宅捜索を受けた。

この日、新平の妻和子は、長男一蔵の出産の約一カ月後で、まだ床についていた。

裁判所の吏員は、産室の中も捜索しようとしたが、予審判事多越勝治は
「それはよした方がよかろう。後藤も相当の人物だ。産室へ物を隠して、法網をまぬがれようと

いうような卑怯な考えは起すまい。それに、産後は気が立ちやすいものだから、夫人がびっくりして目でも廻すと事だ。なるべく、そっとしておいてあげるように……」

彼等は細心の注意をはらって、物音を立てないようにしたので、産婦はいま何事が行われているとも、気づかなかった。

五日後に、ふたたび後藤家は家宅捜索を受けた。新平の身辺はようやく急を告げた。

新平の恩人石黒忠悳は、このころ軍医総監であったが、新平を呼んで

「君があぶないといううわさを、大分あちこちで聞くぞ。一体どうなのかね」

「錦織と相当深くつきあったことは事実です。しかし、それはあくまでも、彼が正義の士であると信じたからです。心中一点のやましいところもありません」

「それはそうだろうが、あらぬ疑いをかけられて、拘引などされると、それだけで、君の身体に傷がつくというものだ。どうだね、この際内務大臣に会って、よく事情を説明しておいたら……」

「ありがとうございます。考えておきましょう」

時の内務大臣は井上馨である。後藤新平はその時内務省衛生局長であったから、直属の長官に当る。

しかし、彼は結局井上の袖にすがろうとしなかった。

自分の手がいつ何どきうしろに廻るかも知れない状態というものは、誰にとっても、余り愉快なものではない。

錦織剛清たちが警察へひっぱられて以来、後藤新平は道を歩いていても、向うに警官の姿を見

ると、自分を捕えに来たのかと思って、ギクリとした。

彼は石黒忠悳の前では、やましいところはありませんと言い切ったが、よく考えてみると、一抹の不安がないでもない。

彼は最初から最後まで、錦織と行動を共にしたが、中途で錦織の人物に疑問を抱いたことがないでもなかった。

錦織が飛んだ食わせ者かも知れぬと気がついたときは、新平は引くにも引けない所へ来ていた。錦織の義人としての名声が高くなればなるほど、その有力な支持者として、後藤新平の名声も高くなり、今さら間違っていましたといえないところまで踏みこんでいたのである。

錦織たちが拘引された時から、彼の覚悟は定まっていた。石黒は内務大臣に頼めといってくれたけれど、頼んできいてもらえなかったら、恥の上塗りではないか。

錦織の一味は皆逮捕されたけれど、後藤新平だけは、幾日たってもなかなか逮捕されなかった。

しかし、これは当局の温情でもなんでもない。彼が内務省衛生局長という地位にあるので、その身柄を拘束するには、天皇に上奏して、その御裁可をいただく必要があるからであった。

錦織たちが拘引されてから三週間をすぎた十一月十六日夕刻、新平は役所の帰りに神田駿河台に住む青山胤通を訪問したのち、裏猿楽町のあたりを歩いていると、一隊の警官が現われて、令状を示し
「ただちに同行されたい」

といった。

彼はその晩、警視庁に留置されたのち、あくる日、鍛冶橋監獄署に移された。

監獄へ入れられた最初の夜は、どんな大胆な男でも、不安と恐怖のため、神経がたかぶって、よく眠れないものだが、後藤新平は大いびきをかいて、ぐっすり眠った。

同房の男がびっくりして

「旦那はたびたび牢屋へお入りになったことがおありですか」

「じょうだん言うな。こんな所へしょっちゅう入って、たまるもんか。わが輩ははじめて入った」

「そいつは驚きやしたな。大抵の人は、はじめて牢屋へ入れられた晩は、よく眠れないもんですが、旦那は大いびきで寝ていなさるところを見ると、よっぽど豪胆なお方だ。お名前を伺わせてください」

「わが輩は後藤新平だ」

「へえ？　あの相馬騒動の後藤さんですかい……なるほど、道理で、普通の人とちがうと思いました」

前科何犯というしたたか者を恐れ入らせて、新平はいい気持ちであったが、日数がたつにつれて、元気がなくなった。

新平ははじめ、取り調べといっても、参考人として事情を聴取される程度で、二三日もすれば家へ帰ることができると思っていた。だからこそ、最初の晩からぐっすり眠ることもできたのであるが、予審判事の調べ方は思いのほか峻烈を極めていて、彼を単なる参考人どころか、相馬家乗っ取りの陰謀の張本人と思っているらしいふしが見えた。

——こいつは、甘い考えではいられないぞ。よほどしっかりしなくちゃ……

新平はようやく事態の重大さを知ると共に、身にふりかかる災禍を必死に防がねばならぬと思い定めた。

予審判事の態度が峻厳なのには、理由があった。新平と同時に逮捕された仲間に、東京地方裁判所判事山口淳がまじっていたのである。彼が錦織から賄賂を取ったという疑いによるものであった。これは裁判所にとって、不名誉きわまる事件であった。

錦織と山口判事との関係は二年前の明治二十四年にはじまる。

錦織は二年前、相馬誠胤を巣鴨癲狂院から盗み出したとき、誠胤に旅行届といつわって自署させた委任状を持ち廻って、相馬家総代理人と称していたが、相馬家はこれをニセのものとして、私書偽造の告訴をしたことは、さきに述べた通りであった。

その時予審判事としてこの事件を担任したのが、判事山口淳であった。彼は取り調べの結果、錦織を免訴放免した。

錦織はまもなく山口判事の私宅を訪問して、寛大な処置に対する謝辞を述べたのち、今後の援助を乞うて、金品を贈った。

その後、錦織はたびたび山口判事を訪ねて、歓心を買っていたが、誠胤の死去と共に、これを毒殺として告発しようとし、山口に相談したところ、山口は裁判所内部から、これを助けようと約束したので、錦織は実行に踏み切った。

その間、錦織と山口はたびたび料亭その他で会合して、密議をこらしたが、この事実が発覚したことは、東京地方裁判所にとって、衝撃的な出来事であった。

東京地方裁判所で相馬事件を担当する予審判事は、名を西川漸といった。

西川判事にとって皮肉なことには、彼は昨日までの同僚山口判事を、被告として取り調べねばならなくなったのである。山口判事は彼の同僚だったばかりでなく、かつて相馬事件の担当者だったという意味で、前任者にもなるわけだから、西川判事の立場はますます微妙になってくる。山口淳が昨日までの同僚、かつ前任者だったからといって、西川判事は取り調べに当って、手加減することもできなければ、人情を加味することもできない。

むしろ彼は、そのためにこそ峻厳な態度を堅持しなければならないだろう。山口淳の失態は、判事としての職責を越えて、係争の当事者と親しくしすぎた点にあるのだから、西川判事は、同じ誤ちをくりかえさないために、常にもまして厳しい態度で、彼に臨む必要があった。

後藤新平は西川判事と同僚というわけではないが、同じ官吏仲間である。新平はこの時、従五位、高等官三等であった。西川判事の位階はわからないが、山口判事がこの時、正七位であったから、ほぼそれと同じくらいとみていいであろう。つまり、新平の方が西川判事より役人として先輩であり、上級者にあたるわけである。

裁判官は相手が同僚であろうが、上級者であろうが、態度を変えたり、手心を加えたりすべきではないが、それを意識して、ことさらに厳正な態度をとろうとするあまり、往々にして苛酷になりがちである。西川判事にその傾きがなかったとはいえない。

一方、後藤新平の向う意気の強さと、強情我慢は定評のあるところだ。

それに彼は、正義のために錦織を助けたのだという信念があるから、普通の罪人のように、いたずらに平身低頭して、裁判官の憐れみを乞うようなことをしない。傲然とふんぞり返っていて、

「何を……この小僧め」

という顔をしているから、どちらが取り調べているのか、わからないような工合である。

これが西川判事の心証を、いちじるしく害した。第一、裁判官に対して礼儀にかなった態度をとらないのは、司法権に対する侮辱である。思うに彼は、いささかの位階勲等を鼻にかけて、自分を末輩とあなどっているのであろう。ひとつ、大いに取っちめて、グウの音も出ないようにしてやろう……こう思い定めると、彼はますます峻厳に取り調べを進めた。

西川判事と後藤新平の感情的対立を大きくしたもう一つの原因は、西川が医学に無知なことであった。相馬誠胤が瘋癲病か否か、毒殺されたものか否か、という問題を解くのに、肝腎の係官に医学的知識が欠けていては、取り調べが円滑に進むはずがない。西川判事の要領を得ない、モタモタした質問に対して、新平が癇癪を起してどなりつけたり、その無知をあざ笑うような口をきいたりしているうちに、両者の仲は徹底的にこじれてしまった。

西川判事を怒らせたことは、後藤新平にとって不幸であった。

ともかく相手は権力者である。彼は制裁の手段を持っていた。

制裁というのは、密室監禁である。これは不服従の被告人を二畳敷ほどの狭くるしい部屋に閉じこめ、精神的ならびに肉体的苦痛を与えることによって、自白を促進するというやり方で、ほとんど拷問にひとしいものであった。後藤新平はこれを言い渡された。期間は十日間である。

密室は天井が低いため、立つことができず、便器や寝具に場所を取られて、自分の身体の置き所もないほどで、よほどのしたたか者でも、二三日も入れられたら悲鳴をあげて、許しを乞うのが常であるし、判事も新平が我慢の角を折ることを予期したのであるが、彼はどこまでも屈せず、意地を張り通したので、判事はさらに十日間の追加を申し渡した。

西川判事は法廷で新平にむかって
「その方は、いく度も密室監禁を命ぜられて、恥かしいと思わんか」

新平はあざ笑って
「あなたこそ、私を二度も密室監禁に処して、恥かしいと思いませんか」

「何と申す？　何で自分が恥かしがる理由があろう」

「社会的に相当の地位ある被告人を、密室監禁に処せねば取り調べることができないというのは、とりもなおさず、あなたの無能無才を証するものではありませんか」

この勝負は西川判事の負けであった。

新平の入獄が伝えられると、世間は急に彼に対して冷たくなった。

もともと相馬事件が一見錦織に有利なようにみえたころでも、一部の冷静な観察者は、ひそかに錦織のやり方を胡散臭いとにらんでいたのであるが、いまや令扶たちに青天白日の太鼓判が押されたとなると、にわかに沈黙を破って、錦織らを非難する声が高くなった。

後藤新平の性格も、玲瓏玉の如しといった方でなく、相当あくの強い、駆け引きの多い一面もあったから、こういう時には不利であった。

彼がこれまで破格の出世をすることができたのは、時によっては相当の権謀術数を用いたからであった。

たとえば彼は、北里博士の伝染病研究所設置問題で、地元民が騒いでいるとき、属官に命じて、夜陰ひそかに工事現場の立て札に墨を塗らせるくらいの術策を弄する男であった。

彼はまた、内務省の局長の身分でいながら、毛皮売りの男に変装し、むかし自分を冷遇した宿屋の女将をへこませるくらいの稚気の持ち主であった。

これらは稚気といえば稚気だが、そういうことの嫌いな男からみると、反吐の出るほどいやらしいやり方である。

彼のそういう性癖が、多くの敵を作ったことは事実である。

後藤新平の処世の方法は、地道にその日その日の勤めを果して、おのずから周囲の信頼をかち得るという風でなく、才気にまかせて腕を揮い、時には危い橋も渡るというやり方であったから、自然、敵も多く作った。

人は世にあって、勢さかんな時は、敵も沈黙しているが、一旦落ち目になると、これまで足もとにひれ伏していた者まで、嚙みついてくるものである。

後藤新平が獄舎につながれて、ほとんど官界における生命が絶たれたとみると、世間は急に彼に背をむけはじめた。

彼の留守宅へは訪れる人もすくなくなり、衛生局の同僚たちは世間から疑いの目で見られるのをおそれて、面会にゆかないことを申し合わせた。

石黒忠悳と長与専斎は、終始新平を引き立てた医界の大先輩であったが、この二人も、彼がついに救うべからざる処へ落ちこんだと信じた。長与のごときは側近の者に

「あの男だけは見そこなった」

と洩らした。

もっとも、いちがいに長与を責めるわけにはゆかない。後藤新平のやり方は、人をハラハラさせるようなところが多分にあったから、いったん疑いの目で見ると、ボロは限りなく出てくるの

である。

こういう時のおきまりで、彼に金を貸していた連中が、急に返済を求めてきた。

後藤新平は派手ずきで、交際に金がかかったから、いつも収入に数倍する借金をかかえていたが、このとき方々から借りていた金は総計七千円ちかくに及んだ。ボロ袴にチンバ下駄をはいて、阿川光裕からの月三円で暮らしていたころにくらべれば真に隔世の感がある。

このときの彼の債権者の中に、石黒忠悳、安場保和、阿川光裕等の顔ぶれがみえるのは不思議でないが、阿川からの分は千三百円である。これも昔を思えば夢のごとしであろう。

新平がどこまでも出世しそうに見えたうちは、彼に金を貸すことは安全な利殖法であった。銀行などよりも利率はよかったにちがいない。しかし、本人が入獄したとなると、話は違ってくる。有罪の判決でも下れば、役所は当然免職になるだろうし、世間からも相手にされず、無収入の状態におちいるだろう。返す意志があっても、金がなくなれば返せまい。薄給の中からコツコツ貯えた全財産をフイにされてはたまらない。まだいくらか残っているうちに……こういうわけで、留守宅へは、一刻も早くと返済を求める使者や手紙が相ついだ。

舅の安場保和も彼に千五百円ばかり貸していたが、彼はこのとき一言も金のことを言わなかったばかりか、相馬事件のはじめから終りまで、ついに一度も新平にいやな顔を見せたことがなかった。

医者も多くそむき去った中に、金杉英五郎と北里柴三郎は何もかも打ち捨てて、彼のために力を尽した。

予審において、西川判事が特に追究したのは、錦織剛清が高利貸から三千円借りたとき、後藤新平が保証人になっている点である。

　判事はこれこそ新平が、錦織の陰謀に加担している証拠と見た。

「その方は、それほどまでにして、錦織のために尽してやらねばならぬ義理があるのか」

「義理はありませぬ。一滴同情の涙です。私は幼少のころ、父母から訓戒和歌集というものを授けられましたが、その中に、このような歌がありました。

さかりをば見る人多し散る花の跡を訪ふこそ情なりけれ
　私は子供心に、深く感動いたしましたが、いま錦織の有様を見まするに、世間で評判のよかった時にひきかえ、相手にする者もなく、悄然として打ちしおれております。私はこういう時こそ、この歌の趣意に従って、力になってやらねばならぬと信じ、進んで保証に立ってやりました」

「黙れ……」

　西川は鋭く一喝した。

「半円一円の金ならいざ知らず、三千円という大金の証文に判をおして、一滴同情の涙とは何事か。陰謀の一味でなくては、できることではあるまい」

　新平はひややかに
「なるほど、人間の桁がちがうと、そこまでしか考えることができないのも、無理はない」

　西川は血相変えて
「人間の桁が違うとは、何事ぞ」

「失礼だが、あなたと私では、五位鷺と鷹くらいの違いがあります。あなたにしてみれば、全身の同情心を振り絞っても、たかだか五十銭か一円くらいしか出て来ないでしょうが、私にとっては、三千円も五千円も、万斛の同情の涙の、ただ一滴にすぎないのです。こういう人に、私の心がわかるはずはありません」

「うむ……」

西川は言葉もなく、さしうつむいた。

それから十五年後のことである。

後藤新平が第二次桂内閣の逓信大臣兼鉄道院総裁となり、徳島へ旅行したとき、出迎えの群衆をかきわけて出て、挨拶をした老紳士があった。往年の西川判事であった。彼は退官ののち、郷里徳島へ帰って、弁護士を開業しているのであった。

二人は再会を喜びあったが、西川が自分の名刺の裏を見てくれというので、見ると「さかりをば見る人多し……」の歌が印刷してあった。

もっとも、予審のときの新平の言葉が、そのまま彼の本心を言いあらわしているかどうか、疑問である。というのは、のちに公判が開かれたとき、証人として出廷した高利貸小林浪五郎の証言によると、新平は錦織の保証に立つことを、しんからいやがって、しぶしぶ判をついたのであった。

新平もなかなか法廷の駆け引きを心得ていたのである。

錦織たちの予審が終結して、公判が開かれたのは、明治二十七年の二月十二日である。

東京地方裁判所の門前には、夜半から傍聴人が群集して、寒空にふるえながら夜明けを待ったが、午前七時半、開門と同時に、百枚の傍聴券は品切れとなった。

十時十五分、錦織剛清を先頭に、山口淳、後藤新平、その他五名の被告が入廷した。

中に一人、藤色縮緬の被布を着た二十五六歳の女性が人々の注意をひいた。小山トキといって、錦織の内妻である。

彼女はもと、吉原の金瓶大黒楼でお職を張っていた今紫という娼妓で、ある金持ちに身受けされて、新富町で待合をひらいたが、のちその男と別れて、ひとりでやっているうち、錦織の名声を聞いて感動し、進んで彼を助けるべく、押し掛け女房になったものである。

彼女はなかなか気っ風のいい女で、錦織が数名の壮士とともに本郷癲狂院へ乱入し、警察へ留置された時は、一同に鰻飯を差し入れたこともあり、なお錦織が相馬家令扶を主君毒殺のかどで告訴したときは、軍資金の調達に奔走したので、共犯として告発されたものである。

錦織は男性のみならず、女性に対しても、自分を信頼せしめる絶妙の手腕を発揮した男で、小山トキのほかにも数人の女に恋着され、彼女たちの間をたくみに泳ぎまわって、その一人一人に満足を与えていたといわれている。

女性たちにしてみれば、錦織のように、徒手空拳をもって悪人を征伐する（といわれる）英雄的男性こそ、もっとも魅力をそそる存在であって、彼女たちは魂を宙に飛ばして奉仕した。

彼女たちの奉仕が、いつも相当多額の金円によってなされたことに、注意する必要がある。もちろん、錦織から持ち掛けたものだが、その際彼は、例の誠胤公自筆の委任状を見せて、成功のあかつきには、彼は相馬家総代理人に指定される予定であり、その際金は数倍、数十倍となって返却されるであろうと確言したので、彼女たちはワクワクしながら金をさし出した。

すなわち錦織は色と金との二道かけて女を籠絡したので、いくら彼が凛々しく男らしい容貌の持ち主でも、それだけで女の心をとろかしたのではなかった。

錦織はこうして何人もの女性を手玉にとったほかに、行き当りばったりの遊蕩も試みないではなかった。

数年にわたって錦織の忠実な同志として活躍し、のち彼の正体を看破して離れ去った恵沢正利が書いた「錦織陰謀始末」という暴露書によると、錦織は本郷癲狂院へ乱入の前夜、恵沢を含む十名ばかりの壮士とともに、根津八重垣町の遊郭に一泊している。

もっともその晩は、癲狂院の戸締りが厳重なため、まわりをうろうろしているうち、深夜になり、起きている宿屋がなくなったからであるが、また壮士たちを接待する意味でもあった。

錦織たちの逮捕とともに、このような事実が次から次と明らかになり、これまで相馬家の令扶に向けられていた疑惑の目は、一転して錦織たちに注がれるようになったので、法廷は多大の好奇心をもって、彼等の姿を迎えた。

やがて裁判長湯浅義男以下、陪席判事、検察官、弁護士がそれぞれ所定の位置につくと、開廷が宣せられた。

最初は被告の氏名、住所、年齢、族籍、職業の尋問である。

錦織はさすが、この事件の発頭人ではあり、舌三寸で十数年、天下の名士たちを踊らせて来た曲者だけあって、答える声によどみがなく、流れるようである。

後藤新平は在監中に耳病を発したため、首を垂れて、しきりに耳をほじっているが、裁判長に答える声は高く、ほがらかである。

小山トキは、天下の豪傑錦織剛清を見込んで押し掛けて来た女だけあって、臆した風もなく、シャアシャアとあたりを見廻している。

被告たちの中で、一番みじめなのは、元判事山口淳であった。

彼は昨日までの同僚の裁きを受ける身を恥じるかのごとく、悄然と席に着くと、さしうつむいたまま顔を得上げず、裁判長の質問にも、ほとんど聞き取れぬような低声で答えるのみであった。ほかの被告たちも、さげすむような目で彼を見るだけで、口をきこうともしなかった。というのは、予審の取り調べ中にわかったことだが、彼は相馬家からも、便宜をはかってやると称して、金を取っていたのである。

すなわち山口は、錦織剛清とたびたび会って密議をこらす一方では、相馬家の事情を研究する必要があると称して、人を介して家扶青田綱三に面会を求め、数回にわたり合計五百五十円を受け取った。

いわば彼は右手で錦織をあやつり、左手で相馬家を翻弄していたので、めったな事には驚かぬ錦織たちも、あいた口がふさがらなかった。

審理が進むにつれて、相馬事件の全貌はようやく明らかになった。すべては錦織の仮構にかかるものであった。

錦織はあるいは、はじめのうち、相馬誠胤が狂者でないのに監禁されていると、確信したかもしれない。これを種にして相馬家を恐喝すれば、令扶たちはあわてふためいて、五千や一万の金を出すかもしれないと、彼は軽く考えていた。

ところが令扶たちは頑固一徹、融通のきかぬ昔者ばかりで、談合に乗ろうとせず、どこまでも突っ撥ねてくるから、錦織も意地になって攻撃を加えた。

永年のうちには、錦織も誠胤が真正の狂者であることを認めざるを得ないような事実に、何度か遭遇した。すくなくも彼は、誠胤を巣鴨から盗み出して、静岡までつれていった数日の間に、つぶさにそれを知ったはずである。

しかし、その時はもう、彼は引くに引けなくなっていた。義人錦織剛清という名声は、軽気球のように大きくふくらみ、空高く浮かんでいたが、中には相馬家の陰謀というニセのガスがいっぱいに詰まっていたのである。

しかし、このガスがニセ物だからといって、いまさら吐き出すわけにゆかない。吐き出せば、気球はまっさかさまに落下する以外ないであろう。気球錦織は今や、落ちないために、ますますニセのガスをつめこまざるを得なくなった。

こうして彼はますます騒ぎを大きくし、ついに破局を迎えたのである。

法廷における錦織は、すべてを観念して、悪あがきをせず、素直に罪状を認めるばかりであった。

しかし、後藤新平はちがっていた。彼は錦織に巻き込まれたにすぎず、その動機は、裁判医学の確立と、弱きを助ける一片の義侠心にあった。はじめから事情を知って、共謀したものと思われてはたまらない……彼は予審におけると同様、徹底的に戦い抜いた。彼はしばしば裁判長と論争し、罵倒して、烈火のように怒らせた。

彼には弁護士が三人ついていたが、彼等が退屈するほど、一人で熱弁を揮い、荒れ廻った。

相馬事件の判決は、明治二十七年五月三日に下された。

当日、都下の各新聞は号外を出して、これを報道した。それによると

重禁錮四年、罰金四十円　錦織剛清

重禁錮五年、罰金五十円　山口　淳

無罪　小山トキ

無罪　後藤新平

であった。

翌日、錦織と山口淳は控訴し、また検事工藤則勝は、後藤新平の無罪を不当として控訴した。年末の十二月七日、東京控訴院は原判決を確認し、ここに後藤新平の無罪は決定した。同時に、明治十年から十数年にわたって天下の耳目をおどろかした相馬騒動は、まったく終りを告げ、錦織剛清はそのまま獄につながれて、ふたたび相馬家の平和を乱すことはなかった。

後藤新平無罪の報知は、各地の友人を喜ばせた。彼等は新平のために雪冤会を開いて、半年にわたる獄中生活の労苦をなぐさめると共に、再出発の前途を祝った。

雪冤会の最初は十二月十六日、上州高崎におけるそれであった。正午すぎ汽車で到着した新平は、劇場高盛座において、千余名の聴衆を相手に講演をしたのち、土地第一等の料亭岡源楼における宴会にのぞみ、一同の祝賀を受けた。

二十日は、両国亀清楼における雪冤会である。ドイツ留学以来の親友で、新平の入獄中も終始一貫して彼のために尽した金杉英五郎をはじめ、長谷川泰、高木兼寛、荒木寅三郎らの発起で、四百余名が参集し、盛会をきわめた。出席者の中には、彼の逮捕以来、彼はもうだめになったと信じて、一度も面会にゆかず、留守宅を見舞いもしなかった者も多かった。

引き続き大阪、名古屋、京都でも、雪冤会はにぎやかに催され、新平はその都度出席して、気焔をあげた。

しかし新平は、雪冤会の盛況を喜んでばかりもいられない。彼は起訴されるとまもなく、非職を命ぜられ、すでに一年以上浪人の身の上である。これから先、どのようにして世を渡るかについては何のあてもない。

各地の雪冤会で、発起人となることを拒否した者、出席をがえんじなかった者もすくなくない。世間は彼の青天白日を喜ぶ者で満たされているわけでなく、依然として疑いの目で見る者も多いと思わねばならぬ。

この年の夏、日清戦争ははじまり、号外の鈴の音は皇軍の連戦連勝を告げた。

これまで相馬事件に多くのページをさいた新聞は、戦争という新しい話題をみつけて、これに熱中した。

相馬事件はもはや人々から忘れられ、後藤新平も過去の人となるかとみえた。

取材余話

相馬事件の章が終った。

私は相馬事件に深入りしすぎたかも知れない。

この事件において、後藤新平は主役でなく、ワキ役である。私が相馬誠胤や錦織剛清の動きを追うことに熱中している間、後藤新平はとかく閑却されて、舞台裏でアクビをしていた。

相馬事件は、まったくふしぎな事件である。

お家横領だとか、監禁だとか、毒殺だとか、常識で考えるとあり得そうもないことが、一人の男の空想でデッチ上げられ、根気よく叫ばれているうちに、皆が信ずるようになったのである。もっとも、すべての人が信じたわけではない。錦織を山師と見抜いた人もあった。しかし、そんな人は黙っており、錦織を義人と信じた人だけが騒ぎまわった。世間が騒げば騒ぐほど、前者は冷やかな沈黙を守った。

現代にだって、ないことではない。

しかし、この程度の単純なデッチ上げが、人々の心をとらえることができたのは、明治という時代が幼稚だったからであろう。伊達騒動や加賀騒動の芝居を、本当にあった事と思っていた旧幕時代の熊さん八つぁんは、維新後二十年たっても、そのまま生き残っていたのである。そういうことなどもおもしろくて、私はつい相馬事件に深入りした。

いくら考えてもふしぎなのは、後藤新平ともあろう人物が、どうして錦織のような男にコロリと参ったかということである。

新平自身の中に、錦織にだまされやすい、通俗的な素質があったのか？

錦織が食わせ者だということを承知の上で、利用するつもりで、つきあったのか？

前者だとすれば、彼は義侠心には富んでいるかもしれないが、あまり人を見る明のない男ということになる。

後者だとすれば、政治的手腕は充分だが、相当食えない男ということになる。

私はどちらかというと、後の方の考え方に傾くのだが、前の要素もないでもないかもしれない。七分三分の混合というところか。

後藤新平はずっと後年にも、穏田の行者といわれた山師飯野吉三郎にほれこんだり、西式健康法などというものに熱中したりしているが、そういう素質は生まれつきなのであろうか。

いずれにしろ、相馬事件は後藤新平にとってマイナスであった。錦織にだまされた名士はたくさんいたけれど、いっしょに牢屋へ入れられるまでつきあったのは彼一人である。彼は天下の大馬鹿者といってよかった。

しかし、このことが彼の存在を大きくしたことも事実である。

彼は天下の大馬鹿者か、大悪党か、どちらであるかわからないが、ともかく大の字のつく人物であるということだけは、世間の人の頭にいやというほどしみこんだ。

相馬事件で、彼は医者仲間での評判をだいぶ落したが、その代り、大物というレッテルを手にいれた。

相馬事件は、十数年にわたる大事件だったが、結局は、錦織剛清という一人の男の妄想に発したカラ騒ぎであったから、史書にはほとんど載っていない。したがって、私はこの事件の全貌を知るのに、適当の参考書がなくて困却した。

最初にぶつかったのは、矢田挿雲の「相馬事件の真相」である。これはまことに要領を得た本で、文字通り、真相はこれ一冊であきらかである。

しかし、もうすこしくわしい事を知りたいと思って、私は松沢病院の岡田靖雄氏と鈴木芳次氏に教えを乞うた。

同院には巣鴨瘋狂院の箱庭のような模型があり、錦織がどういう経路で忍びこみ、相馬誠胤を盗み出したかがよくわかるので、おもしろかった。同院にはまた誠胤入院中のくわしい病状日誌も保存されている。私はそれらを閲読し、また、岡田氏と鈴木氏の所蔵の相馬事件関係書を借覧した。

私はまた岡田氏と鈴木氏にすすめられて、金子準二氏を訪ねた。金子氏はもと警視庁技師で、芦原将軍、島津女官長、島田清次郎など、大正、昭和の有名な精神病者をほとんど手がけておられる。

金子氏が長年かかって集められた相馬事件関係書は三十冊ちかくあった。

それらが私の目の前に、二尺ばかりの高さで積まれたとき、私は茫然とした。私がまっさきに考えたことは、まずどれから読むかでなく、どれを読まずにすませるかということであった。

四年の刑期をすませて出獄した後の錦織は、すっかり世間から見はなされて、尾羽打ち枯らした生活を送ったらしい。それでも彼は、訪ねて来る者があると、相馬事件では自分の方が正しかったと主張し、怪しげな刀剣や書画を持ち出して、売りつけようとしたという。

後藤新平は彼を最後まで見捨てなかった一人である。晩年、落ちぶれ果てた錦織が訪ねてくると、小遣銭をめぐみ、馬車に乗せて帰らせた。

彼は大正九年、芝兼房町の陋屋で窮死した。鶴見祐輔氏の「後藤新平伝」によると、その日は相馬誠胤の命日であったという。

このあいだ、千葉県木更津の河田陽という方から葉書で、明治四十年ころ錦織剛清は木更津に住んで、書や画をかいて暮らしていたらしいと教えて下さった。

相馬家家扶の青田綱三か富田深造かの子孫に当る方から、私の旅行中に電話がかかってきたこともある。帰京してから、こちらからかけてみたが、家人の聞いておいた番号が違っていたとみえて、かからなかった。

錦織剛清の子孫らしい人の消息も、二三聞いている。相馬事件は八十年前の出来ごとで、関係者はみな故人だが、その孫や曾孫に当る人が、思いがけないところで活躍しておられる。私はそういう人たちの感情も顧慮しながら書いたつもりだが、やむを得ず事実を述べねばならぬこともあった。

さて、私は相馬事件にかかずらい過ぎた。筆硯を改めて、壮年時代の後藤新平を叙したい。

上巻あとがき

一〇代から二〇代にかけての後藤新平をみると、逆境の中で刻苦勉励した明治の苦学生の形をとりながら、同時にその枠にはおさまりきらない、いくつもの逸脱した気質を認めることができる。俊敏な行動力と型破りな関心の広さ、そして勤勉である一方、それに覆って余りある享楽的な性格――これらは本書（上巻）でも随所に登場するが、いずれもその後の後藤を論じる上で、不可欠な要素となる。

とりわけここでは彼によって示された関心の深まりが時間とともに樹木的に拡がってゆくことが重要である。本書が示す通り、後藤を特徴付ける素朴さを秘めた好奇心は、すでに少年時代から胚胎されていた。須賀川の医学校で研鑽を積む中にあって、医学を通して対象を観察する科学的思考に眼を開かれ、やがてそれが衛生行政という新領域に向かってゆく。

その後の後藤を特徴付ける傲岸不遜、奇矯な性格もまた、すでに少年時代から用意されていた。本書は後藤以外にも、語学に天賦の才を持った司馬凌海をはじめ、彼と関りを持った何人もの「変わり者」が登場する。もともと日本の地域社会は「変わり者」を尊重するところがあった。その意味で「奇人」とは周囲から一目置かれる存在であり、未知の期待と可能性すら秘めていた。本書では青年時代の後藤が散策中にハタと手を打ったり、奇声を発したりする「奇癖」を持っていたことが紹介されているが、こうした想を練る時間、その中で新しい思い付きを得る瞬間を後藤は大切にした。

後藤の前半生とは、彼を引き立ててくれた人物たちとの出会いの物語でもある。その端緒は少年時代の水沢で、一学僕として仕える後藤の資質を見抜いた安場保和の中にすでにあらわれている。これ以降、後藤を見出した「伯楽」たちの系譜は、石黒忠悳、長与専斎、そして相馬事件による下獄により一度は絶たれたかに見えた後藤に復活の場を与えた児玉源太郎へと受け継がれてゆく。彼らの後藤に対する眼の注がれ方をみると、傲岸な性格を彼の才能の一部と考え、これに理解を示したところにある。残念ながら長与との関係は先の相馬事件を機に疎遠になってしまうが、彼らの与えた勉学や仕事の場で、後藤は自在に才能を発揮する。

彼らにほぼ共通していることは後藤の能力が彼の剛直な性格と同居していることを認め、そのことを承知で官僚として様々な便宜をはかった点である。児玉に至っては、日清戦争後の臨時陸軍検疫部事務官長に後藤を抜擢する際、同検疫部の官制を改正し、文官が陸軍行政へ参画する道を開き、難色を示す後藤を着任させた(『決定版　後藤新平伝』2（衛生局長時代）藤原書店二〇〇四年　二七七―二七八頁)。

その後、官僚として累進していく中にあって、後藤はさらに自身の好奇心と観察眼を広げてゆく。与えられた部局で事務をこなすことが求められる官僚機構の中で、仕事と好奇心を一致させ、なおかつ部局横断的な構想をすることはむつかしい。そのことを可能にした要因は、壮年期の後藤が植民地経営という多くの異なる分野が複合する課題に対し的確な対応が求められる場に身を置いたこともあるが、その背後には学僕時代から続いた理解者たちのリレーがあった。

政界入りして以降も同時代の主だった政治家の中から、彼の性格を理解し、その意見を傾聴する人物があらわれた点で、後藤の幸運はさらに続いた。大正に入ってからのことになるが、尾崎行雄『近代快傑録』(千倉書房　一九三四年)の後藤を扱った個所に、ひとつ眼を引くくだりがある。

ちょうど尾崎が東京市長を務めていた頃、電車買収による市政改革の腹案を持って時の首相・桂太郎(第二次)を官邸に訪問したところ、たまたま緊急の会議で当時、逓信大臣だった後藤が居合わせていた。会議終了後、後藤が退出し、ようやく桂との面談が叶ったと思ったら、十分ほど経って、帰ったはずの後藤がやって来て、再び桂との面会を求めているとの取次ぎが入った。桂は笑いながら、別室に通すように言い付けた。尾崎が「今、後藤さんは、帰つたばかりぢやありませぬか」と桂に問いかけると、桂は「いや、かういふことは度々ある。あれは、此處を出て、自分の官邸に帰る途中、ひよつと何か考へ出すと、すぐ又やつて來る。一日の中には、三度も四たびもやつて來ることがある。その度ごとに新しい違つた意見を持つて來るが、三つ四つ持つて來ると、一つ位は大層いゝ意見があるので、私はつとめて會ふやうにしてゐる」と笑って答えた(九九頁―一〇〇頁)。

「靈感のやうなもの」が湧く瞬間というのがその時、尾崎が後藤から受けた印象だが、或るアイディアが生まれた瞬間、それが硬直しないうちにその内容を語ることの重要さ、さらには普段からそれを重んじて聞こうとする人間関係がないと、ここに描かれている場面は成立しない。一見すると突飛に映るかも知れない後藤の「奇癖」は、同時に新しい発想に裏打ちされたものであることを桂は熟知しており、それが思い付かれて間もない状態で語られることをむしろ歓迎した。

実現の可否とは別に、後藤の言が政界で一定の影響を持った背景には後藤が築いたこうした人間関係があった。

後藤に生涯付きまとった俗物的な側面についても、本書は丹念に描き込んでいる。学生時代、野人といっていいほど衣類に頓着しなかった後藤が愛知医学校兼病院長となったあたりから、装束その他身の回りにこだわり始めるのは、その一端である。

後藤のドイツ留学が衛生学の修得という目的もさることながら、それとは別に彼の地で学位を取得して近代の大学制度の中で「正統」の学問を学んだ人々を見返そうという俗物的な動機があったことは本書でも指摘されているが、後藤の好奇心とは一部で自身の俗っぽい部分とも繋がっていた。

本書でも多くの紙幅が割かれている相馬事件は、後藤の側から考えれば、心を病んだ者の不当監禁という問題を突き付ける重大な事例であり、法律と医学の境界に属するという点で横断的な領域に関心を注いできた後藤としても興味の尽きない問題だった。長期にわたって彼がこの事件に関わった理由は、それまで自身を動かしてきた学術的課題に生来の野次馬的な好奇心が加わったといえる。好奇心と行動が直結する後藤の気質は、児玉のようにそれを統御する人物が居ないと、一線を越えてしまうという危うさも秘めていた。

後藤は座談の名手だったといわれる。下巻の内容とも関わってくるが、壮年期以降の後藤は才能を見出す、そして引き出す側に廻ることが多くなる。大抵その舞台となるのは後藤が直接にその人物と会って話を聞くことだった。のちに震災後の復興計画で後藤のブレーンともなる本多静六が海外視察旅行を終えて帰ってくると、後藤は本多を自邸に招き、その度に新しい報告を聞くことを楽しみとしていたが、その多くが東京改造計画へと繋がっていったことを思えば、後藤の「大風呂敷」とは彼の見出した多くの才能が背後に控えていた。本書は後藤と彼を取り巻く群像を描く時、つとめて彼らと後藤の会話という形にこだわっている。これは人に相対した時に発揮される後藤の特色を反映したものといえる。

最晩年の後藤は「人を残して死ぬ」ことを以て「上」とした。そこには徒手空拳の自分が見出された経験、さらに自身が見出した才能への自負がある。

令和5年6月28日

鶴見太郎

＊「忠臣か姦臣か」から「形勢逆転」にかけて、本文の一部を削除したところがあります。

＊現在の基準では適切でない表現を含んでいる可能性があります。
刊行当時の時代を表す歴史的・学術的資料としての趣旨をご理解ください。

＊初出　「毎日新聞」　昭和三十九年八月二十一日より昭和四十年九月十六日まで連載

＊本書は１９９９年、毎日新聞社刊行の『大風呂敷　後藤新平の生涯　上』（毎日メモリアル図書館）を復刊したものです。

＊カバー地形図出典：国土地理院発行１万分１地形図

〈著者略歴〉
杉森久英（すぎもり・ひさひで）

1912年、石川県生まれ。東京大学国文科卒業。河出書房の『文芸』編集長を務める。
1953年、短編「猿」を発表、芥川賞候補となり、これを機に文筆に専念。1962年、同郷の異色作家・島田清次郎を描いた『天才と狂人の間』で直木賞受賞。『辻政信』『徳田球一』『明治の宰相』など、伝記文学にすぐれた作品があるが、『回遊魚』など風刺小説でも好評を博す。『能登』で平林たい子賞受賞。1997年没。

大風呂敷《おおぶろしき》　後藤新平《ごとうしんぺい》の生涯《しょうがい》　上

印　刷　2023年８月10日
発　行　2023年８月30日
著　者　杉森久英《すぎもりひさひで》
発行人　小島明日奈
発行所　毎日新聞出版
〒102-0074
東京都千代田区九段南1-6-17 千代田会館5階
営業本部：03（6265）6941
企画編集室：03（6265）6731
印刷・製本　光邦

ISBN978-4-620-10868-1